新发展格局下的创新型国家

战略转型与实践探索

沈梓鑫◎著

AN INNOVATIVE COUNTRY UNDER THE NEW DEVELOPMENT PATTERN:

STRATEGIC TRANSFORMATION AND PRACTICAL EXPLORATION

经济管理出版社
ECONOMY & MANAGEMENT PUBLISHING HOUSE

图书在版编目（CIP）数据

新发展格局下的创新型国家：战略转型与实践探索 / 沈梓鑫著. -- 北京 ：经济管理出版社，2024. -- ISBN 978-7-5096-9785-6

Ⅰ. F124

中国国家版本馆 CIP 数据核字第 2024SH3849 号

责任编辑：杜羽茜
责任印制：许　艳
责任校对：陈　颖

出版发行：经济管理出版社
（北京市海淀区北蜂窝 8 号中雅大厦 A 座 11 层　100038）
网　　址：www. E-mp. com. cn
电　　话：（010）51915602
印　　刷：唐山昊达印刷有限公司
经　　销：新华书店
开　　本：720mm×1000mm/16
印　　张：15
字　　数：303 千字
版　　次：2025 年 3 月第 1 版　　2025 年 3 月第 1 次印刷
书　　号：ISBN 978-7-5096-9785-6
定　　价：98. 00 元

——本书获得中国社会科学院创新工程学术出版资助——

序　言

近年来，世界政治经济格局发生了前所未有的变化，为应对世界百年未有之大变局，实现中华民族伟大复兴的中国梦，我国应把握新发展阶段的时代机遇，推动形成以国内大循环为主体、国内国际双循环相互促进的新发展格局。随着全球产业竞争格局重塑，新发展格局下我国产业转型升级和经济发展方式转变面临着新的挑战和机遇。现如今，创新位列新发展理念之首，进一步凸显了创新在国家经济发展全局中的核心地位，如何从经济创新理论、国内外产业政策和科技战略的经验与实践中汲取力量，寻求中国经济发展的新动能，推动创新驱动经济发展的战略转型与实践探索，支撑新发展格局下的创新型国家建设，成为摆在经济理论工作者面前的一个重要议题。将本书定名为《新发展格局下的创新型国家：战略转型与实践探索》正是出于上述设想。

本书共分为九章，既有围绕新发展格局构建核心内容的一般理论探讨，还有从中国现实出发，在中国的创新型国家建设实践中提出最为值得关注的问题。本书可分为上、下两篇：

上篇共包括四章（第一章至第四章），是本书的战略转型篇。首先，介绍了有关经济创新的理论基础，如熊彼特的创新理论、新李斯特主义学说、全球价值链理论的新进展，为研究在双循环新发展格局下推进创新型国家建设的战略转型提供基础理论上的支撑。其次，从国际贸易领域的增加值贸易角度出发，解析原有总价值贸易下形成的“统计幻觉”及其造成的贸易认识上的偏差，审视中国陷入新国际分工陷阱的原因，分析我国产业转型升级的瓶颈和难点，这对中国在新发展格局下制定相应的产业政策、推动创新驱动经济发展的战略转型具有重要的现实意义。

下篇共包括五章（第五章至第九章），是本书的实践探索篇，在比较视域下分析总结发达国家在创新型国家建设过程中的国家创新体系模式经验，从理论上对产业政策的概念范围及兴起原因进行梳理，尝试厘清分歧和共识，并且在实践层面对国外产业政策的历史经验和最新进展进行追踪和借鉴，致力于在演化经济学范式下设计一套积极有效的产业政策以助力我国产业转型升级，摆脱新国际分工陷阱，走出一条有中国特色的创新驱动经济发展之路。本篇在借鉴创新型国家国际经验的基础上，回顾中国共产党领导下的百年科技发展史，认为党中央制定的科技政策和创新战略是中国走向自主创新的重要指引。进入新发展阶段，在新发展格局下，以实现自主创新和经济高质量发展为目标制定创新驱动的经济发展战略，不断完善以创新政策为核心的现代产业政策体系，是我国走中国特色自主创新道路，实现高水平科技自立自强，跻身创新型国家前列的必然选择。

在写作本书的全过程中，笔者始终坚持理论创新的精神，书中的新意和创新点虽然不够成熟，但却处处可见。现择其要点说明如下：

第一，本书探讨发展中国家工业制成品和服务产品的贸易条件相较于发达国家呈现出长期恶化趋势的主要原因及其对发展中国家经济发展战略的重要意义，提出发展中国家工业制成品和服务产品的贸易条件之所以呈现出长期恶化的趋势，是因为其参与新国际分工的方式，即从价值链低端融入“全球公司”掌握的全球价值链并受其支配的结果（第一章、第二章）。

第二，本书关注终端市场转换和南南贸易发展等新趋势，认为近些年世界经济格局的这种重大变化为新国际分工下我国产业转型升级提供了新的契机（第三章）。

第三，本书讨论了全球价值链分工中重要的关税结构扭曲问题，对有效关税保护率和累积关税效应进行审视，发现发达国家和发展中国家不仅在有效关税待遇上存在不平等，而且在不同程度的关税放大效应作用下面临着极为不平衡的发展前景（第四章）。

第四，本书关注主要发达国家在创新型国家建设过程中国家创新体系的特点及演变，通过对演化经济学中有关产业政策（包括范围）的新观点进行介绍，从中提炼出现代产业政策概念的核心要素和基本定义，突出创新政策在新兴产业政策中的核心地位（第五章、第六章）。

第五，本书讨论了美国在崛起过程中乃至领先之后是否实现产业政策以及如何实行产业政策等问题，通过对近现代美国产业政策的主要目标、战略重点和具体措施进行历史透视和现实追踪，着力揭示美国产业政策的真相：美国联邦政府在尊重市场机制和公平竞争基本原则的前提下，构建起以科技与创新政策为核心的现代产业政策体系，而政府在其中正发挥着越来越积极的作用（第七章）。

第六，本书着重于对美国颠覆式创新的模式经验进行总结，认为在颠覆式创新过程中，联邦政府资助的基础研究与产业界资助的应用性研发之间存在由融资真空所导致的“死亡之谷”，使得大量基础研究成果无法实现商业化，为解决这一难题，美国政府没有局限于解决“市场失灵”问题，而是对基础研究成果的商业化过程进行直接干预，通过创建多种混合公私资源的杂交型创新机构，吸引和激励大量私人资本共同推进基础研究的商业化，在信息革命中发挥了巨大作用，这对中国的科技创新模式具有重要的启示借鉴意义（第八章）。

第七，从百年科技史角度，系统梳理我国从新民主主义革命早期探索时期、社会主义革命和建设曲折前进时期、改革开放和社会主义现代化建设跨越发展时期，到中国特色社会主义新时代自立自强时期，中国科技发展战略与科技政策的演进逻辑，探索中国共产党领导下的创新型国家建设实践与自主创新之路（第九章）。

本书的部分章节是基于我在博士期间的研究成果进行深化后的呈现，在此感谢我的导师——教育部“长江学者”特聘教授、中国人民大学经济学院贾根良教授多年来的悉心指导。

本书主要从演化经济学、创新经济学和发展经济学的理论视野出发，覆盖国际贸易、产业政策、技术创新等多个方面，基于全球价值链视角透视中国在新国际分工格局中的地位，致力于在演化经济学范式下设计制定一套积极有效的产业政策以助力中国产业转型升级和创新型国家建设，走出一条有中国特色的创新驱动经济发展之路。在中国共产党的领导下，贯彻新发展理念，构建自主创新体系，以高水平科技自立自强支撑高质量发展，加快推进新发展格局下的创新型国家建设，仍然是现阶段中国经济社会发展的重要议题，也是本书写作构想的立意和重点所在。此外，本书的另一写作初衷在于希望为未来致力于演化发展经济学理论与实践研究的学者提供些许灵感源泉。

本书获得了中国社会科学院哲学社会科学创新工程学术出版资助。在此特别感谢中国社会科学院领导、数量经济与技术经济研究所领导对本书出版的大力支持，并且感谢经济管理出版社编辑的高效配合与细致工作。

目　录

上篇：新发展格局构建的基本理论与战略转型

下篇：创新型国家建设的国际经验与中国实践

上篇

新发展格局构建的基本理论与战略转型

新中国成立以来，我国积极谋求经济发展水平上的赶超，对外贸易政策上经历过重大的转变。改革开放初期，中国计划经济体制面临变革，在坚持对外开放中，逐渐扩大经济技术交流。2001 年中国正式加入世界贸易组织（WTO）以后，我国参与全球经济一体化的进程加快。在新的国际分工格局下，产品内分工取代产业间分工成为国际分工的主要特征，中国作为后进的发展中国家在全球价值链上的分工定位和收益分配发生变化，在取得经济发展成就的同时也陷入了新的国际分工陷阱，但这种现状却在传统的贸易统计中被扭曲了真相。在新发展格局下，探讨如何在价值链重构过程中，提升我国产业竞争力，促进产业链升级成为了重要议题。本篇从国际贸易领域的增加值贸易角度出发，解析原有总价值贸易下形成的“统计幻觉”及其造成的贸易认识上的偏差，审视中国陷入新国际分工陷阱的原因和挑战，分析我国产业转型升级的瓶颈和难点，这无疑对中国在新发展格局下制定相应的产业政策、走自主创新发展之路具有重要的现实意义。

第一章　经济创新的理论基础

第一节　熊彼特的创新理论

从亚当·斯密的《国富论》算起，经济学发展至今已有逾200年的历史，这期间出现过许多伟大的经济学家，他们竭尽全力用自己的智慧为经济学这座理论大厦添砖加瓦，终于使其成为一颗镶嵌在社会科学王冠上的璀璨“明珠”。其中，熊彼特以其广博的知识、深邃的思想以及中立的态度在整个经济学发展的历史进程中占据着极为重要的地位，也是经济学说史上的一位重量级人物。

熊彼特是一位具有丰富知识背景的经济学家，他一生受到过许多思想及流派的影响，他通过将几种不同来源的思想源流的杂交，综合性地发展出自己独特的创新与经济发展理论。对熊彼特理论体系的形成影响最大的经济学家主要有三位：瓦尔拉斯、马克思和施穆勒。熊彼特最著名的创新与经济周期理论是在吸收这三位经济学家经济思想的基础上形成的。

一、瓦尔拉斯对熊彼特理论的启发

在熊彼特接受的众多思想来源中，瓦尔拉斯对他的影响是启蒙性的且是持续时间最长的。熊彼特早年对瓦尔拉斯的一般均衡理论可谓推崇备至，并且明确承认他早期的主要著作——《理论经济学的本质与主要内容》《经济发展理论》以及多篇论文，都从瓦尔拉斯那里获益匪浅。当他在著作中论及瓦尔拉斯理论时，几乎难掩对瓦尔拉斯观点及其成就的无限赞美：“就所关心的纯理论来说，在我看来，瓦尔拉斯是所有经济学家中最伟大的。他的经济均衡体系，把‘革命性’创造力性质与古典综合性质结合在一起，是可以与理论物理学成就相媲美的经济学家的唯一的著作。"[①] 在他赠与瓦尔拉斯的《理论经济学的本质与主要内容》一书的附信中，他谦称自己的作品是"一个弟子的著作"，还许诺，"我会一直在你所奠定的基础上继续向前努力"[②]。熊彼特的成名作《经济发展理论》选择以"循环流转"（Circular Flow）作为起点，也明显是受到了瓦尔拉斯的影响，因为他提出的循环流转状态事实上就等同于瓦尔拉斯所提出的静态均衡。在《经济发展理论》日文版的序言中，熊彼特又毫不掩饰地表明了他对瓦尔拉斯经济学的欣赏："我们应将经济体系概念和第一次在经济分析史中有效涵盖经济变量之间相互关系的纯逻辑推导归功于瓦尔拉斯。"[③] 为了使自己的这一论点具有理论上的说服力，熊彼特在之后几年发表的一系列论文中不遗余力地具体讨论了为什么均衡分析对于理解一个经济体来说至关重要。他将原因归结为四点："①无论均衡理论多么抽象，它都赋予了'经济逻辑的基本要素'。②均衡理论描述了经济系统对于来自外生或者内生数据变化的一种反应机制。③无论是出于分析或者是诊断的目的，均衡作为参考的标准来说必不可少。④均衡概念的适宜性依赖于现实世界中趋向于均衡的可能性。"[④] 熊彼特的标志性贡献是"企业家""创新"和"新的产品组合"，但是这些概念和隐藏的思想实际上是瓦尔拉斯关注点的直接扩展。熊彼特对于瓦尔拉斯的理论采取的是一种批判性继承的态度，他既欣赏瓦尔拉斯的一般均衡理论在分析静态问题时的必要性和完美性，又认识到瓦尔拉斯的这种静态分析在讨论经济发展等动态问题上的局限性，于是考虑引入动态分析方法，建立一种内生的动态的经济发展理论。

二、马克思经济学对熊彼特理论的影响

受马克思经济学的影响，熊彼特的某些观点与马克思极为相似。例如，他们都认为存在着某种内生因素推动着经济向前发展，认为这种经济发展过程的内在逻辑将会导致社会的变革，从而实现资本主义向社会主义的过渡。

首先，熊彼特也一贯主张将理论方法与历史方法综合起来考察经济问题，在张培刚教授为《经济分析史》中译本撰写的序言中，就曾经做出过如下评价："在《经济发展理论》《经济周期》《资本主义、社会主义与民主》这三本著作

---

① 马克·布劳格：《经济理论的回顾》，姚开建译，中国人民大学出版社 2009 年版，第 457 页。

② 熊彼特 1908 年 10 月 9 日致莱昂·瓦尔拉斯的信，原载于《莱昂·瓦尔拉斯通信集》，同见于理查德·斯威德伯格：《熊彼特》，安佳译，江苏人民出版社 2005 年版，第 47 页。

③ Schumpeter J, "Preface to the Japanese Edition of Theorie der wirtschaftlichen Entwicklung", in Clemence R V, ed, *Essays of J. A. Schumpeter*, Cambridge, Mass: Addition-Wesley Press, 1951, p. 159.

④ Shionoya Y, *The Soul of German Historical School: Methodological Essays on Schmoller, Weber, and Schumpeter*, New York: Springer, 2005, p. 143.

中，熊彼特都明显采用了历史分析方法，并始终意图把历史分析和理论分析两者结合起来。”其次，马克思和熊彼特都在各自的理论中既使用了静态分析法，又使用了动态分析法。马克思在对资本主义简单再生产进行分析时，曾经提出过许多严苛的假设条件，采用了静态分析方法，而在对资本主义的演化过程进行分析时，则采用了动态分析法。与之类似，熊彼特的经济周期循环理论，也是在做出种种假设条件的基础上，对资本主义的简单再生产所做的静态分析。此外，运用动态分析方法，对四阶段的经济周期模式和“多层次”的经济周期进行考察。

三、施穆勒纲领与熊彼特创新理论

熊彼特曾经在他的著作中将施穆勒的研究程序称为“施穆勒纲领”（Schmoller Programm），并表示施穆勒是给予当时经济学界历史、伦理与制度教学重要意义和前进方向的人物。这一行为本身就暗示着施穆勒纲领很可能对熊彼特的方法论产生过重要的影响。经过深入研究，经济学家发现情况确实如此：“施穆勒纲领中提出的融合理论与历史的问题，反映在熊彼特那里是处理形式化理论分析和历史性经验分析的问题，而这个问题是熊彼特宏大研究纲领的本质所在。”①

在熊彼特著名的《经济发展理论》中，同施穆勒一样，熊彼特也要求运用一种多因素的方法对经济行为和发展进行考察，以此强调心理因素在形成经济行为和推动经济发展中所起的作用。熊彼特认为企业家的创新能力是一种特殊的领导力，因为和大多数遵循惯例的人不一样，企业家作为创新的载体，他们的创新活动一次又一次地打破经济的均衡状态，从而推动整个经济体以一种周期性的不稳定方式不断向前发展。在这个过程中，企业家的创新精神既是经济变迁的起因，又作为一个内生因素对整个系统的变迁做出反应。熊彼特正是在强调企业家作为领导者作用的基础上，对经济变迁做出了合理的内生性解释。

四、熊彼特的创新与经济发展理论

在《经济发展理论》中，熊彼特假定在经济生活中存在一种所谓的“循环流转”的“均衡”状态。在这种情况下，不存在“企业家”，没有创新，没有变动，没有发展，企业总收入等于其总支出，生产管理者所得到的只是“管理工资”，因而不产生利润，也不存在资本和利息。生产过程只是循环往返，周而复始。这种循环流转可以用一个均衡模型来表示，在模型中，一个经济量的变化会

① 贾根良、黄阳华：《施穆勒纲领与演化经济学的起源》，《南开学报（哲学社会科学版）》2007 年第 4 期。

引起其他经济量的变化，并且产生深刻的影响。通过这种方式，就实现了用简洁且最一般的公式确立体系中诸要素的相互关系。熊彼特在对于资本主义简单再生产（“循环流转”）的静态分析中，对事实进行抽象，描绘出一个没有彻底变化的制度，从而反映整个资本主义运行的本质。

但是，熊彼特的伟大之处就在于他并不满足和止步于从瓦尔拉斯那里承继过来的静态分析，而主张通过动态分析来弥补静态经济学在讨论经济现象上的局限性。熊彼特早在《理论经济学的本质与主要内容》一书中就触及了静态分析与动态分析的区别的重要性。熊彼特引用瓦尔拉斯的类比，指出经济中的某些变化会达成均衡状态，而且不会改变体系内部的任何东西，这些变化就像大海的波浪，“海面上波涛汹涌，而它总是回复自身”①。但是，另外“有一些变化却使整个体系移向一个新的方向，这种变化就属于动态领域”②。因此，在非均衡的过程中，体系不可能恢复（旧有的）均衡，体系只能是持续地变化。要想借助均衡模型来分析动态现象，就是给经济分析穿上了“紧身衣”。熊彼特感觉到“在经济体系内存在一种活力之源，这种活力之源自行扰乱了本来可以实现的均衡。因此必定存在一种有关经济变化的纯经济理论，它不仅仅依赖于把经济体系从一个均衡推向另一个均衡的外在因素”③。显然，这就为熊彼特在之后的《经济发展理论》中建立一种以动态分析为主的经济变化理论提供了充分的理由。

《经济发展理论》从第二章开始，熊彼特就引入了“企业家”和“创新”等发展因素，从“动态”和“发展”的观点分析了“创新”和资本主义。他认为企业家的职能就是实现创新，引进“新组合”，而当整个社会不断实现这种“新组合”的时候，就推动了资本主义的经济发展。创新的重要性在于它改变了经济系统内部的数据，并将系统从一个旧的均衡推向新的均衡。熊彼特在《经济发展理论》一书中将企业家的创新活动看作资本主义发展的内在动力机制，并且在这个理论框架内用动态分析方法研究了资本主义市场中的信贷、资本、利润、利息和经济周期等论题，初步建立起了他别具特色的经济发展理论。

第二节　新李斯特主义学说

以全球价值链分工和全球公司为特征的新国际分工是导致发展中国家制造业

①② 理查德·斯威德伯格：《熊彼特》，安佳译，江苏人民出版社 2005 年版，第 43 页。

③ 理查德·斯威德伯格：《熊彼特》，安佳译，江苏人民出版社 2005 年版，第 48 页。

和服务业的贸易条件相对于发达国家出现长期恶化新趋势的根本原因。在新国际分工体系中，由于发达国家与发展中国家在全球价值链上所处的位置不同，致使总的增加值收益在这两类国家之间的分配存在着巨大差异，特别是全球公司的诞生加剧了发展中国家试图通过参与全球价值链来实现赶超和产业升级的难度，强化了增加值收益分配不均的格局，使新国际分工条件下的不平等交换关系呈现出新的特征。

新李斯特学派就是为了应对新国际分工对发展中国家经济发展的挑战而兴起的，该学派关于工业化的新准则与本书主题直接相关。按照该学派的看法，在20世纪80年代以前的旧国际分工时代，国家要崛起就必须遵循李斯特“进口初级产品并出口工业制成品”的工业化准则，反其道而行之的国家必将陷入“普雷维什—辛格假说”所讨论的陷阱。但在新国际分工时代，经典发展经济学的“经济发展的出路在于工业化”已不能完全成立，国家要崛起就必须遵循新李斯特主义国家致富和工业化的新准则：进口价值链低端产品并出口价值链高端产品，否则，就会陷入“普雷维什—辛格新假说”所揭示的新国际分工陷阱。为了避免陷入这种陷阱，发展中国家特别是发展中大国必须在本国内部建立起独立自主的价值链高端部门，而不能一味地参与由发达国家跨国公司所控制的全球价值链。

新李斯特学派的上述观点得到了近年兴起的增加值贸易研究文献的支撑补充。所谓增加值贸易研究，就是通过区分本国创造的国内增加值和进口获得的国外增加值的新的贸易核算方法，解决全球价值链分工中由于中间产品多次跨境所导致的贸易总额中的重复核算问题，能够比较准确地反映一国在全球价值链上的实际利得和贸易地位。[①] 增加值贸易的研究揭示出，全球价值链（Global Value Chain，CVC）的参与程度与出口占GDP的比重以及出口中国内增加值份额之间没有显著的相关性。增加值贸易的研究将各国2005~2009年的国家表现（出口占GDP比例的变化和出口中国内增加值份额的变化），同全球价值链参与度关联起来进行考察，发现：像美国和瑞士这种从全球价值链中获得收益的发达国家，不仅全球价值链参与度比较高，分别为8.8和2.0，而且出口占GDP比例的变化和出口中的国内增加值份额的变化都经历了正向的变化；同样在这两个比率中经历了正向变化的南非和墨西哥，其全球价值链的参与度却很低，只有0.7和1.2；尽管中国的全球价值链参与度是最高的（9.8），但当中国的出口占GDP的比例上升时，其出口中的国内增加值的份额却下降了，类似的情况也出现在印度。这些数据表明，各国的增加值收益并不必然来自于对全球价值链的参与。事实上，

① 沈梓鑫、贾根良：《增加值贸易与中国面临的国际分工陷阱》，《政治经济学评论》2014年第4期。

一国全球价值链参与度的提高可能会导致出口占 GDP 比例的上升，但并不必然会促使该国长期内收入和就业水平的提高，以及出口中国内增加值份额比例的上升。①

由于只有一国出口中国内增加值份额比例的上升才表明其长期内收入和就业水平的提高，因此，这一指标才是反映一国财富增进与否的关键性指标，这破除了新自由主义所坚持的，在全球化进程中，发展中国家只有通过嵌入全球价值链，才能实现出口的扩大和 GDP 的增长，进而促使国内经济收益增长和国民财富增进的固有观点。许多凭借廉价劳动力、自然资源等优势的发展中国家，只能以后向联系的方式，从价值链低端嵌入到发达国家主导的全球价值链中，不仅在贸易的静态利益（出口收益和贸易条件）分配中处于劣势，而且难以通过价值链功能升级实现贸易的动态利益（就业、经济增长、技术进步等）的增进，也就不可能缩小与发达国家之间的贫富差距。

对于世界各国来说，是否要提高全球价值链的参与程度，并没有一个统一的答案，因为这取决于一国所处的不同的经济发展阶段。本书认为，这一观点在李斯特的国民经济学说中早已被揭示，而在新李斯特主义的修正范式下得到了更符合现代背景的解释。

在 1841 年出版的《政治经济学的国民体系》中，李斯特在总结欧美十个国家的经济政策史后，在生产力理论和产业结构演进阶段论的基础上，提出了国际经济关系演变的三阶段论：第一阶段，经济欠发达国家应同较先进国家实行自由贸易，以此为手段，使自身摆脱未开化状态并求得农业上的发展；第二阶段，实行保护贸易，以促进本国制造业、海运业和商业的发展；第三阶段，当该国的制造业、农业、商业及整体经济实力有了高度发展之后，再逐步恢复到实行自由贸易，在国内外市场上同其他国家展开毫无限制的竞争。② 但是，李斯特提出的这种经济发展阶段保护理论现在看来存在着严重的局限性，需要进行部分修正。

首先，从经济史的角度来审视，三阶段理论存在着历史经验上的局限性。由于在李斯特做出上述结论时，英国尚未完全实行自由贸易的政策，因此关于第三阶段政策的实际贯彻效果就无法被他观察到，因而该阶段政策的具体实施方案也有待商榷。回顾英国经济发展史，不难发现历史上的英国曾一度远远落后于荷兰和西班牙等国，也经历过需要通过输出原材料和农产品、输入工业制成品来换得更多贸易机会的经济发展初级阶段。直到 15 世纪末，英国才在重商主义基本原

① Banga B, "Measuring Value in Global Value Chains", April 2014, http://unctad.org/en/PublicationsLibrary/ecidc2013misc1_bp8.pdf, p. 28.

② 弗里德里希·李斯特：《政治经济学的国民体系》，陈万煦译，商务印书馆 2012 年版，第 117-118 页。

则的影响下进入第二阶段，开始了长达300多年的保护主义时期，以提高对本国工业和农业的保护程度，其中重点保护和培育的棉纺织业更是成为其率先爆发工业革命和进行工业化的支柱产业。而在1840年前后英国基本完成工业革命之后，英国则开始了向世界大力推销自由贸易政策的第三阶段，其初衷在于想将其他国家都纳入到为英国服务的“工业品销售市场和原材料来源地”的版图之中，使它们成为经济上的“殖民地”。然而，可惜的是，英国却因原本以劝说欠发达国家实行自由贸易为目的的诱导政策被过度实践，最终导致其世界工业力量领导权的旁落并被美国所超越。

反观作为后起之秀的美国，在独立之前也曾接受过英国等欧洲国家的产业转移，通过为其提供原材料和农产品来获得经济发展的机遇。为了改变在国际分工中的不利地位，美国自19世纪20年代开始进入李斯特所描述的第二阶段，开始着手在东北沿海建立独立自主的制造业价值链高端，并在南北战争后将北方的工业保护主义推行至全国。但与英国不同的是，美国在1894年实现经济崛起后，并没有很快进入第三阶段，反而继续贯彻高关税保护主义政策长达四五十年之久。即使是在现如今将自由主义奉为全球贸易“真理”的表象之下，美国仍然在非关税壁垒、外国直接投资和金融等方面以高级而隐蔽的手段有选择地实施保护主义。其结果是，时至今日，美国仍然保持着全球经济的霸主地位。上述史实表明，李斯特有关国际经济关系演变的三阶段理论并不具有普遍意义，甚至可以说存在着严重的缺陷，特别是有关第三阶段政策方向的描述需要着重修正。

其次，结合价值链分工的新特征来看，李斯特的三阶段发展论需要在新国际分工的现实背景下进行重新诠释和修正。在新国际分工中，发达国家与发展中国家之间的经济关系实际上已经从旧殖民主义时代的工业制成品供应者与原材料供应者之间的较为简单和范围狭窄的主导与依附关系深化扩展到了各产业价值链高端与价值链低端之间的更为复杂的主导与依附关系，但其报酬递增活动与报酬递减（至多是报酬不变）活动之间的不平等交换关系并没有发生根本性的改变。因此，只将制造业和工业看作国家富裕的基础已经不再完全成立。新李斯特主义认为一国只有在价值链参与过程中，抓住各产业的价值链高端环节，才能抓住富国裕民的关键。

在全球价值链分工这种新的历史条件之下，结合对英美经济史的透视，修正后的新李斯特主义认为各国有关贸易和发展的新三阶段论应演变为：第一阶段，发展中国家可以通过承接外包活动嵌入到全球价值链中，提高对全球价值链的参与度；第二阶段，发展中国家不应再扩大（甚至应降低）对全球价值链的参与度，逐步摆脱由发达国家跨国公司（全球公司）主导的全球价值链，依托广大的国内市场，构建完整的国内价值链（National Value Chain，NVC），并尝试构筑由本国跨国公司（和全球公司）主导的全球价值链；第三阶段，随着本国跨国公司主导的全球价值链的逐步形成并且步入发达国家行列，该国可以通过将其他发展中国家纳入到本国全球价值链中，加强对全球价值链中其他国家产业高端的控制，并有选择地对本国高端价值链进行保护，以实现增加值收益的最大化。

本章认为，如果对应这种全球价值链背景下的新李斯特主义三阶段发展论，将更有助于理解为什么作为发展中国家的中国参与全球价值链程度越高，就越是被锁定在价值链低端；也更容易发现为什么同样是参与全球价值链程度很高，作为发达国家的美国就会出现出口中的国内增加值很高且出口占 GDP 比重也高的情况；同时不难理解为什么有人会说外包活动能够带给发展中国家发展机遇，但却很容易导致其陷入“中等收入陷阱”。这是因为全球价值链给各国带来的实际收益是由不同国家在价值链上所处的位置决定的，而后者又根本取决于各国所处的经济发展阶段。因此，在新国际分工格局下，一国不能一概而论地接受只有自由贸易才能发展经济的信条，而应该针对自身所处的具体经济发展阶段，做出符合其国情的全球价值链参与决策，才能真正走上富国裕民之路。新李斯特主义提出的发展中大国重走保护主义的内向型经济发展道路，绝不是闭关锁国，而是主张以内需为主导的经济，对于中国来说，可以通过实施“不对称全球化战略”①，在以内需为主导的前提下，走出一条具有中国特色的经济全球化道路。

第三节　全球价值链理论的新发展：增加值贸易

一、有关全球价值链的理论研究

（一）全球价值链概念的提出与演变

随着 20 世纪 80 年代以来新一轮经济全球化的强势来袭，原有的以产业间分工为特征的国际分工格局迎来了一系列前所未有的新变化。单个产品的生产过程被不断分割细化，价值链上的不同生产环节被分布在不同的区域和国家之内，主要针对同一产品生产工序和环节之间分工的产品内分工（Intra-product Specializa-

① 贾根良：《面向内需与新丝绸之路：环渤海经济发展新战略》，《经济理论与经济管理》2014 年第 7 期。

tion）开始形成。而与此相关的各种不同的产品内分工形态，如转包、离岸外包和全球外包等新事物也层出不穷，这对传统的国际贸易与分工理论提出了新的挑战。正是在这样的国际背景下，全球价值链理论应运而生。

回顾全球价值链理论的发展史，实际上，早在 20 世纪六七十年代，就有一些学者在分析矿物出口国家发展路径时使用价值链、价值体系或商品链等术语描述经济活动，并将其运用到相关研究中。但是，"价值链"一词作为理论概念被正式提出，还是始于迈克尔·波特教授于 1985 年所著的《竞争优势：创造和维持卓越绩效》（Competitive Advantage：Creating and Sustaining Superior Performance）一书。在书中，波特教授对"价值链"做出定义，即"企业创造价值的过程可以分解为一系列互不相同却又相互关联的'增值活动'，每一项增值活动就是价值链上的一个环节，其总和即构成企业的'价值链'"①，并且首次运用价值链作为分析框架来研究企业的生产经营活动，这为价值链理论的初步发展奠定了基础。但是，早期波特的研究主要将焦点集中在一国的产业内部单个企业间的价值链分工现象，只考虑了不同企业在完成同一产品过程中的相互分工协作，而没有考虑价值链在空间内的分布范围扩展，即当原本分布于一国之内的产品价值链环节跨越国家或地区时发生的变化。这一空白在布鲁斯·寇格特（Bruce Kogut）的研究中得到了填补，寇格特将价值增值链的概念运用到国际战略的优势分析中，他指出由于各个国家和地区基于当地的要素禀赋优势从事着价值链条上不同环节的生产活动，这也就确定了分解后的价值链在全球范围内的空间布局，而某个国家或地区的企业的竞争优势是不会体现在商品生产价值链的所有环节上的，企业的竞争能力决定了企业会在价值链上的哪些具体环节和技术节点上全心投入。② 可见，寇格特的分析将宏观层面的研究视角纳入到了价值链的内涵中，并且试图阐明国际间分工与价值链条上区域空间布局之间的关联性，这对于全球价值链理论的最终形成起到了重要作用。

从 20 世纪 90 年代开始，一些学者基于之前的全球商品链案例分析和初步的价值链条研究，提出了正式的全球价值链理论。其标志是以格雷菲（Gereffi）为代表的一批学者将价值链概念和产业的全球组织相联系，认为那种能够将以生产某种商品为目的而分布于世界上各区域和国别的大小不一的生产单位紧密联结起来使之成为一体化生产网络的跨国生产组织体系③，就是"全球价值链"。此外，

① 迈克尔·波特：《竞争优势》，孙小悦译，华夏出版社 1997 年版，第 36 页。

② Kogut B，"Designing Global Strategies：Comparative and Competitive Value-added Chains"，*Sloan Management Review*，Vol. 26，No. 4，1985，pp. 15-28.

③ 谭文柱：《全球价值链理论研究述评》，《商业研究》2009 年第 10 期。

他们还指出，“全球价值链的出现并非只是源于跨国公司在全球范围内的生产布局，而且还是全球范围内生产一体化和贸易一体化共同作用所形成的产物”①。到了20世纪90年代中后期，一些学者如克鲁格曼（Krugman）开始注意到全球价值链条的“碎片化”和空间重组的问题，这个问题在后来的安德特（Arndt）和凯尔科斯基（Kierzkowski）那里得到了详细的探讨，他们用“碎片化”来描述生产过程中出现的分割现象，并且认为产权的分离与否决定了跨界组织主要采取何种形式进行全球生产②。具体来说，如果产权的分离是不可行的，那么跨国公司和外国直接投资将会成为全球合作的主要方式，而如果产权的分离是可行的，那么委托加工等外包活动将会在全球生产中占据主要地位。这就从理论上为跨国公司的OEM（原始设备制造商）外包活动以及全球采购行为提供了解释说明。1999年，格雷菲进一步建立了全球价值链的分析框架，他把价值链与全球性组织联系起来，区分了生产者驱动和购买者驱动两种类型的全球价值链，并对两者进行比较分析。③

进入21世纪以来，全球一体化进程继续加深，跨国公司为了进一步提高自身在国际市场上的竞争力，采取了“归核化战略”，即将资源和精力更多地集中于设计和研发等核心业务，而将非核心的生产环节外包给发展中国家，越来越多的发展中国家被纳入到跨国公司所主导的生产网络中，新的国际分工格局得以确立。卡普林斯基（Kaplinsky）和莫里斯（Morris）在描述全球价值链时使用的是“产业链”一词，指出价值链上的分工有效地挖掘和利用了各国的禀赋优势。④ 联合国工业发展组织（UNIDO）曾经就“全球价值链”的概念内涵进行过较为全面的再界定，认为其从本质上来说是一种全球性的跨企业网络组织，关联着从原材料采购到中间产品转运，乃至最终产品营销以及最后的终端市场消费等全部生产环节。⑤ 至此，全球价值链概念的定义基本成形，而上述研究也表明无论是学者还是国际性组织，在界定以价值链为基础的新型国际分工时均强调了价值链上不同参与国之间的紧密合作关系。虽然全球价值链的内涵中已经包括了国际分工的含义，但是在理论发展史上，学者们为了能够明确其与“产业内分工”

---

① Gereffi G and Korzeniewicz M, *Commodity Chains and Global Capitalism*, Greenwood: Greenwood Press, 1994.

② Arndt S and Kierzkowski H, *Fragmentation: New Production Patterns in the World Economy*, Oxford: Oxford Press, 2001.

③ Gereffi G, “International Trade and Industrial Upgrading in the Apparel Commodity Chains”, *Journal of International Economics*, Vol. 48, No. 1, 1999, pp. 37-70.

④ Kaplinsky R and Morris M, “A Handbook for Value Chain Research”, for IDRC, January 2001.

⑤ UNIDO, “Industrial Development Report 2002/2003 Overview”, 2003, https://www.unido.org/resources/publications/publications-type/sales-publications/industrial-development-report-2002-2003.

等传统形式之间的关联性，常在价值链后加上“分工”二字，将其称作“全球价值链分工”。

综观全球价值链理论的发展史，无论早期还是晚期，该理论的一个主要观点是“具体价值链上的绝大多数增加值收益是由特定的战略环节和工序所决定和创造的，但是不同价值链上的战略环节和工序可以不同”①。有关该理论的研究主要集中在全球价值链的控制结构、治理模式和升级路径三个方面。

（二）全球价值链的控制结构研究

针对全球价值链的控制结构研究，其实也就是研究全球价值链的动力机制问题。格雷菲（Gereffi）和科扎基维奇（Korzeniewicz）认为处于全球价值链核心地位的跨国公司是驱动全球价值链的主要力量，因此可以根据跨国公司所从事的不同内容的活动进行划分，提出全球商品链的二元驱动模式，即将价值链分为生产者驱动型价值链和购买者驱动型价值链两类，这两者都由跨国公司所驱动，但区别在于前者受控制于以生产制造为主业的企业，后者受控制于专攻市场营销活动的企业。② 其中，生产者驱动型价值链是由作为生产者的跨国公司一方面掌握生产的核心技术，另一方面通过海外直接投资外包部分非核心的生产活动，以推动市场需求的一种网络体系。这种价值链的动力根源于产业资本，核心能力在于研发与生产能力，加入这类型价值链的障碍在于规模经济，主要体现在如汽车、家电等耐用消费品和资本品行业。而购买者驱动型价值链则是由控制品牌运作和市场营销的跨国公司所主导，旨在在全球范围内通过采购来管理和协调，以寻找和甄选面向各个国家目标市场的最佳供应商的一种网络体系。这种价值链的动力根源于商业资本，核心能力在于设计与市场营销，此类型价值链的进入障碍在于范围经济，典型的部门包括服装、鞋类等非耐用消费品行业。汉德森（Henderson）在格雷菲研究的基础上进一步指出，对于生产者驱动型全球价值链来说，高价值增值环节主要集中在生产领域，而在购买者驱动型全球价值链中，品牌和市场营销等流通领域创造的附加值更高。③ 这种按不同类型控制结构对价值链进行划分的意义在于，生产者驱动型价值链和购买者驱动型价值链由于动力机制不同，其组织规则就不同，且由于不同国家所处具体价值链的核心能力不同，因此即使各国处于相似的价值链环节，其价值定位和努力方向也会不同，而只有认清不同商品价值链的性质和控制结构类型，才能有计划地向着谋取价值链

① 谭文柱：《全球价值链理论研究述评》，《商业研究》2009 年第 10 期。

② Gereffi G and Korzeniewicz M, *Commodity Chains and Global Capitalism*, Greenwood: Greenwood Press, 1994.

③ Henderson J, “Danger and Opportunity in the Asia-Pacific”, in Thompson G, ed., *Economic Dynamism in the Asia-Pacific*, London: Routledge, 1998.

主导权的方向前进。

但是，这种简单的生产者和购买者二元驱动模式的划分并非是绝对的。我国学者张辉指出，如果不按照部门进行划分，而是按照价值链的价值增值序列来划分，那么同一产业的价值链中就可能会同时存在着两种驱动类型的价值链区段。[①] 比如，在某一商品价值链中，关键零部件环节和营销环节同时都是价值链上的重要战略环节，在这种情况下作为生产者的企业和作为供应商的企业共同主导和控制着这条价值链，这也就产生了混合着两种不同驱动类型的价值链。因此，张辉在格雷菲的二元驱动模型的基础上，指出存在着介于生产者驱动型价值链与购买者驱动型价值链之间的第三种“中间型”或“混合型”价值链驱动模式。

（三）全球价值链的治理模式研究

研究全球价值链治理模式的初衷在于致力于如何使得分散在全世界各地的企业能够在承担价值链上不同环节和从事不同经济活动的同时，又能够有条不紊地相互协作，以保证整个价值链条的有效运转。格雷菲“将价值链的治理定义为价值链上的权利拥有者或者某些协调机制和组织各环节的价值增值活动”[②]。早在20世纪90年代，沃尔特·鲍威尔（Walter Powell）的研究根据经济组织形式在一般基础、交易方式、冲突解决方式、弹性程度、组织氛围等方面的不同将全球价值链的治理模式分为市场（Market）、层级制（Hierarchy）和网络（Network）三种类型。[③] 汉弗莱（Humphrey）和施米茨（Schmitz）根据价值链受到主导的跨国公司控制的程度，认为价值链的治理模式可以分为四种类型：第一，没有任何隶属和控制关系，纯粹只是贸易关系的市场型（Market）；第二，企业之间平等合作、分享核心能力的网络型（Network）；第三，各企业生产产品的特征和流程受到核心企业高度控制的准等级型（Quasi-hierarchy）；第四，价值链上参与某些环节的企业受到核心企业直接控股控制的等级型（Hierarchy）。[④]

格雷菲等根据价值链上市场交易的复杂程度、主体协调和权力不对称程度的不同，认为可以进一步细分出市场型（Market）、模块型（Modular）、关系型

① 张辉：《全球价值链动力机制与产业发展策略》，《中国工业经济》2006年第1期。

② 李献宾、江心英：《全球价值链理论研究综述》，《商业时代》2010年第11期。

③ Powell W，“Cultivating an Institutional Ecology of Organizations：Comment on Hannan，Carroll，Dundon and Torres”，*American Sociolocical Review*，Vol. 60，No. 4，1995，pp. 529-538.

④ Humphrey J and Schmitz H，“How Does Insertion in Global Value Chains Affect Upgrading in Industrial Clusters”，*Regional Studies*，Vol. 36，No. 9，2002，pp. 1017-1027.

(Relational)、领导型(Captive)和等级型(Hierarchy)五种价值链治理模式。[①] 其中，市场型和等级型这两种价值链治理模式分别由于该类型价值链上的行为者之间协调性和组织性为最差与最强而居于频谱的两极：市场型是按照价格机制运行的最为简单的经济活动组织形式，而等级型则是在核心企业严格控制下的垂直一体化贸易与生产体系。除此以外的模块型、关系型和领导型这三种类型则是介于这两个极端之间的中间过渡状态，被统一归类为网络治理模式。这三者的区别在于，模块型治理模式下，核心企业提供可编码的标准给供应商企业，让后者完成模块化的生产任务，前者对后者的控制程度较低，两者之间的力量对比相对均衡；与模块型治理模式不同的是，对于关系型治理模式下的核心企业来说，其信息交流无法进行编码化以传递给供应商企业，只能通过频繁的交流来保证正常的交易进行，但是企业之间具有较强的空间相邻性和社会同构性；在领导型治理模式下，无论是在资金方面还是在技术方面，核心企业都比供应商企业更具有实力，而且核心企业在为供应商提供知识和经验支持的同时，也会对后者的加工工艺等进行严格的监督和指导，后者对于前者是依附关系，两者在价值链上的权力关系相当不平等。此外，格雷菲等也指出，全球价值链的治理模式并非是一成不变的，而是会随着核心企业与供应商企业之间力量的此消彼长从一种模式动态转变为另一种模式。

（四）全球价值链分工与产业升级研究

全球价值链分工是随着经济全球化发展逐步形成的一种新型的国际分工形式，这种分工形式打破了传统贸易理论的产业间分工和新贸易理论的产业内分工的分析模式，转而从产品价值链的角度分析全球化的过程。[②] 本章认为上述新的国际分工具备如下五个特点：第一，这种新的国际分工主要基于生产要素之间的整合与配置。不同于之前的产业间分工或者产业内分工，新的国际分工是以价值链条上不同生产工序的分割细化为基础的，且价值链上不同参与企业根据自身的资源优势在全球范围内进行要素配置与合作。第二，价值链分工促进了中间产品和零部件贸易。在由跨国公司控制的全球价值链上，由于生产过程的分割细化，中间产品贸易和零部件贸易占贸易总额的份额大幅上升。第三，跨国企业成为促进新国际分工在全球范围内普遍化的主导力量。跨国企业为了实现利润的最大化，从全球战略出发组织生产与贸易网络，根据各国和地区不同的要素禀赋，在全球范围内优化配置各种要素。第四，不同国家（地区）或企业所从事的价值

① Gereffi G, Humphrey J, and Sturgeon T, "The Governance of Global Value Chains", *Review of International Political Economy*, Vol. 12, No. 1, 2005, pp. 78-104.

② 孙治宇：《全球价值链分工与价值链升级研究》，经济科学出版社 2013 年版，第 29 页。

链生产环节不同，那么其增加值收益和国际分工地位也就不同。同一价值链上的不同产业链条或生产工序具有不同的增值能力，从事于高增加值环节的国家（地区）或企业所处的国际分工地位高；反之则低。第五，外包活动成为了价值链国际分工的典型标志。在当今的全球价值链分工体系中，发展中国家承接了大量来自发达国家跨国公司的外包活动，这是跨国公司的一种通过整合外部最优专业化资源来提高利润与核心竞争力的管理模式。总之，全球价值链分工的出现改变了传统的国际分工方式，具体表现为各国出口的最终产品或者隶属的行业已经不再是决定该国国际竞争优势所在的最重要因素，而是主要取决于其所从事的价值链环节及内容。①

发展中国家企业通过融入现有的分工体系能否真正促进发展中国家产业实现升级，始终是全球价值链理论研究的核心命题。纵观国内外已有的全球价值链理论文献，很多学者对于该命题提出质疑并采取消极的态度。格雷菲（Gereffi）②、卡普林斯基和莫里斯（Kaplinsky and Morris）③、汉弗莱和施米茨（Humphrey and Schmitz）④ 总结区分出了工艺升级（Process Upgrading）、产品升级（Product Upgrading）、功能升级（Functional Upgrading）和价值链升级（Value Chain Upgrading）四种不同类型的升级，但是，他们通过对典型行业的研究发现，前两种升级类型是后进的发展中国家中比较常见的，而后两种升级类型却几乎没有在发展中国家中找到真正成功的实证案例。汉弗莱（Humphrey）和施米茨（Schmitz）的研究认为，作为价值链主导者的发达国家跨国公司会对想要进行价值链环节升级的发展中国家参与者施行强有力的阻挠。新兴国家在经济起步阶段确实能够从承接低端外包活动的价值链分工中获得助益，但是在进行高端价值链环节升级的时候却几乎都会面临着被价值链主导者“俘获”的问题。⑤ 勒蒙纳（Lemoine）和厄诺·科森茨（Ünal-Kesenci）表示就中国的情况来看，从积极的角度分析就是中国确实从参与价值链分工的过程中获得了技术进步上的助益，但是从消极的角度来分析，目前中国以加工贸易为主的贸易状态导致中国过于依赖外国直接投资和专利技术的进口，从而使得核心产业自主创新能力薄弱，严重影响了技术创新所带来的经济利益的扩散。这使得中国难以仅仅通过融入目前的全

① 范云芳：《论价值链国际分工》，《中国流通经济》2008 年第 3 期。

② Gereffi G, "International Trade and Industrial Upgrading in the Apparel Commodity Chian", *Journal of International Economics*, Vol. 48, No. 1, 1999, pp. 37-70.

③ Kaplinsky R and Morris M, *A Handbook for Value Chain Research*, Repored for the IDRC, 2001.

④⑤ Humphrey J and Schmitz H, "Governance and Upgrading: Linking Industrial Cluster and Global Value Chains Research", *IDS Working Paper*, *No. 120*, Institute of Development Studies, Brighton, UK, 2000.

球价值链而实现国际分工地位的真正转变。[①] 国内的一批学者也表达了相似的观点，潘悦[②]、张秋菊和朱钟棣[③]、文东伟等[④]认为，中国以加工贸易为主要形式参与的新国际分工在长期内并没有对我国的技术进步和产业升级起到明显的推动作用。宋泓和柴瑜指出，中国实际上承接的主要是从发达国家企业转移出来的加工组装等劳动密集型外包活动，这些环节技术含量低且前后向关联不显著，因此，反而削减了中国在全局上的产业结构利益。[⑤] 周爱农等指出，外商直接投资对中国产业升级的推动作用其实非常有限，外资企业对本土企业的技术溢出主要集中在一些非尖端的二三流技术上，我国本土企业的自主创新能力仍然薄弱，外商直接投资并没有真正推动我国的产业升级转型。[⑥] 于明超等[⑦]、刘志彪和张杰[⑧]、陈爱贞和刘志彪[⑨]、周勤和周绍东[⑩]等的研究结果均表示，新国际分工下的价值链分工并不一定能保证中国产业升级转型的实现。卓越和张珉指出，在融入全球价值链的过程中，我国的制造业被压制和锁定于价值链的低端，陷入了"悲惨增长"的困境。可见，发展中国家参与这种基于全球价值链扩展的新国际分工不仅不一定会获得技术进步和产业升级等方面的积极变化，而且还可能会遭遇许多负面的影响。[⑪]

与传统的国际贸易理论相比，全球价值链理论在控制结构、治理模式和产业

---

① Lemoine F and Ünal-Kesenci D, "Assembly Trade and Technology Transfer: The Case of China", *World Development*, Vol. 32, No. 5, 2004, pp. 829-850.

② 潘悦：《在全球化产业链条中加速升级换代——我国加工贸易的产业升级状况分析》，《中国工业经济》2002 年第 6 期。

③ 张秋菊、朱钟棣：《跨国外包的承接与我国技术进步关系的实证分析——基于 VECM 的长、短期因果关系检验》，《世界经济研究》2008 年第 6 期。

④ 文东伟、冼国明、马静：《FDI、产业结构变迁与中国的出口竞争力》，《管理世界》2009 年第 4 期。

⑤ 宋泓、柴瑜：《外国直接投资对发展中东道国的经济影响：理论回顾与展望》，《世界经济与政治》1999 年第 2 期。

⑥ 周爱农、韩金红、王恕立：《吸引外商直接投资对我国产业成长的实效分析》，《现代经济探讨》2003 年第 7 期。

⑦ 于明超、刘志彪、江静：《外来资本主导代工生产模式下当地企业升级困境与突破——以中国台湾笔记本电脑内地封闭式生产网络为例》，《中国工业经济》2006 年第 11 期。

⑧ 刘志彪、张杰：《全球代工体系下发展中国家俘获型网络的形成、突破与对策——基于 GVC 与 NVC 的比较视角》，《中国工业经济》2007 年第 5 期。

⑨ 陈爱贞、刘志彪：《FDI 制约本土设备企业自主创新的分析——基于产业链与价值链双重视角》，《财贸经济》2008 年第 1 期。

⑩ 周勤、周绍东：《产品内分工与产品建构陷阱：中国本土企业的困境与对策》，《中国工业经济》2009 年第 8 期。

⑪ 卓越、张珉：《全球价值链中的收益分配与"悲惨增长"——基于中国纺织服装业的分析》，《中国工业经济》2008 年第 7 期。

升级方面的研究让全球价值链理论框架成为了能够有效分析在新国际分工中发展中国家利益分配和升级前景等问题的重要理论工具。

二、价值链的新特征与传统贸易核算方法的不足

自20世纪80年代末开始，新一轮的经济全球化浪潮席卷而来，此轮狂潮对于世界各国的经济发展都产生了极为深远的影响。随着垂直分工与生产分割在世界范围内的不断扩展与深化，由跨国公司生产网络所主导的新国际分工格局逐渐形成。在新的国际分工格局下，产品的价值链在各国之间不断地延展细化，产品内分工取代产业间分工成为国际分工的主要特征，中心与外围国家之间的垂直分工从工业制成品与初级产品之间的分工深入到了工业、农业和服务业内部的分工，传统的生产和贸易方式也随之发生了变化："货物贸易"（Trade in Goods）转变为"任务贸易"（Trade in Tasks），中间产品贸易成为了新的贸易形态，"国家制造"被"世界制造"所替代。建立在传统贸易形态基础上的核算方式，由于没有考虑到这些新的全球化特征，越来越无法准确地反映出全球价值链的全过程。

在传统的总价值贸易核算体系中，由于仅仅统计一个产品跨境时的总价值，贸易数据不仅无法显示价值增值的国家来源和份额分配，而且会出现中间投入品价值与产品价值增值的"重复核算"问题。具体来说，传统的总价值方法对产品内分工中所产生的中间产品投入额以及双边贸易中所出现的本国增加值折返额和外国增加值折返额都进行了多次的重复核算，从而导致各国在全球价值链中的增加值创造和利益分配无法通过关境的贸易统计核算体系得到准确衡量。在国际生产分割越来越细化和普及的今日，这种贸易中的"重复核算"问题日趋严重，因此亟须一种更为精准的全球贸易核算体系作为替代性方法出现。

三、新的国际贸易核算方法——增加值贸易

在此背景下，2011年6月，WTO总干事帕斯卡尔·拉米（Pascal Lamy）提出，"同传统国际贸易核算相比，增加值贸易核算能够更好地测度和反映全球贸易的新特征，是衡量世界贸易运行的一种更好的方法"[①]。此后，增加值贸易（Trade in Value-Add）作为一种新的贸易核算方法激起了各国特别是发展中国家重新测算贸易流量和贸易利得的热潮，而有关增加值贸易核算方法的新进展也迅

① 这是拉米于2011年6月6日在WTO联合日本IDE-JETRO举办的发布会"Trade Patterns and Global Value Chains in East Asia"上发表的观点，网址：https：//www. wto. org/english/news_ e/news11_ e/miwi_ 06jun11_ e. htm。

速成为了学术界关注的热点。

（一）增加值贸易的概念与主要研究方法

作为一个已经被广泛运用于全球价值链研究之中的概念，“增加值”通常指的是一种商品或服务经过生产过程的某一特定步骤所增加的价值。增加值贸易就是以产品增加值代替产品总值作为主要的研究对象，测度产品价值链上每一个环节的贸易流量净增加值，从而适应以全球价值链扩张为特征的新的国际分工体系出现的一种贸易核算体系。如果追溯其发展史，可以归总为以下几种方法：

一是微观个案分析法。这种方法主要是通过收集来自各大企业和海关的微观数据，对单个产品或行业的全球价值链进行追踪，以揭示整个全球价值链上的增加值创造和分配情况。现有的经典个案研究包括芭比娃娃、惠普电脑和苹果手机等。这种方法的优点是数据翔实、结论直观，但缺点在于收集数据的难度较大，且所选数据的代表性并不高，容易以偏概全，难以全面反映一国在国际分工中的地位。

二是 HIY 分析法。这是由胡梅尔斯（Hummels）、石井（Ishii）和易（Yi）共同提出并以其名字命名的一种早期经典宏观测算法，也称垂直专业化率方法，其实质是利用单国投入产出表系统测量一国参与国际分工的水平，从进口角度分析一国在垂直一体化生产网络中的参与程度和收益分配①，具有一定的创新性。但是这种方法的缺陷在于：首先，其假设无论是以出口为目的的加工贸易还是以满足内需为目的的一般贸易，其进口中间产品的投入比完全相同，忽视了加工贸易的特殊性。其次，该方法还假设所有进口并投入生产的中间产品都是百分之百的国外增加值，也就是说没有将第三方转口本国的附加值纳入考虑。

三是 KPWW 分析法。库普曼（Koopman）、鲍尔斯（Powers）、王（Wang）和魏（Wei）为弥补 HIY 方法所存在的缺陷，于 2012 年提出了改进后的同样是以其名字命名的 KPWW 分析法。该方法为了区分加工贸易和一般贸易的非竞争性投入产出表，首先，针对这两种投入产出表设定了不同的投入—产出系数矩阵。其次，将出口的总值分解为直接出口到终端市场的增加值、间接出口到第三方国家的增加值、包含在进口投入品中返回的国内增加值和国外增加值四个部分。最后，致力于构建全球多部门的投入产出数据库，以将增加值统计法与传统总价值统计法整合起来。

（二）增加值贸易与总价值贸易的区别

增加值贸易作为国际贸易核算的一种新方法，主要是解决跨境贸易中的“重复核算”问题。这种方法在核算过程中只记录一种产品或服务进出某国时发生的

① Hummels D, Ishii J, and Yi K, “The Nature and Growth of Vertical Specialization in World Trade”, *Journal of International Economics*, Vol. 54, No. 1, 2001, pp. 75-96.

价值增量，“量化和识别从原材料到最终产品的全部价值增值的来源，并且在合理的产业布局下对价值增值进行分类”①。这不仅将重新统计一国参与全球价值链所获得的增加值绝对量，而且还可以真实地反映各国在全球价值链上的利益分配格局。本节意图通过两个简明的图示分析来说清两种统计方法在多国以及双边贸易核算中产生的主要差别及其影响。

1. 多国跨界生产链上两种核算方式的对比

假设有一条简化的产品生产链由 A、B、C、D 四个国家跨界参与（见图 1-1），且四国依次处于产品研发、零件生产、加工组装和最终需求环节。A 国实际创造的国内增加值为 59 个单位，B 国为 37 个单位，C 国为 4 个单位，而当最终产品出口到 D 国的时候，产品已经包含了 100 个单位的增加值。在这个过程中，由于 B 国出口到 C 国的中间产品中包含了 59 个单位由 A 国进口的增加值，因此在传统总价值贸易核算中 B 国的出口额被统计为 96 个单位，即出现了 59 个单位增加值的重复核算。类似地，由于 C 国出口到 D 国的最终产品中包含了 96 个单位的国外增加值（A 国 59 个单位，B 国 37 个单位），因此在总价值贸易中出口额为 100 个单位，也出现了 96 个单位增加值的重复核算。

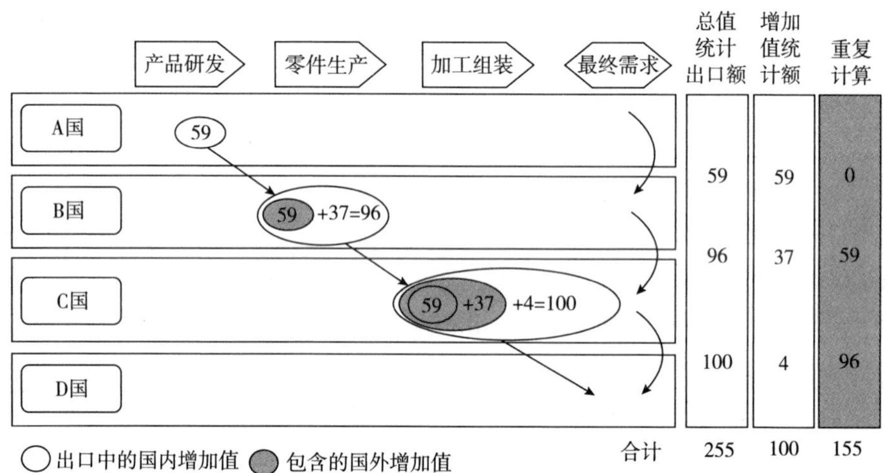

图 1-1　多国跨界生产链上总价值贸易与增加值贸易统计对比

资料来源：UNCTAD 2013 年 1 月发布的报告“Global Value Chains and Development：Investment and Value Added Trade in the Global Economy”。

① Armstrong M，“Adding Value to Trade Measures：An Introduction to Value-Added Trade”，Report on the Conference Board of Canada，December 2011，http：//tradecompliance. ghy. com/wp-content/uploads/2012/05/12282_ AddingValuetoradeGlobalValueChains. pdf.

综合来看，两种统计方法的区别在于，总价值贸易给B国造成了59个单位贸易额的重复核算，给C国造成了96个单位贸易额的重复核算，给整个产品生产链所创造的出口额造成了155个单位的重复核算。而且，越是处于生产链末端的国家，重复核算的问题越是严重。对比现实情况，中国恰恰处于全球生产链的终端环节，因此我国根据传统方法统计的出口额与实际的国内增加值之间存在着非常巨大的差异。

2. 加工贸易中两种核算方式的对比

借用李昕、徐滇庆列举的案例，假设一家从事铆钉等一般零部件生产的中国企业创造的价值为A，这些零部件出口到海外以后，有$(1-\alpha)A$被用于海外国家的最终需求，而另一部分αA则被海外企业采购并投入主板硬盘等零部件的生产中，同时该过程又创造了B单位的附加值。之后，中国从海外企业处进口了总价值为$(\alpha A+B)$的零部件，其中$(1-\beta)(\alpha A+B)$用于国内的最终需求，另一部分$\beta(\alpha A+B)$则被加工企业采购，用以装配电子产品，且国内加工的附加值为C，完成后的电子产品以$\beta(\alpha A+B)+C$的价值出口到海外市场（见图1-2）。①

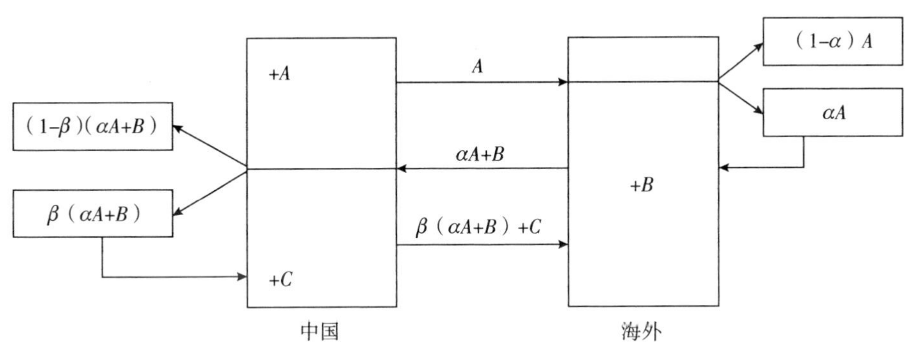

图1-2　加工贸易中总价值贸易与增加值贸易的统计对比

资料来源：李昕、徐滇庆：《中国外贸依存度和失衡度的重新估算——全球生产链中的增加值贸易》，《中国社会科学》2013年第1期。

按照传统的总价值贸易统计方法（见表1-1），中国的贸易总额（出口额+进口额）为$(1+\alpha\beta+\alpha)A+(1+\beta)B+C$，贸易顺差（出口额-进口额）为$(1+\alpha\beta-\alpha)A-(1-\beta)B+C$。而按照增加值统计方法，中国的贸易总额为$A+B+C$，贸易顺差为$A-B+C$，这就导致两种统计方式在经常性项目的核算中出现了$\beta B-\alpha(1-\beta)A$的

① 李昕、徐滇庆：《中国外贸依存度和失衡度的重新估算——全球生产链中的增加值贸易》，《中国社会科学》2013年第1期。

差额。

表 1-1 加工贸易中两种统计方法的差额

	总价值贸易	增加值贸易	两种统计方法的差额
出口额	$A+\beta(\alpha A+B)+C$	$A+C$	$\alpha\beta A+\beta B$
进口额	$\alpha A+B$	B	αA
贸易总额	$(1+\alpha\beta+\alpha)A+(1+\beta)B+C$	$A+B+C$	$\alpha(1+\beta)A+\beta B$
贸易顺差	$(1+\alpha\beta-\alpha)A-(1-\beta)B+C$	$A-B+C$	$\beta B-\alpha(1-\beta)A$

资料来源：李昕、徐滇庆：《中国外贸依存度和失衡度的重新估算——全球生产链中的增加值贸易》，《中国社会科学》2013 年第 1 期。

两种统计方法的差额 $\beta B-\alpha(1-\beta)A=\beta(\alpha A+B)-\alpha A$，其中 $\beta(\alpha A+B)$ 为中国加工企业采购并投入生产的中间产品价值，αA 为被海外企业采购并投入生产的中间产品价值。由于海外企业从事的生产环节处于生产链前端，其使用的中间产品价值(αA)必然小于末端环节中国加工企业所使用的中间产品价值[$\beta(\alpha A+B)$]①，因此 $\beta B-\alpha(1-\beta)A>0$。

基于上述分析可以发现，如果加工贸易占中国对外贸易的比重很大，其贸易顺差在传统的总价值统计方法下就存在被严重高估的情况。

进一步得知，$\beta B-\alpha(1-\beta)A>0\Rightarrow\frac{B}{A}>\frac{\alpha(1-\beta)}{\beta}$，$B$ 越大，则 A 越小，统计差额[$\beta B-\alpha(1-\beta)A$]的绝对值就会越大。其经济含义为，海外企业创造的增加值越高，中国加工企业创造的国内增加值越低，这两种统计方法所表现出来的误差就会越大，中国的贸易顺差被高估的程度就会越高。如图 1-2 所示，海外企业生产的中间投入品的增加值被包含在中国组装的最终产品出口额中。如果这种增加值占出口额的比例很高，那么与之相对应的国内企业创造的增加值占比就偏低。由于前者在跨境贸易中来回折返，故而被重复核算，这便是造成总价值贸易统计误差的主要原因。

结合上文的分析，我们认为之所以会出现上述两种统计方法的差异，其主要原因在于传统的总价值贸易核算方法对产品内分工所产生的中间产品投入额以及双边贸易中所出现的本国增加值折返额和国外增加值折返额都进行了多次的重复核算。这就导致传统贸易核算体系统计出的关境数据无法准确衡量出全球价值链上各参与国所创造的实际增加值以及获得的国际收益。这种情况在苹果手机的案

① 这点从图 1-2 的示例中亦能清楚地看出。

例中能够得到明显的体现，按照传统的总价值贸易核算方法，中国作为 iPhone 手机的最终组装国，每出口 1 台 iPhone 手机能够带来 194.04 美元的出口额，但其中只有 6.54 美元是中国进行组装的附加值收益，即国内价值增值，其余的 187.5 美元均来自其他国家（地区）中间产品的投入，属于国外增加值，如美国提供的音频解码器、连接线、GPS、记忆棒、触屏控制器价值 22.88 美元；德国提供的基带、功率调节器、收发两用器价值 16.08 美元；韩国提供的应用服务处理器、显示器价值 80.05 美元；中国台北生产的触屏和摄像头价值 20.75 美元；其余国家（地区）提供的配件共价值 47.74 美元①。在关境统计的数据中，由于中国对美国出口的 iPhone 手机价值为 194.04 美元，而美国出口到中国的零部件价值是 22.88 美元，因此，按照传统的总价值贸易来衡量，中国在对美贸易中获得了 171.16 美元的顺差，是最大受益者。然而，如果从增加值贸易角度来衡量，中国在对美贸易中却出现了 16.34（22.88-6.54）美元的贸易逆差。而且，如果从整个价值链来看，美国、德国、韩国创造的增加值和获得的收益要远远大于中国，中国只是充当了低端加工者的角色。由此可见，如果海关继续沿用传统的总价值贸易核算方法，将极易造成关境数据对各国实际贸易关系的巨大歪曲，而要想实现贸易数据对全球价值链上各国所处地位和贸易利得的真实反映，就必须将增加值贸易纳入到现有的贸易核算体系中来。

本章主要介绍了有关经济创新的基础理论，如熊彼特的创新理论、“普雷维什—辛格命题”、新李斯特主义学说、全球价值链理论的新进展，意在为本书后面的研究提供基础理论上的支撑。

① WTO and OMC，*Trade In Value-Added：Concepts，Methodologies and Challenges*，WTO，2012.

第二章　中国陷入新国际分工的陷阱与突围

第一节　中国参与国际分工的历史回顾与现实困局

作为一个后进的积极谋求经济赶超的发展中国家，我国的对外贸易发展政策自新中国成立以来经历过重大的转变，而我国参与国际分工的方式和程度也曾不断地发生变化。本章认为，回顾和总结我国对外贸易的政策变迁史以及参与国际分工的战略演变历程具有重要意义，能够为我国进一步的对外经济发展提供坚实的实践基础。

一、20 世纪 40 年代末至 70 年代末

1949 年新中国成立以后，我国一度面临着极为复杂和严峻的国际形势，以美国为首的西方资本主义阵营在 20 世纪 50 年代联合起来对我国的政治、经济和外交实行了全面的封锁和孤立，这一行为使得我国在很长一段时间之内无法开展正常的对外贸易。这一时期，我国学习了苏联的计划经济模式，坚持走“重工业优先发展”的经济道路，致力于在封闭的国际环境中建立比较完整的工业体系和国民经济体系，并选择将进口替代作为这一时期我国的对外贸易战略。因此，1948~1978 年，我国采取的对外贸易方针一直都是以进口限制高、出口鼓励低为特征的进口替代战略，具体表现为名义关税不起作用，甚至曾一度停止过关税的征收；全面实施许可证管理，严格限制进口额；无出口补贴和出口退税，支持重工业但不支持出口行业；实行固定汇率制度，且长期高估人民币汇率。这一时期，我国的出口产品结构虽然逐渐完成了从农产品为主向工业品为主的转变，但是即使在当时国内钢铁类金属总量不富余的实际国情的客观约束下，我国在这一

时期的进出口规模始终很小，进出口贸易额增长也十分缓慢，可以说这一时期的我国没有也无法真正地参与到国际分工中去。

二、20 世纪 70 年代末至 20 世纪末

1978 年，我国如许多其他发展中国家一样，难以继续推行进口替代战略、走“重工业优先发展”的道路，故而寻求开放。当我国政府决定实行改革开放政策的时候，我国的对外贸易水平可以说是非常之低，一方面以生产效率低、市场竞争不足、制度不完善为表象的国内条件约束了我国的对外开放速度；另一方面“东亚奇迹”的出现以及随之而来的生产结构转换和产业转移为我国融入国际分工体系提供了良好的示范和契机。由此，在这之后的 20 年内，中国作为后进的发展中国家，进入了努力融入全球化的开放阶段，为求发展，大力推进外向型经济，积极参与国际分工体系，尝试从一个基本自给自足的封闭经济体尽快转型成为一个世界级的贸易大国。为了扭转改革开放初期我国对外贸易的颓势，中国政府在关税、出口补贴、出口退税和汇率等贸易政策上作了重大的调整。1980 年以后，我国开始逐步恢复关税的职能，先是开始对部分产品加征“进口调节税”，但仍保持相对较高的关税率水平，再是从 1992 年开始，我国进行了大幅度的自主降税，从 1992 年的 43.2%降低到 2001 年的 15.3%，总下降幅度接近 65%①。1978~1991 年，受许可证管理的进口商品额占总进口额的比例已经下降到了 50%以下，1992~2001 年，我国又在此基础上经历了 8 次许可证管理种类的削减，至 20 世纪末，受许可证和进口限额限制的商品额占总进口额的比例下降到了 5%以下。在出口鼓励方面，根据世界银行的统计，截至 1989 年，我国从中央财政预算中拨款并用于补贴外贸亏损的金额已经超过 336 亿元。对出口产品实行退税的政策则从 1985 年开始实行，并且在 1986~1992 年，退税额连年增长，占总出口额的比例较高。至于汇率方面，人民币从 1980 年开始逐渐贬值，且长期内处于被低估状态。

经过多方面的努力，我国改革开放后的前 20 年在经济发展方面可以说是成就瞩目，主要表现为中国在全球贸易和投资中所处的地位上大有改观，在参与国际分工的形式和程度上也发生了很大的变化。

第一，我国的国际贸易地位不断提高，20 世纪 80 年代以来，我国的进出口额增长速度就开始加快。1978 年，中国的进出口总额为 206.4 亿美元，2001 年增加到了 5098 亿美元，也就是说，在此期间中国的进出口额增长了 23.7 倍，年

① 孔庆峰、王冬：《中国外贸发展战略的演变及其动因分析》，《山东大学学报（哲学社会科学版）》2009 年第 6 期。

均增长速度高达15%，其中，出口增长了26.3倍，年均增长速度为15.5%，进口增长了21.3倍，年均增长14.5%，都超过了同期GDP的增长速度。20世纪80年代初期至80年代末，我国的产品出口重心逐渐从初级产品向工业制成品转移。而产生这种变化的主要原因在于我国在这段时间内开始融入国际产业分工，大量承接面向新兴工业化国家（地区）的劳动密集型产业转移，并且大力发展加工贸易。1986年，我国的工业制成品出口比重开始超过初级产品，达到63.3%，1990年上升到了74.4%。之后，从20世纪90年代初期开始到90年代中后期，我国的出口贸易结构实现了由轻纺产品为主向机电产品为主的重大转变。2003年，机电产品出口所占比重首次超过50%，这大大提升了我国在国际分工中的地位。

第二，中国作为外国直接投资的东道国已然崛起。在全球生产一体化的大背景下，国际资本流动规模和国际投资结构成为了衡量一国国际分工地位的重要指标。改革开放初期，中国接受的外商直接投资（FDI）数额可谓相当之低，仅仅占到世界对外直接投资总额的1.87%，而在发展中国家吸收外国直接投资总额中的占比则为10.73%。但是，之后在改革开放政策的鼓励下，我国低廉的劳动力和土地等生产要素价格率先吸引到了中国港澳台地区商人的直接投资。他们将一些技术含量很低的劳动密集型产品的生产线逐渐转移到中国大陆地区，尤其是珠江三角洲和福建等沿海地区。20世纪80年代中期，外商被允许在我国投资生产、加工的商品范围得到了更大的扩展，投资的对象开始涉及机械设备、飞机零部件、鞋帽、电子产品和小五金等一些具有一定技术含量的产品行业，而不再仅仅局限于那些简单的加工行业。从20世纪80年代后期开始，由于亚洲“四小龙”等新兴工业化国家（地区）的劳动与土地成本的上升，其生产的劳动密集型产品的竞争优势逐步减弱，加之这些国家（地区）自身也正处于较为剧烈的产业结构调整时期，我国又成为了东亚地区劳动密集型产业的主要转移承接地之一。到了20世纪80年代晚期，美国、日本和欧洲各国等发达国家迫于劳动力成本过高的压力也开始将本国的一些劳动密集型生产环节通过直接投资的方式逐步转移到我国。这使得20世纪90年代，中国迎来了大规模接受外商直接投资的“爆发期”。据统计，1993年中国非金融领域外商直接投资数额为275.15亿美元，而这一数字几乎相当于我国在过去的12年内接受外资额度的总额。同年，中国首次成为了发展中国家中第一大规模的接受外国直接投资的东道国家，在世界范围内也仅次于美国。整个20世纪90年代，我国接受的外国直接投资总额占固定资产总额的比例远远超出了世界其他国家的平均值。① 在这段时间内，我国平均每

① 陈建青：《我国参与国际分工的地位变化及战略调整》，《理论探讨》2009年第3期。

年实际利用外资的增长率从 20 世纪 80 年代的 17.2%上升到了 90 年代的 26.78%，占同期发展中国家接受外国直接投资总额的 24.29%，在世界外国直接投资总额中所占比重提升到了 6.34%。这意味着中国作为外国直接投资的东道国地位得以确立，进一步被纳入到国际生产体系之中，而跨国公司也借此强化了中国在其全球经营战略中的位置。

第二，加工贸易成为中国参与国际分工的主要形式，我国参与国际分工的垂直专业化程度显著提高。改革开放初期，我国加工贸易额较低，加工贸易额占总贸易额的比重较低，但增长速度快。根据国家统计局数据，1981 年，我国的加工贸易额为 26.35 亿美元，而当年我国的对外贸易总额为 381.4 亿美元，加工贸易占比为 5.98%。1987 年，我国加工贸易的增长率高达 52.98%，其中，来料加工大幅增长，进料加工开始起步。1988 年，我国的加工贸易额已经达到 291.65 亿美元，占当年对外贸易总额的 28.37%。而仅仅就当年加工贸易的出口总值来说，达到了 140 亿美元，其中来料加工出口额为 77 亿美元，占加工贸易出口总值的 55%，占全国出口总值的 16.2%。20 世纪 80 年代后期，随着东亚国家产业结构调整浪潮的出现，我国凭借劳动力成本优势，承接着由东亚先发国家转移出来的劳动密集型产业，积极融入到全球生产网络体系中。为了顺应世界经济形势的发展，我国政府在 1988 年制定了“两头在外、大进大出”的对外经济方针政策。在此之后，我国进入了加工贸易的迅猛发展阶段。从统计数据上来看，我国的加工贸易进出口总额从 1988 年的 291.65 亿美元迅速上升到 1995 年的 1320.70 亿美元，相应地，加工贸易在对外贸易中所占的份额也从 1988 年的 28.37 个百分点大幅提高到 1995 年的 47.02 个百分点。从 1995 年起，以“两头在外、大进大出”为主要特征的加工贸易正式取代了一般贸易的地位，开始在我国的对外贸易中占据最重要的位置。20 世纪末 21 世纪初，统计数据显示，中国的加工贸易总额继续不断提高，约占到我国同期进出口总值的 50%，其中加工贸易出口额占到出口总值的 55%左右。而与此同时，中国参与国际分工的垂直专业化程度也获得了显著的提高，1992 年相关统计数据显示我国的垂直专业化程度只有 14.7 个百分点，但是到了 2003 年已经高达 21.8 个百分点，这表明在这 10 年内我国的垂直一体化程度几乎上升了 50%，这基本上相当于其他经济合作与发展组织（OECD）成员国在过去 20 年内垂直专业化程度的上升幅度。[①] 垂直专业化程度的提高一方面反映了我国由加工贸易所带来的中间品贸易的不断增加，另一方面表明了中国已经更为深入地参与到国际分工中，并且在更大的范围内融入到全球生产网络中来。

---

① 陈建青：《我国参与国际分工的地位变化及战略调整》，《理论探讨》2009 年第 3 期。

在此期间，我国凭借低廉的劳动力成本，以劳动密集型的加工贸易方式参与到发达国家跨国公司主导的全球生产体系中，在实现经济快速增长的同时获得了初级的国际分工地位。但是，中国充当发达国家主导的全球生产体系中低端生产环节“加工基地”的定位也日益固化，相比于发达国家，我国处于非常不利的国际分工地位，这也为之后我国面临的外贸动力不足和经济发展不可持续等问题埋下了隐患。

三、21世纪初至2007年全球金融危机爆发

进入21世纪，中国在2001年正式加入世界贸易组织（WTO）之后，继续加快了对外开放的步伐，更加积极地想要通过嵌入现有的全球价值链融入发达国家主导的国际生产与分工体系。这一时期，一方面我国的对外贸易发展水平持续提高，另一方面我国在国际分工中所面临的一些内在矛盾也逐渐显现。

2001年加入WTO之后的中国在获得更多国际合作机遇的同时，也受到许多国际贸易条例的强力牵制，在外贸政策方面只能秉持更为宽松和开放的态度，意在加速融入新的国际分工体系。具体措施包括：第一，开始大幅下降关税。我国为了兑现加入WTO前做出的承诺，2002~2005年，总共进行了4次降税，从15.3%下降到9.9%，降幅高达35%[①]。第二，逐步取消进口许可证的限制。2002年，我国实行特种进口许可证管理的商品为12种，2003年降为8种，2004年为5种，到2008年仅剩1种。第三，出口退税有新举措。从2002年起，国家开始实行针对自产货物的出口退税“免、抵、退”的管理办法。第四，人民币汇率仍然被低估。在固定汇率时期，人民币的汇率一直有被低估的事实存在，直到2005年7月，中国人民银行迫于国际压力，宣布人民币一次性升值2.1%，并开始由固定汇率制度转为浮动汇率制度。总的来说，在这段时期，我国大幅放松了对进口的限制，也继续为出口提供了便利。在一系列政策的鼓励下，我国的对外贸易水平确实获得了相当明显的提升。2001年至2005年11月，我国对外贸易年均增长24.6%，我国进入了对外经济高速增长的爆发阶段，具体表现为这一时期我国的贸易增长率大幅度高于全球贸易的平均增长率和我国GDP的年增长率。2007年，我国GDP达到24.66万亿元，进出口总额达到了21738亿美元。总体来看，中国在加入WTO以后的这段时期内，进入了对外开放的全面拓展期，具体表现为各地方政府开始大规模地引进外国资本，为劳动力市场创造了更多的就业机会。从统计数据来看，这一时期我国国民经济快速增长，对外

① 孔庆峰、王冬：《中国外贸发展战略的演变及其动因分析》，《山东大学学报（哲学社会科学版）》2009年第6期。

贸易迅速发展，进一步融入了国际生产与分工体系，成为了名副其实的世界贸易大国。但与此同时，潜在的危机也开始显现。

尽管在改革开放后的30年内，我国在国际贸易和投资中的地位获得了大幅度的提升，并且在参与国际分工的方式和程度上也发生了很大的变化，但是随着全球分工的一系列新趋势的出现，我国在国际分工地位升级中的矛盾日益加剧，这也使得中国的国际分工状态在自主性、收益性和可持续性方面都面临着巨大的挑战。自20世纪80年代开始，新的国际分工格局开始逐渐形成，全球分工出现了一些新的变化趋势，包括：第一，产品内分工取代产业间分工成为了国际分工的主要形式。国与国之间的分工已经从产业间的分工深入到了产品内不同生产阶段之间的分工，生产任务之间的分配不再发生于最终产品被完全生产出来以后，而是发生在产品生产中期所涉及的各个生产环节之间。同一产品价值链上不同生产环节所要求的特定要素密集度，决定了不同参与国家的分工定位，因而服务于全球生产网络的研发基地、采购区域、加工工厂和销售市场得以确定。这就意味着，特定的国家可以凭借其在特定要素密集度上的优势介入任何行业并扩展，由此打破了传统上发达国家集中于资本密集型行业而发展中国家集中于劳动密集型行业的分工格局。第二，世界市场内部化有逐渐增强的趋势。随着各行业的世界市场趋于内部化，即使是在同一行业中的不同国家，由于所从事的生产环节不同，其所获得的利润报酬也相去甚远。鉴于无形的产权和制度相比有形的产品生产更具增值潜力，在知识密集型环节中具有禀赋优势的发达国家，可以依靠自身对于专利、品牌和标准等无形资本的控制，实现对价值链的布局，攫取相当高的垄断性分工收益。这也是掌握研发基地和物流系统的发达国家会比充当加工制造工厂的发展中国家具有更大增值优势的原因。第三，不受股权关系约束的厂商间层级制在全球范围内扩散。[①] 随着国际生产与贸易中模块化生产和外包活动的出现和普及，发达国家跨国公司将更多的企业纳入到由其主导的全球生产网络中。尽管企业之间不受到股权关系的约束，但是它们之间却存在着“领导企业”和“从属企业”之分，作为领袖企业的前者会比作为供应商的后者更具有主导权，而控制领袖企业的国家会在国际分工中占据更为主导的地位。

在新的国际分工下，我国所面临的挑战可以概括如下：

第一，在国际分工中自主性低，出现内外失衡以及由于贸易增长的夸大而导致的贸易摩擦。从贸易总量上来看，这一时期中国虽然已经是世界第三大贸易实体，对外贸易的增长速度也相当之高，但是这种高速增长的贸易额在全球化背景下却被夸大了。首先，从贸易条件来分析，我国的出口产品主要还是集中在劳动

① 金芳：《中国国际分工地位的变化、内在矛盾及其走向》，《世界经济研究》2008年第5期。

密集型领域，虽然我国企业也开始逐渐介入到一些资本和技术密集型行业中，但是主要承担其中的加工组装等劳动密集型外包活动。根据世界银行的统计，中国出口商品价格指数从1995年的100下降为2002年的78，低于同年发展中国家的平均水平101，这意味着我国的出口竞争力和相对贸易条件在不断恶化。① 其次，就国际收支的情况来看，我国对外贸易进出口总额的扩大所导致的国际收支上经常项目和资本项目的“双顺差”并不能代表我国民族企业和出口产品在国际市场上竞争力的提高。早在2001年，外资企业进出口总额占全国进出口总额的比例就已经超过了50%，外资企业成为中国进出口总额的最大贡献者。就经常账户顺差来说，据国家统计局数据，2005年外资企业的出口额占我国总出口额的58.3%，也就是说外商直接投资企业在中国的总出口中经常项目的增长中占绝对的主导地位，远高于其他性质的企业。就资本账户顺差而言，主要是由于大量跨国公司通过外商直接投资将我国纳入到由其主导的全球生产网络中，但本土的民族企业却由于竞争力薄弱而无法进军国际市场开展海外投资所导致的。也就是说，国际收支上的“双顺差”并没有伴随着中国企业国际竞争力的实质提高，相反地，中国凭借廉价的劳动力价格，所包揽的大量劳动密集型产品和活动的出口却引起了对外贸易摩擦的升温，使得我国在国际分工中的自主性受到牵制。2005年，我国遭受的贸易摩擦数量连续11年位居全球贸易摩擦之首。

第二，参与的国际分工活动收益性低，各产业特别是制造业存在着“丰收的贫困”。中国虽然因为迅速增长的高额进出口贸易量而成为“贸易大国”，并且由于出口的产品以劳动密集型的轻工业产品为主，而被称为“制造业大国”，但是我国无论是在轻工业领域还是在逐渐涉足的高技术行业领域中，都只集中于加工组装等劳动密集型环节，因此充其量只能算是世界型的“加工工厂”。全球价值链上各环节的利润布局就如同“微笑曲线”一样，处于两端的研发、设计、销售等环节的利润率为20%~25%，处于中间的加工组装环节却只能创造5%的产业利润，而中国所参与的国际分工活动正好处于中间利润最低的位置。因此，尽管我国向世界输出了大量的工业制成品，但是所获得的经济利益却很低，价值链上最大的利益仍然属于控制高端环节的发达国家跨国公司。中国这种在加工制造业发展中的困境和悖论被日本经济学家关志雄称为“丰收的贫困”。

第三，在国际分工地位升级方面的可持续性低，经济的长期发展遭遇瓶颈。中国企业在融入发达国家跨国公司所主导的全球价值链时，主要从事的是OEM生产活动，并且普遍存在着自主创新能力匮乏、总体竞争力仍然不高、企业管理制度落后等不足。这样的情况极度不利于我国未来“走出去”战略的贯彻实施。此外，

① 陈建青：《我国参与国际分工的地位变化及战略调整》，《理论探讨》2009年第3期。

我国在承接跨国公司转移过来的大量低端贸易外包活动时，也迎来了从发达国家转嫁来的工业污染问题。发达国家向我国转移了大批钢铁、造纸和印染等重污染工业，加剧了我国水、土壤和空气等自然环境的压力。然而，跨国公司在将这些污染密集型产业向中国转移的同时，却仍然牢牢把持着核心的专利技术和战略性资源，这显然不利于中国实现长远的经济发展战略。而且，除了上述的污染问题以外，基于比较优势接受国际分工安排所导致的我国国内支柱行业附庸化、本土企业被压制和战略性产业羸弱等问题①，也会给我国造成可持续性发展方面的障碍。

我国在这个阶段始终坚持走的是一条基于比较优势理论，积极发挥本国比较优势，试图先从价值链底端嵌入发达国家跨国公司主导的全球价值链，然后沿着价值链逐步从低端攀升至高端的产业升级路线，最后实现国际分工地位的转变。但是，我国由于对劳动密集型产品出口优势的过分依赖而受制于跨国公司的战略分工定位，以及由于本土企业缺乏自主创新能力而不具备国际化潜力，这使得中国沿着这条传统认定的国际分工升级路径前行困难重重，并且这种境况在2007年全球金融危机爆发之后变得更加前景黯淡。

四、2007年全球金融危机爆发至今

2007年，全球金融危机的突然爆发给中国经济带来了巨大的冲击。全球需求的大幅度下降增加了我国出口的难度，我国之前的出口导向型对外贸易发展战略面临着前所未有的困难局面。根据国家发展改革委中小企业司的统计，2008年上半年，我国有6.7万家规模企业受到了全球金融危机的波及而倒闭，在原本作为中国经济龙头的长三角、珠三角地区，大批中小企业也濒临破产。中国的加工贸易出口自2008年开始进入寒冬期，国家只能通过连续5次的大规模上调纺织、机电等产品的出口退税率来力求保持出口的增长。

根据对2007年全球金融危机爆发以后几年内的国际局势变动的观察，国际分工体系在这段时间内发生了一些深刻的变化：第一，就消费领域来说，全球金融危机的爆发使得以美国为首的众多发达国家开始反思之前倡导的超前消费模式，大多数家庭开始重新重视储蓄而选择适度消费，与此同时中国等新兴经济体的国民消费能力却随着收入水平的提高而逐渐上升，全球市场的消费重心开始从北方国家向南方国家转移。第二，就生产领域来说，美国由于之前多年的制造业产业转移而导致了产业空心化的现状，在此次危机中更是暴露了其实体经济发展严重落后于虚拟经济发展的问题。为了摆脱危机，美国政府开始计划借助强大的金融和资本市场的支持和企业高度的自主创新能力而实施重塑实体经济的工程，

① 于蕾：《WTO后过渡期与中国国际分工地位》，《世界经济研究》2006年第12期。

美国重返制造业顶端的雄心将对东亚新兴经济体目前的制造业中心地位形成巨大的挑战。第三，就资源能源问题来说，美国为摆脱危机而提出的一场以新能源为主导的集群式技术革命将会对传统能源大国的地位造成挑战[①]，中国等以粗放型经济发展方式为主的制造业大国首当其冲。事实上，本轮全球金融危机所催生的上述领域的变化从实际上增加了中国以传统方式分享国际分工收益的难度，中国通过继续对外开放加快融入全球价值链的国际分工升级思路在国际分工体系的新变化下面临着更为严峻的挑战。

五、新国际分工下中国产业升级的现实困局

全球金融危机之后，新一轮经济全球化的程度不断加深，越来越多的发展中国家逐渐参与到跨国公司所主导的全球生产网络中。时至今日，由发达国家跨国公司主导，以北方国家为终端市场的全球价值链已经日渐发展成熟，但是，在利益驱动下，当前的价值链治理者为了进一步巩固自己的主导地位、维护现有的经济租金，不断想方设法给后进国家设置了越来越多的升级障碍，致使发展中国家参与者在全球价值链上的转型升级之路可谓步履维艰。如今，发展中国家生产商要想获得更高的竞争水平，大多需要外聘顾问协助，或者参与到由发达国家主导的全球价值链中去承接外包任务。但是与此同时，它们一方面要承受来自全球价值链上“核心”供应商的排挤而面临逐渐增加的价格压力，另一方面由于全球采购网络受北方国家消费者主导，难以突破具有高竞争力的北方国家供应商为了保持竞争地位而利用自身服务和规模收益所构筑的诸多进入壁垒，比如规模经济、成本优势和产品差异化优势等。事实上，这些想要通过参与全球价值链获得升级和提高增加值收益的新供应商正处在一个越来越艰难的环境之中。全球商品链（Global Commodity Chains，GCC）的研究者[②]曾经将升级定义为技术能力的升级，并建议发展中国家企业从全球商品链的管理结构和组织安排着手，将“组织学习”作为一种升级的方式。但是，根据近些年的研究显示，由于中间承包商的存在，这种“组织学习”受到限制，技术能力的升级也受到了限制，从而发展中国家的发展也受到影响。研究表明，发展中国家或许可以从中间商那里获得部分的技术支持，但是它们的学习动态始终会受到中间商的制约，特别是在关键性的服务和性能环节。[③]

① 陈锡进、吕永刚：《“全球经济再平衡”与中国经济战略调整——基于国际分工体系重塑视角的分析》，《世界经济与政治论坛》2009 年第 6 期。

② Ho P S-W, *Viewing the Global Value Chain Literature Through the Lens of Classical and Early Development Economics: Some Critical Thoughts*, Boston: AFEE Session at the ASSA Meetings, January 2015, p. 13.

③ Palpacuer F, Gibbon P, and Thomsen L, “New Challenges for Developing Country Suppliers in Global Clothing Chains: A Comparative European Perspective”, *World Development*, Vol. 33, No. 3, 2005, pp. 409-430.

达勒斯（Dallas）在基于中国产业数据和详细贸易交易数据的研究中发现，跨国领导企业为了确保来源产品的质量和成本，确实会花费一些资源以支持供应者的产品和过程升级，但是，跨国公司却从不鼓励它们进行功能升级，因为这种升级被认为会威胁领先企业的核心竞争力。[①] 对于不同的产业来说，升级的一个重要条件就是能够与跨国采购商联系，因为当跨国公司作为直接主导的采购商时，领先企业对发展中国家生产者的知识转移效应将更为明显。然而，研究发现，全球价值链上包含了太多的中间承包商，它们由于承担着许多连接生产者和购买者所要求的服务性功能，等于控制了功能升级的特定领域，于是，中间商之间的商业联结成为了进入制造业的强大壁垒，不仅降低了当地企业从领先企业那里习得技术的可能性，而且还严重制约了发展中国家供应商的升级潜力。鉴于这些中间承包商在购买者与生产厂商之间发挥着“守门者”的作用，它们不仅具有双方合约签订与否的决策权，而且在合约的履行中也保持着关键的决策能力，甚至有能力将生产任务从一个发展中国家转移到另一个发展中国家，致使发展中国家企业始终处于被动、依赖和弱势的地位。

就中国的具体情况来说，尽管中国在轻工业、制造业出口上表现强势，但是由于东亚的中间承包商控制了跨国采购商的合约，使得在委托和自由契约这种双层结构中，东亚委托者始终拥有着更多的特权，导致国内企业只能被迫处于国际分工中的弱势地位。事实上，东亚发达经济体企业作为中间承包商介入我国本土生产者与发达国家采购者之间贸易往来的行为，给前者造成了很大的负面影响：第一，中国本地企业无法通过与领先企业直接建立关联而获得知识转移和功能升级。第二，中间商由于掌握着国际采购者的购买取向和渠道，虽然本身并不创造价值，却可以从全球价值链所创造的增加值中攫取很大的份额，进一步挤压中国本地企业的利润空间。第三，它们造成中国的生产者没有稳定的出口渠道，随时面临着来自自由市场竞争的风险。这表明，中国本地企业由于无法获得稳定的合约与商业联结，从而在国际分工中面临着很大的困境。

此外，由于历史的沿袭，针对中国生产产品的国外采购商至今只认可中间承包商，这些中间承包商不仅在跨国采购商采购过程中具有决策权，而且选择在中国具有比较优势的轻工业下游部门大量集聚，导致这些部门的国内生产厂商与国外采购商之间存在许多东亚中间契约商。国内生产者如果想要维持稳定的出口渠道，就必须与这些中间契约商进行合作，甚至接受其投资，而且其中很大部分采取的是外商直接投资的形式。

---

① Dallas M P, “Manufacturing Paradoxes: Foreign Ownership, Governance, and Value Chains in China’s Light Industries”, *World Development*, Vol. 57, 2014, pp. 47-62.

由此可见，中国之所以作为制造业大国却仍处于弱势地位，很大程度上是因为中间契约商的存在。鉴于中间契约商随时有权改用东南亚其他国家的生产以替代中国生产，中国制造业与中间契约商之间的合作情况对其出口渠道具有决定性作用，致使中国本土企业在生产链上始终处于被动、依赖和弱势的地位，它们不仅无法与跨国采购商签订长期稳定的合约，更无法获得长期稳定的收益。研究表明，这些中间商还将持续、强势地存在①，这就给中国企业的升级和发展前景蒙上了一层灰暗的阴影。

鉴于这种困窘的价值链锁定状态还将由于中间承包商长期而稳定的存在得以持久延续，这一事实从某种程度上契合了全球商品链研究者的结论，即发展是一种零和游戏②，发达国家不会轻易给发展中国家升级的机会，因为这将损害它们的利益。然而，雪上加霜的是，面对如此困境，随之而来的是发展中国家参与全球价值链后贸易条件的不断恶化。增加值贸易利用多区域的全球投入产出模型，通过对利益中的变量——出口中的国内增加值份额以及一国出口中国外高技术劳动力（国外领先企业高附加值活动的代表）进行测度，发现由于全球价值链上游的国外领先企业对所从事的高附加值活动的控制和扩张，致使发展中国家出口中的国内增加值份额不断下降，即贸易条件恶化。③ 在这种情况下，发展中国家本地企业不得不跳脱出传统思路，尽快寻找新的能够突破价值链锁定从而实现产业升级的出路。下文中所引入的增加值贸易将为我们提供新的视角和启发。

第二节　中国陷入新国际分工陷阱的原因

一、增加值贸易视角下中国陷入的新国际分工陷阱

下面将从增加值贸易角度出发，重新审视新国际分工下中国对外贸易中存在的真正问题，而了解原有总价值贸易下形成的贸易认识上的偏差，是实现这一目的的首要前提。

---

① Dallas M P, “Manufacturing Paradoxes: Foreign Ownership, Governance and Value Chains in China's Light Industries”, *World Development*, Vol. 57, 2014, pp. 47-62.

② Ho P S-W, *Viewing the Global Value Chain Literature Through the Lens of Classical and Early Development Economics: Some Critical Thoughts*, Boston: AFEE Session at the ASSA Meetings, January 2015, p. 13.

③ Caraballo J and Jiang X, *Value Added Erosion in Global Value Chains: An Empirical Assessment*, Boston: AFEE Session at the ASSA Meetings, January 2015, p. 1.

第一，“虚高”的贸易总额夸大了实际的贸易规模，并未反映出中国在世界贸易中的实际地位。在增加值贸易的核算下，世界贸易总额出现了显著的“缩水”。基于 OECD 联合 WTO 在 2013 年 5 月更新的 TiVA 指标数据，可以算出 1995 年、2000 年、2005 年、2008 年和 2009 年的世界增加值贸易份额分别为 4.5 万亿美元、5.2 万亿美元、8.1 万亿美元、12.3 万亿美元和 10.1 万亿美元，这比总价值贸易核算下的世界贸易额减少 20%～23%。就中国来说，传统方法统计下，2009 年的出口总额为 1.2 万亿美元，进出口总额约为 2.2 万亿美元，但是在增加值核算方法下，中国的贸易仅为传统统计贸易总额的 67%[①]，压缩了超过 30%的“水分”。这一降幅高于 OECD 国家的平均水平（24%），且中国是 G20 国家中降幅第二大的国家。[②] 此外，按增加值贸易方法核算后，中国占全球贸易的份额也出现了明显的下降，下降后仅为 8%，远低于美国、日本和德国，而按照传统统计方法，中国已经成为世界第二贸易大国。这从一定程度上说明虽然中国对于全球价值链的实际参与度很高，但是由于发达国家掌控着价值链的高端环节，中国从对外贸易中获得的增加值占全球贸易增加值的份额依然没有提高，中国从贸易中获得的实际经济利益非常微薄，在世界贸易舞台上的地位也并未得到改善。

第二，中间产品进出口贸易的统计遗漏，在一定程度上掩盖了我国以加工贸易为主的贸易结构本质。由于总价值贸易不将中间产品贸易纳入核算范围，因此无法对中间品贸易及其造成的影响进行分析，而这显然已经无法适应新的全球化潮流。随着产品内分工的出现，中间品贸易的份额逐渐提高，当今的全球贸易中有 60%属于中间品贸易。而跨国生产在全球价值链分解以后呈现出的一个主要形式是先进口中间产品，加工组装后再出口，这种“进口复出口”的加工贸易在大多数国家中存在，在美国和日本也有 15%和 20%的比率，几乎占到全球贸易总额的 1/3。[③] 增加值贸易数据显示，2009 年中国的出口贸易中有 53%属于加工贸易，在各行业中又以纺织服装业和电子产品业表现得最为突出，纺织服装业出口中几乎有 81%属于来料加工，而电子产品中来料加工与来料装配所占的比例也高达 73%。由于这些电子产品中有很大部分在出口时被贴上“高技术”标签，贸易数据显示我国出口大量的“高技术”产品，但是在加工贸易的形式下我国并不具备“高技术”产品的核心技术和自主品牌，因此真正的“高技术”实际上

① 2008 年的统计额为 66%，2005 年为 63%，数据源自 OECD-WTO 的 TiVA 指标数据库，具体参见 http：//www.oecd.org/trade/valueadded。

② 数据源自 OECD-WTO 的 TiVA 指标数据库，具体参见 http：//www.oecd.org/trade/valueadded。

③ 刘丽萍：《全球价值链与贸易增加值的核算》，《国际经济评论》2013 年第 4 期。

不属于我们，这就解释了我国目前存在的“高技术不高”悖论。显然，这个悖论在总价值贸易下无法得到解释，它甚至被总价值贸易统计方法所歪曲。此外，值得注意的是，虽然中国进出口总额在增加值贸易核算下被挤出了“水分”，但是由于这种“两头在外、大进大出”的加工贸易在我国对外贸易中所占比例较大，我国的对外依存度仍然较高。

第三，双边贸易不平衡被高估，扭曲了我国“真实”的双边贸易失衡结构，掩盖了我国“统计在本国、收益在他国”的双边贸易实质。传统的贸易数据显示，中国在对美国和欧盟的贸易中，显示出了强劲的后起之势，连年的贸易顺差使得中国成为中美和中欧贸易的巨大“受益者”，这直接导致了我国双边贸易摩擦的升温。中国甚至一度被发达国家认为是造成全球贸易失衡的“始作俑者”，应给予严厉的贸易制裁。但是在增加值贸易的核算下，真实的双边贸易结构浮出了水面。根据 OECD-WTO 联合数据库的增加值贸易差额数据显示，2005~2009 年，中美贸易顺差在增加值贸易核算下要比总价值贸易核算减少 450 亿~610 亿美元，占传统贸易顺差的 26%~31%。① 也就是说，中美实际的贸易顺差缩减了将近 1/3。而对于欧盟来说，则更为明显，中欧贸易顺差在两种贸易核算方式下的变化是减少 120 亿~250 亿美元，占传统贸易顺差总额的 21%~50%。② 更为微妙的是，2005~2009 年，在增加值贸易核算下，中国对日本的贸易由顺差变为逆差，贸易盈余骤减 200 亿美元。这样来看，中国的巨额贸易顺差以及由顺差引起的双边贸易不平衡被发达国家大大高估了。其实，出现贸易顺差/逆差变化的一个主要原因在于发达国家跨国公司主导的产品内分工。以中美贸易为例，这种分工使得中国成为美国跨国公司的生产加工基地，而美国则是产品的最终出口市场。比如，美国跨国公司在中国投资的子公司想要组装一个电子产品，它必须从母公司进口 A 美元的核心技术和设备，同时从韩国、德国等其他国家进口 B 美元的配件，自己则从中收取 C 美元的组装费，由于美国是最终产品出口国，中国对美国的出口额为 A+B+C 美元，减去进口额 A 美元，则中国对美国的贸易顺差额为 B+C 美元，但事实上在华子公司只是获得 C 美元的增加值而已。如果这家在华的跨国公司进一步将微薄的 C 美元增加值通过“企业内贸易”转移回美国，那么中国从这种双边贸易中除了就业和污染环境外，将一无所获。传统贸易核算方法下统计的贸易顺差其实掩盖了一种“统计在本国、收益在他国”的双边贸易实质，中国的贸易“顺差”实际是在为发达国家“作嫁衣”，这才是贸易失衡背后的真相。

第四，对于货物贸易与服务贸易分类的模糊处理，弱化了服务业对中国出口

①② 马涛、刘仕国：《全球价值链下的增加值贸易核算及其影响》，《国际经济评论》2013 年第 4 期。

贸易的重要性以及发展生产性服务业的紧迫性。虽然服务业在大部分发达国家占到经济的2/3，但是按照传统贸易核算方法，服务业在贸易总额中的比重不到25%。[①] 而根据增加值贸易核算方法，各国的总出口额中，服务业占比被普遍上调。比如，美国的占比由48%上调到50%，英国从50%增加到58%，法国由40%上升到51%。[②] 服务贸易的这个占比在传统方法衡量下是无法得到的，因为在传统贸易总额方法下，无法将服务从货物中分离出来，这部分服务的价值被隐含在了货物的价值中。[③]也就是说，一部分本该属于服务业项目下的贸易额被记录在了制造业项目里，这就弱化了服务业对中国出口贸易的重要性。值得注意的是，数据显示，对于中国出口贸易而言，虽然服务业占比也从16%上升到30%，但是上调后的水平却仍未超过OECD国家的平均水平（48%），而且与平均水平的差距拉大了。差距拉大的主要原因则是中国生产性服务业的落后。[④] 而这与我国长期依赖以加工贸易为主的贸易结构有关，因为这种贸易结构割裂了制造业和生产性服务业的产业关联，代工制造业发展不仅没有形成对生产性服务的有效需求，反而在要素获取方面与服务业形成竞争，进而制约了生产性服务的发展，这也是当前中国服务业长期低水平稳态发展和经济出现“逆服务化”趋势的主要原因。[⑤] 相反地，美国等发达国家通过控制生产者服务活动，支配了整个全球价值链，并且让中国的制造业由于没有生产性服务业提供的高级要素投入，而长期被锁定在价值链低端，沦为一个名副其实的“国际代工者”。因此，大力发展我国的生产性服务业已经刻不容缓。然而，这种发展生产性服务业的紧迫性在传统核算方法下却几乎完全被掩盖了。

在新的增加值贸易核算框架下，上述这些传统贸易核算中产生的“统计幻觉”被逐一打破，中国外贸的利得和失衡程度被重新评估，美丽数据下掩盖的中国贸易的真相也逐渐浮出水面。

根据前文的分析，我们可以对基于增加值贸易数据得出的新发现做如下总结：一是中国贸易的增加值占世界贸易增加值的份额较低，表明中国贸易在世界贸易中的实际地位仍然不高；二是中间产品的进出口量占我国贸易量的比例较大，且对外依存度依然较高，中国以加工贸易为主的贸易结构并未发生改变；三是中国的双边贸易失衡被高估，对发达国家的贸易顺差严重缩水，甚至由顺差转

---

①③　刘丽萍：《全球价值链与贸易增加值的核算》，《国际经济评论》2013年第4期。

②　数据源自OECD-WTO的TiVA指标数据库，具体参见http：//www.oecd.org/trade/valueadded。

④　Escaith H，“Measuring Trade in Value Added in The New Industrial Economy：Statistical Implications”，*MPRA Working Paper No. 14454*，April 2009.

⑤　刘书瀚、贾根良、刘小军：《出口导向型经济：我国生产性服务业落后的根源与对策》，《经济社会体制比较》2011年第4期。

为逆差；四是服务贸易在出口贸易中的占比上升，但是由于中国生产性服务业的落后，中国的服务贸易比重低于 OECD 国家的平均水平。

新核算方法下的这些统计数据显然是对原有全球贸易格局的一种“颠覆”，而且共同反映了一个事实：中国已经陷入发达国家设下的新国际分工“陷阱”，但却仍茫然不知。结合增加值贸易的新发现，中国陷入新国际分工陷阱主要表现为以下几个方面：一是中国现阶段仍然以加工贸易为主，处于全球生产体系的底端，从事着全球产业价值链的低端生产环节，而价值链高端的中间产品则大多依赖进口，对发达国家具有较高的依赖性，在国际分工中“担水劈柴”的地位没有改变。二是中国对外贸易的迅速增长以及贸易结构的“表面”升级并没有提升垂直分工下我国专业化生产阶段的价值链属性，中国企业甚至被锁定在了由跨国公司主导的全球价值链低端而面临升级困难，被迫只能长期充当发达国家领先企业的低级“打工者”。三是中国企业通过低级生产要素换来的巨额贸易顺差在增加值贸易的透视下被证明只是“镜花水月”，贸易中价值增值分配的天平明显倾向于发达国家。四是加工贸易主导的贸易结构导致了中国生产性服务业的落后，严重阻碍了中国摆脱“国际代工者”身份所进行的产业升级努力。

中国陷入新国际分工陷阱的事实一方面印证了当今以资本、劳动和技术等生产要素在全球范围内跨空间融合为特征的新一轮经济全球化，意在维持或建立的全球“生产流水线”式国际分工仍然是一个有中心和外围、主导和附庸关系的国际劳动分工体系。不同的国家在这种国际劳动分工体系中的不同地位将带来不同国家在世界资源和财富分配上的不同份额。另一方面也表明中国这样的发展中国家要想在新一轮经济全球化背景下完成从“贸易大国”向“贸易强国”的转变，实现真正的经济崛起，关键在于能否在这种基于全球价值链、以发达国家为中心、由跨国公司所主导、具有等级结构的新型国际分工体系中扭转我国所处的低端依附地位。

二、累积关税与关税扭曲的存在

中国自加入 WTO 以后一直处于关税谈判的被动地位，但由于之前关税结构扭曲问题得不到实证数据的有力支持且长期桎梏于发达国家和国际组织所倡导的关税便利化舆论压力之下，鲜少被讨论，导致中国越来越无法摆脱关税保护政策制定上的国际束缚，而增加值贸易的出现为该问题的重新研究提供了契机。

尽管近年来国际贸易保护的工具变得逐渐隐蔽和多样化，但这并非意味着关税问题已经失去了其时代意义。在以产品内分工为特征的现代贸易中，中间投入品须多次跨境，而每次跨境时针对其所产生的关税被反复叠加，越是处于生产链下游的企业越要承担高额的针对其产品出口价格（包括了进口投入的关税和之前支付环节的关税）所征收的关税，这种关税叠加效应正日益明显。

关税叠加效应的扩大与全球价值链的发展密切相关。在新的国际分工下，同一产品的不同生产环节被垂直分布于不同国家，由于垂直分工所产生的贸易出口中包含着大量的进口投入，这种全球价值链上“供应链贸易”（Supply-Chain Trade）发展的结果使得通过总值贸易流越来越无法理解国际贸易形态以及各国在价值链上的专业化分工情况。贸易只有通过增加值方面的统计才能够更好地解释来自国外的中间产品投入，并且识别国内要素投入对全球生产的贡献。[①] 而贸易成本的削减在供应链贸易发展的背景下鼓励了生产分割的进一步细化，促使产品因多次越境而引起的“关税累积效应”（Tariff Accumulation Effect）程度放大，名义与有效关税之间的差距也随之变大。鉴于增加值贸易在解决全球价值链发展引起的中间品贸易重复核算问题上的有效性，本章认为将其引入关税结构扭曲问题的研究很有必要。

随着全球经济一体化进程的加快，中国作为发展中国家，一方面从快速膨胀的对外贸易中获得了前所未有的发展机遇，另一方面也面临着来自发达国家压力和后起发展中国家追击的双重挑战。2009 年的轮胎特保案、2012 年的光伏产业反倾销案以及中国瓷器业遭遇的高关税反倾销事件都预示着发达国家正在利用其对现有国际经济秩序的操控权试图对发展中国家的“低成本”贸易进行施压和排挤，而这种施压和排挤的媒介则主要是关税税率。

在 WTO、OECD 和世界银行等国际组织近些年发布的报告中，中国甚至被列为需要单方面取消关税的国家之一，原因包括人民币汇率被低估、中国的低劳动力成本以及低资源成本所导致的产品成本优势造成的发达国家本土产品竞争力下降。在发达国家看来，中国正在利用自身的后发优势乘胜追击，极具赶超欧美发达国家之势。在各种版本的“中国威胁论”中，中国始终以一个占尽天时地利人和的胜利在望者姿态出现，在与发达国家的双边贸易中获益颇丰，不仅出现巨额的贸易顺差，而且在关税保护问题上相比发达国家获得了更大的政府支持，具有继续扩大这种收益顺差的潜力。

但是，潜藏在这些光鲜表象背后的真实情况是，中国在关税问题方面并非如国际舆论所说的那样前景乐观。加入 WTO 以后，中国虽然获得了享受 WTO 缔约国的非歧视待遇而得以扩大国际市场的份额，但同时也受到了 WTO 所设定的自由贸易规则的约束，因此，必须奉行关税减让原则。这意味着，中国作为经济发

---

① Rouzet D and Miroudot S，“The Cumulative Impact of Trade Barriers Along the Value Chain：An Empirical Assessment Using the OECD Inter-country Input-output Model”，OECD Working Papers，June 2013，https：//www. gtap. agecon. purdue. edu/resources/download/6602. pdf.

展相对落后的发展中国家，在顺应 WTO 提出的关税减让要求下，想要通过关税手段保护国内市场和扶持幼稚产业的道路将更为艰难。由于 WTO 通常采用关税水平①作为衡量和比较关税减让幅度的指标，反映一国整体关税的保护程度,② 因此，研究如何在低的关税水平下设计或调整关税结构，以使关税结构能够更好地发挥有效保护的作用，对于中国来说具有非常现实的意义。

在国际贸易中，最初用于衡量关税对于某一产业或产品保护率的指标为名义关税保护率。根据世界银行的定义，因征收进口税而使一种商品的国内价格高于世界价格时，这种国内增长的效果被称为名义保护，表现为由于实行关税保护而引起的国内市场价格超过国际市场价格部分与国际市场价格的百分比。名义关税保护率的计算公式为：

$$R=\frac{P'-P}{P} \tag{2-1}$$

其中，R 表示名义关税保护率，P'表示进口商品的国内市场价格，P 表示进口商品的国际市场价格。式（2-1）表明，名义关税保护率是通过扭曲价格机制，进而影响进口商品的供求状况，最终得以限制进口商品数量，实现保护国内市场和民族产业的目的。

但是，加征在进口产品上的名义关税并没有提供一幅完整展现保护效应的图景，因为名义关税率所产生的影响依赖于生产中国内投入的份额以及对进口投入所征收的关税。假设对进口的中间投入品和原材料（如用于纺织工业的棉花、化学品和染料）征收关税，而对进口的制成品不征收关税，那么，这将缩小国内价格中的价值增值（Value Added）部分（即国内制成品出售价格与进口投入的价格之间的差额），从而抑制对最终产品的有效保护程度。③ 也就是说，即使在名义税率不变的情况下，关税结构的不同也可以产生截然不同的贸易保护效果。在关税结构中，通过提高进口制成品的关税，或降低进口投入品的关税，以扩大国内价格中的增值边际效应的程度，才是关税措施所产生的有效保护程度。

于是，在国际贸易中这种导致被保护的单位产品在本国生产过程中实现的增加值增值比率，被称为“有效关税保护率”。④相比于名义关税保护率，有效关税保护率的概念和理论将对关税保护作用考察的着眼点从“消费的价格水平”转换到“生产的增值过程”，从关税结构的整体构成去考察关税的保护作用。有效关税保护率的计算公式为：

---

① 一般以名义关税税率为标尺。

②④ 马晓燕：《有效保护理论与我国关税结构设计》，《西南交通大学学报（社会科学版）》2003 年第 2 期。

③ 杨敬年：《西方发展经济学概论》，天津人民出版社 1988 年版，第 536 页。

$$ERP=\frac{V'_j-V_j}{V_j} \tag{2-2}$$

其中，ERP 表示有效关税保护率，V'_j 表示征收关税后进口竞争产品 j 的增加值，V_j 表示自由贸易条件下进口竞争产品 j 的增加值。

随着生产过程在全球范围内的分割细化，同一产品生产链上的不同环节分布于不同国家之内，分属于不同国家的生产部门之间存在着大量的中间产品转移。因此，要想估测整个关税结构对于不同国家的国内生产商的保护程度，就必须首先测度出某一个既定国家，其关税措施对某一既定产业既定部门所产生的净影响，即有效关税保护程度。在全球价值链理论背景下的新的有效关税保护率公式演变如下：

首先，考虑 j 产业在某一国家如 c 国的有效保护率，则公式为：

$$ERP_{j,c}=\frac{VA^D_{j,c}-VA^W_{j,c}}{VA^W_{j,c}} \tag{2-3}$$

其中，VA^W 指用世界价格计算的增加值，VA^D 指用国内价格计算的增加值，而且将加征在投入和产出上的关税都考虑进去。

$$VA^D_{j,\ c}=P_{j,\ c}[(1+t_{jw,\ c})-\sum_{i,\ s}\alpha_{is,\ jc}(1+t_{is,\ c})] \tag{2-4}$$

$$VA^W_{j,\ c}=P_{j,\ c}(1-\sum_{i,\ s}\alpha_{is,\ jc}) \tag{2-5}$$

其中，$\alpha_{is,jc}$ 表示每一货币单位 c 国 j 行业产品产出中所投入的 s 国 i 行业产品的价值，$t_{is,c}$ 表示对从 s 国 i 行业到 c 国的进口品所征收的名义关税率，$t_{jw,c}$ 表示世界贸易伙伴对 c 国 j 行业产出所征收的平均名义关税。

将式（2-4）、式（2-5）代入式（2-3），可以得出：

$$ERP_{j,\ c}=\frac{t_{jw,\ c}-\sum_{i,\ s}\alpha_{is,\ jc}\cdot t_{is,\ c}}{1-\sum_{i,\ s}\alpha_{is,\ jc}} \tag{2-6}$$

在全球价值链背景下，区分针对国内销售征收的关税和针对出口征收的关税具有非常重要的意义。真正适用于衡量对于出口商的有效保护率（不含出口税和出口补贴），叫做 ERPE，它不依赖于出口国本国对于出口征收的关税，而取决于目标市场国对这些产品所征收的关税。因为前者可以通过出口转内销并提高内销商品的价格得以弥补，但对于那些想要在国际市场上竞争的出口商来说，后者直接作用于产品的国际价格，因此它才是对其出口竞争力起决定性作用的因素。该公式为：

$$ERPE_{j,c} = \frac{-t_{jc,w} - \sum_{i,s} t_{is,c} \cdot \alpha_{is,jc}}{1 - \sum_{i,s} \alpha_{is,jc}} \quad (2-7)$$ [①]

此处，$t_{jc,w}$ 表示世界贸易伙伴对从 c 国 j 行业的进口所征收的平均名义关税。

在贸易理论的发展史中，承认中间产品投入在国际贸易中发挥的作用已经有一段时间，因此很早就有学者如巴伯（Barber）提出，在关税理论中引入“有效保护率”指标将更为合理，因为该指标将加征在中间产品和最终产品上的关税都考虑了进去。[②] 有效保护率理论的重要贡献在于提出存在于中间产品低税率和最终产品高税率之间的巨大落差将会促使关税结构的升级，这甚至成为了 20 世纪六七十年代进口替代战略的组成部分。目前，有学者认为，“对于有效保护率（ERP）的测算在全球价值链的背景下应该被重新讨论，因为这种新发展使得我们不仅需要审视适用于单一国家边境上的关税，而且应该分析多次跨境时关税的影响”[③]。在更为完整的有关贸易政策影响的图景中，还应该考虑直接的关税壁垒和非直接的关税壁垒（包括服务贸易领域的）。在全球价值链背景下这种对于有效关税保护率的新界定，为我们提供了一幅反映既定国家既定行业关税环境影响的更为全面的图景。相比最初的名义保护率，有效保护率的提出是在关税问题认识上的一大进展，但是在它的最初含义中并没有将全球价值链所产生的累积效应考虑进去。最初的有效保护率理论仅仅将生产过程中的两个阶段——本国生产者和他们所进口的投入的生产方纳入了考虑，没有提供在上游和下游的更多环节中的关税壁垒的任何信息。而下文中将要介绍的“累积关税”（Cumulative Tariff, CT）理论，将整个沿着产品价值链所叠加的关税结构纳入考虑中，提供了更多在分割的全球生产网络中关税负担被放大的证据，替代了之前仅仅考虑某一特定生产阶段投入和产出保护程度的指标，更好地追溯了发生在整个生产链上的所有关税成本。

根据罗伯特（Rouzet）和米洛多特（Miroudot）在《价值链上贸易壁垒的累积影响——一个运用 OECD 跨国投入产出模型的实证评估》中的研究，累积关税主要反映的是对从 S 国到 C 国 i 行业的进口产品所征收的所有税收，而这些税收

---

① 式（2-3）、式（2-6）、式（2-7）引自 Rouzet D and Miroudot S, “The Cumulative Impact of Trade Barriers Along the Value Chain: An Empirical Assessment Using the OECD Inter-country Input-output Model”, OECD Working Papers, June 2013, https://www.gtap.agecon.purdue.edu/resources/download/6602.pdf.

② Barber C, “Canadian Tariff Policy”, *Canadian Journal of Economics and Political Science*, Vol. 21, No. 4, 1955, pp. 513-530.

③ Diakantoni A and Escaith H, “Reasessing Effective Protection Rates in a Trade in Tasks Perspective: Evolution of Trade Policy in ‘Factory Asia’ ”, *WTO Staff Working Papers*, April 2012, http://mpra.ub.uni-muenchen.de/41723/1/MPRA_paper_41723.pdf.

中包括了这些产品直接承担的关税和间接承担的关税。① 首先，将直接承担的关税标记为 $t_{i,j}$，指的是该进口产品最后一次跨境的时候被征收的关税。其次，间接承担的关税，包括 S 国 i 行业的生产者按在从 C 国或者第三国进口的投入在他们生产中所使用的中间产品中所占的比例所征收的关税，而这在很大程度上取决于技术系数矩阵 A。这种所有二期的关税的总和，可以被表示为 $\sum_{k,u} a_{ku,is} t_{ku,s}$（下标中的 k 和 u 分别代表 S 国 i 行业的生产者进口投入的来源部门和国家，进口的中间产品投入在这个阶段不用支付任何关税）。第三阶段的关税应该被表示为 $\sum_{k,u,l,v} a_{ku,is} a_{iv,ku} t_{lv,u}$。以此类推，可以用相同的方法定义第四阶段、第五阶段等的间接承担的关税。而累积关税应是将生产链上所有环节阶段对进口产品所征收的关税进行加总，如果将这种累积关税与最后一次跨境时所征收的名义关税相比，就可以评估出全球价值链上关税的放大程度。

如果将从某国 i 部门转移到某国 j 部门的进口产品（简单标记为产品（i，j））所征收的累积关税标记为 $CT_{i,j}$，那么，这种累积关税应该包括直接承担的关税和间接承担的关税两部分。

如果假设第 S 阶段对于产品（i，j）的累积关税记为 $CT_{i,j}^{(S)}$，就会有：

$$CT_{i,j}^{(1)} = t_{i,j} + \sum_{k=1}^{J} a_{ki} t_{ki}$$

$$CT_{i,j}^{(2)} = t_{i,j} + \sum_{k=1}^{J} a_{ki} t_{ki} + \sum_{l=1}^{J} \sum_{k=1}^{J} a_{ki} a_{lk} t_{lk}$$

……

递推公式为：

$$CT_{i,j}^{(s+1)} = CT_{i,j}^{(S)} + \sum_{l,\ k1,\ \cdots,\ ks \in J} a_{l,\ ks} a_{ks,\ ks-1,\ ks-2,\ \cdots,\ } a_{k2,\ k1} a_{k1,\ i} t_{l,\ ks}$$

令 $\zeta_i^{(s-1)} = \sum_{k1,\ \cdots,\ ks \in J} a_{ks,\ ks-1} a_{ks-1,\ ks-2,\ \cdots,\ } a_{k2,\ k1} a_{k1,\ i} t_{l,\ ks}$

$$\zeta_i^{(S)} = \sum_{u \in J} \zeta_u^{(s-1)} a_{ui}$$

$$= \sum_{u,\ k1,\ \cdots,\ ks \in J} a_{ks,\ ks-1} a_{ks-1,\ ks-2,\ \cdots,\ } a_{k2,\ k1} a_{k1,\ u} a_{ui} t_{l,\ ks}$$

$$= \sum_{l,\ k1,\ \cdots,\ ks \in J} a_{l,\ ks} a_{ks,\ ks-1} a_{ks-1,\ ks-2,\ \cdots,\ } a_{k2,\ k1} a_{k1,\ u} a_{ui} t_{l,\ ks}$$

$$CT_{i,j} = \lim_{s \to \infty} CT_{i,j}^{(S)} = CT_{i,j}^{(S)} = t_{i,j} + \sum_{n=0}^{\infty} \zeta_i^{(n)}$$

即累积关税的计算公式为：

① Rouzet D and Miroudot S, "The Cumulative Impact of Trade Barriers Along the Value Chain: An Empirical Assessment Using the OECD Inter-Country Input-Output Model", OECD Working Papers, June 2013, htP: //www. gtap. agecon. purdue. edu/resources/donvoad/6602. pdf.

$$CT_{i,j}=t_{i,j}+\sum_{n=0}^{\infty}\zeta_i^{(n)} \tag{2-8}$$[①]

其中，$\zeta_i^{(n)}$ 是向量 $1\times B\times A^n$，1 是一个 $1\times J$ 的向量，$B\equiv A\times T$。根据上述公式，可以得出直接承担的关税的累积放大效应为 $CT_{i,j}/t_{i,j}$，间接承担的关税在累积关税中所占的份额表示为 $\sum_{n=0}^{\infty}\zeta_i^{(n)}/CT_{i,j}$[②]。关税的累积放大效应越大，表明该国出口时承担的由国外增加值[③]所引起的关税负担就越重。

全球价值链下有效保护率的重新定义和累积关税理论的最新进展，促使那些由于各国贸易间关税结构的扭曲所带来的问题在增加值贸易的透视下得以被揭示。具体问题包括：

第一，在增加值贸易下有效关税保护理论的研究中，原先发达国家与发展中国家在名义水平上的关税结构平衡状态被打破，取而代之的是有效关税待遇之间的巨大不平等。根据 2013 年 OECD 发布的报告，中国作为发展中国家与其他发达国家所面临的名义关税税率水平基本保持平衡甚至略有超出。在制造业方面，中国承担的由进口国对本国出口品加征的关税税率为 4%，而美国则为 3%（欧盟为 4.5%，日本为 4%，韩国为 4.5%，澳大利亚为 4.8%），基本持平。由于在农业中名义关税自由化步伐相对缓慢，各国农业关税税率水平整体偏高，中国农业承担的发达国家对我国农产品出口加征的关税税率为 20%，高于美国承担的 18%，比欧盟（10%）和澳大利亚（9.8%）高一倍。[④]

在全球价值链不断发展，产品内分工取代产业间分工的新国际分工格局下，传统跨境贸易（总价值贸易）统计的生产链上各国出口额与实际创造的国内增加值之间的差异越来越大，通过价值链上的关税放大效应，最终导致这种名义关税结构与实际关税结构之间出现巨大的鸿沟，已经无法准确反映发达国家与发展中国家所面临的关税负担差距。因此，引入新的增加值贸易统计方法的重要性日益凸显。OECD 联合 WTO 在 2013 年发布了 TiVA 报告和数据库，为重新审视关税结构提供了数据基础。

通过增加值贸易的核算，原本在名义税率下关税结构的基本平衡状态被彻底

---

① 公式引自 Rouzet D and Miroudot S，“The Cumulative Impact of Trade Barriers Along the Value Chain：An Empirical Assessment Using the OECD Inter－country Input－output Model”，OECD Working Papers，June 2013，https：//www.gtap.agecon.purdue.edu/resources/download/6602.pdf.

② 一般的数据图表中，会给出 $\sum_{n=0}^{\infty}\zeta_i^{(n)}/CT_{i,j}$，而关税的累积放大效应 $CT_{i,j}/t_{i,j}$ 可以根据公式 $CT_{i,j}/t_{i,j}=1/[1-(\sum_{n=0}^{\infty}\zeta_i^{(n)}/CT_{i,j})]$ 计算得出。

③ 出口总值中这部分增加值基本上不能为本国创造经济增长。

④ OECD，“Trade Policy Implications of Global Value Chains：Contribution to The Report On Global Value Chains”，2012，http：//www.ie.ufrj.br/hpp/intranet/pdfs/05 _ － _ ocde － tradepolicyimplicationsgvc － wp（2012）31.pdf.

打破，发展中国家如中国所面临的发达国家实际有效的关税保护率要远远大于其名义税率，与发达国家的实际有效税率之间更是存在着巨大的差异。根据前引OECD报告的数据，世界各国对中国制造业国内增加值加征的实际有效税率平均高达17%，而美国制造业则只面临着他国对其4%的实际有效关税保护率（欧盟为7%，日本为5.5%，韩国为6%，澳大利亚5.8%）。在农业中，中国所面临的他国关税保护的实际有效税率高至34%，比名义税率上涨14个百分点；而美国、欧盟和澳大利亚的这一数据仅为19%、11%和10.2%，只比名义税率分别上涨1.0个、1.0个和0.4个百分点，几乎可以忽略不计。[①] 这些数据清楚地说明了全球价值链发展过程中发达国家与发展中国家在国际贸易中所面临的有效关税待遇上存在着巨大的不平等。

第二，在增加值贸易的累积关税理论审视下，全球价值链的上下游国家由于承担着不同程度的关税放大效应而面临着极为不平衡的发展前景。在考察这种关税放大效应对于全球价值链的上下游国家所产生的不同影响之前，我们首先有必要了解全球价值链中由累积关税所引起的关税放大效应（Tariff Amplification）的作用机制。根据累积关税理论，价值链上的关税放大效应主要有两个来源：

一是伴随生产过程“碎片化”程度的提高所产生的多次边境跨越。由于全球价值链的不同生产阶段分布于不同的国家，因此生产过程碎片化程度的提高将增加中间产品的跨境次数，如从5提高到10，这将使得全球价值链的上游国家面临的小额关税，在每一次跨境时被叠加，当这种效应传导到价值链下游国家时，最初的小额关税已经演变为下游国家沉重的关税负担，这被称为基于全球价值链而产生的关税累积效应。

图2-1显示了产品的最终价格是如何随着生产过程的“碎片化”程度以及关税水平的变化而变化的。假设某一特定产品的增加值为100，它由n个不同的生产阶段生产，且每一个生产阶段都分布在不同的国家。每一个阶段创造了相同份额的增加值，且在每一次跨境时被征收统一的关税。在10%的关税税率水平上，当生产阶段从n=5增加到n=10时，增加值贸易所面临的关税将从增加值的22.1%提高到59.4%。

① OECD，“Trade Policy Implications of Global Value Chains：Contribution to The Report On Global Value Chains”，2012，http：//www.ie.ufrj.br/hpp/intranet/pdfs/05 _ – _ ocde – tradepolicyimplicationsgvc – wp（2012）31.pdf.

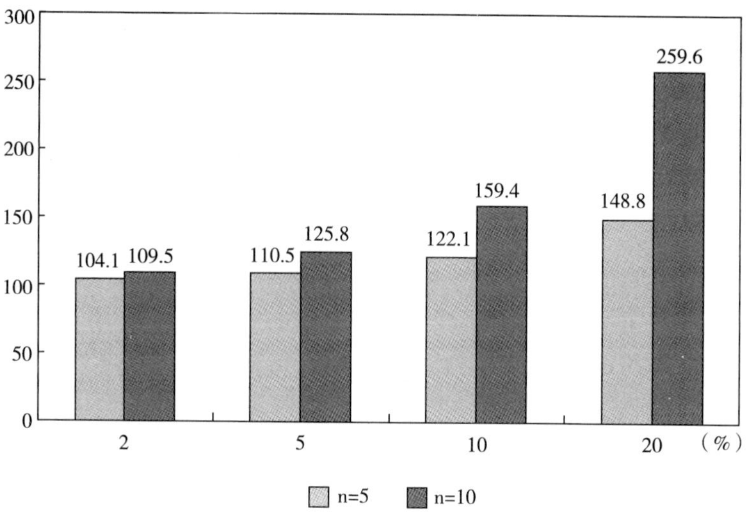

图 2-1 多次跨越边境所导致的关税放大效应

资料来源：OECD 2013 年 4 月发布的报告"Trade Policy Implications of Global Value Chains：Contribution to The Report On Global Value Chains"。

此外，在生产过程碎片化程度不变的情况下，当关税水平提高时（尤其是上游国家的关税水平提高），这种跨境叠加效应所导致的下游国家关税负担放大的程度还会被加强，上游国家和下游国家所面临的关税结构不平等也会加剧。例如，在一个高度"碎片化"的生产过程（生产阶段 n=10）中（见图 2-1），5%的关税会导致最终产品价格 25.8%的上涨，而 20%的关税能将同样的价格提高 159.6%。

二是最终国进口的国外增加值和本国增加值之间的差异比较大。对于全球价值链上的一个既定国家来说，一国出口所面临的增加值关税率（实际有效关税率）可以被定义为名义关税率除以国内增加值占出口总额的比例。国外增加值占出口总额的比例越高，国内增加值占出口总额的比例就会越低，在名义关税率不变的前提下，该国面临的他国实际有效关税保护率将提高，名义关税与实际关税之间的差距就会拉大。由此我们可以得出结论：在全球价值链上处于下游的国家，由于在生产中会投入大量进口的中间产品，其出口产品中的国外增加值比例就会比上游国家高，根据增加值贸易下有效关税的定义，这些下游国家所承担的实际有效税率与名义税率之间的差异也会比上游国家高。在 OECD 发布的报告中，有关累积关税的测度数据见表 2-1 和表 2-2。

表 2-1　2009 年世界主要经济体中所有部门的累积关税水平　　单位：%

国家/地区	澳大利亚	巴西	加拿大	中国	欧盟	印度尼西亚	印度	日本	韩国	墨西哥	俄罗斯	美国
澳大利亚	0.22	2.78	2.98	3.03	2.97	3.48	7.92	2.92	5.47	4.67	4.37	1.17
巴西	2.21	0.31	4.08	3.16	5.23	1.60	11.99	11.99	31.35	6.93	4.10	2.86
加拿大	1.89	10.51	0.10	2.16	1.86	0.87	10.72	10.72	1.63	0.41	6.17	0.33
中国	5.96	10.16	3.00	0.51	2.31	3.42	7.22	7.22	6.67	3.14	9.00	5.42
欧盟	4.05	8.62	2.75	5.26	0.08	3.28	5.42	5.42	5.49	0.39	4.61	1.01
印度尼西亚	2.06	4.76	4.56	2.39	2.24	0.35	0.32	0.32	3.15	11.00	5.75	5.28
印度	3.01	7.21	3.06	2.11	3.65	1.83	0.65	0.65	19.12	9.78	4.09	3.43
日本	13.07	10.64	1.96	7.79	2.54	8.23	6.78	6.78	4.39	1.90	4.04	1.29
韩国	14.82	21.75	6.74	4.35	3.60	6.14	10.23	10.23	1.93	21.01	5.60	3.73
墨西哥	4.60	4.53	0.60	2.51	0.43	4.31	1.11	1.11	3.13	0.14	7.01	0.43
俄罗斯	0.56	4.72	0.53	3.20	0.43	2.00	6.47	6.47	2.90	3.65	0.20	0.64
美国	1.79	6.79	1.64	4.93	1.64	2.87	4.41	4.41	25.70	0.40	4.20	0.07

注：纵向国家为产品直接来源国家，即产品出口国，横向国家为产品出口目标国家，即产品进口国。

资料来源：OECD 数据和 OECD-WTO 发布的 TiVA 数据库。

表 2-2　2009 年世界主要经济体中所有部门的累积关税中非直接关税的份额

单位：%

国家/地区	澳大利亚	巴西	加拿大	中国	欧盟	印度尼西亚	印度	日本	韩国	墨西哥	俄罗斯	美国
澳大利亚	100	7.16	12.28	8.49	11.66	9.84	4.91	6.55	4.51	9.49	8.92	35.70
巴西	23.38	100	11.80	14.57	7.70	17.09	3.01	9.67	1.06	13.16	7.68	16.66
加拿大	16.05	2.63	100	6.52	9.31	9.79	2.96	3.98	5.60	67.18	6.86	73.33
中国	11.72	6.67	24.03	100	29.24	17.89	7.81	16.96	9.73	23.27	6.87	13.21
欧盟	3.42	1.51	4.89	2.44	100	3.72	1.98	6.31	2.25	37.40	3.37	12.60
印度尼西亚	19.21	8.32	12.73	11.60	23.91	100	100	50.77	6.29	5.76	13.37	11.51
印度	35.26	14.76	65.66	42.21	48.51	100	100	89.44	4.42	14.28	26.67	28.76
日本	0.93	1.10	6.45	1.66	4.18	1.50	1.68	100	2.95	6.64	2.81	9.32
韩国	16.19	8.13	36.58	34.50	43.68	53.96	16.54	56.75	100	9.77	32.33	52.79
墨西哥	9.78	7.79	78.55	9.43	55.31	8.26	12.67	17.31	7.30	100	6.07	96.07

续表

国家/地区	澳大利亚	巴西	加拿大	中国	欧盟	印度尼西亚	印度	日本	韩国	墨西哥	俄罗斯	美国
俄罗斯	37.57	9.55	40.71	6.73	39.09	13.86	5.50	17.91	6.70	10.40	100	37.86
美国	8.11	1.87	11.15	3.49	7.35	5.30	2.57	4.83	0.54	43.02	3.76	100

注：纵向国家为产品直接来源国家，即产品出口国，横向国家为产品出口目标国家，即产品进口国。表 2-2 中的所有数据与表 2-1 中的数据一一对应。

资料来源：OECD 数据和 OECD-WTO 发布的 TiVA 数据库。

上述关于累积关税的评估揭示了这样一个事实：通常而言，即使当价值链上处于既定生产阶段的国家的名义关税税率水平很低时，非直接关税的存在仍然可以给到达下一环节生产者或者使用者手中的半成品或者产品加上沉重的关税负担。① 而且，这种由关税放大效应引起的负担对于越是处于下游的国家②来说就越是沉重。

基于 OECD 报告中测度的 2009 年增加值贸易下间接关税占累积关税份额的数据，可以运用关税的累积放大效应公式 $CT_{i,j}/t_{i,j}=1/[1-(\sum_{n=0}^{\infty}\zeta_i^{(n)}/CT_{i,j})]$，间接测算出从事价值链中不同环节生产的国家，其进出口关税的累积放大效应程度。以汽车行业为例，在该行业中美国和日本的跨国公司掌握了整车研发、关键零部件研发与制造等高附加值的上游环节，而中国和印度在全球价值链中只是承担了中下游的整车生产与制造环节。就各国关税的累积放大效应来看，日本出口到中国和印度的产品承担了 1 和 1.01 的关税放大效应，从美国出口到中国和印度的产品的累积关税放大效应也只有 1.02 和 1.03。但是，从中国和印度出口到欧洲的产品承担的累积关税放大效应却分别高达 1.87 和 1.26。

从统计角度来看，出现上述结果的原因在于对全球价值链的下游国家来说，间接关税即从国外直接或间接进口的中间产品再出口时所产生的关税在总关税中所占比例过高。显然，这部分关税负担对应的进出口额对该贸易国本国的实际财富增长并无助益。从经济学角度来分析，这主要是由于全球价值链的下游国家的出口中包含了比较高比例的国外增加值，这些下游国家（通常是发展中国家），在增加值贸易中只能充当“大进大出”的低端加工者，必须从上游国家进口大量的中间产品即国外增加值。尽管对于这些国家来说，真正能够拉动本国经济增

① Rouzet D and Miroudot S, “The Cumulative Impact of Trade Barriers Along the Value Chain: An Empirical Assessment Using the OECD Inter-country Input-output Model”, OECD Working Papers, June 2013, https://www.gtap.agecon.purdue.edu/resources/download/6602.pdf.

② 通常这些国家使用的中间产品跨境次数最多，且出口产品总值中国外增加值的比重也最高。

长的国内增加值比例很低，但是它们却必须承担与其实际财富增长严重不协调的关税负担，这等于是在原本已经低微的价值链地位又被套上了一副沉重的关税“枷锁”，这不仅不利于其自主创新能力的提高，而且增加了国内产业价值链功能升级的难度。

三、发展中国家的制造业和服务业贸易条件长期恶化

自“普雷维什—辛格命题”提出以来，对于发展中国家贸易条件①恶化的讨论就持续不断，最初的研究结果显示，与发达国家工业制成品出口的单位价值相比，发展中国家出口的初级商品的单位价值相对下降，价格贸易条件恶化，因此致力于出口工业制成品，进口初级商品，走工业化道路一度成为发展中国家脱贫致富的黄金准则。但是，辛格在20世纪70年代却发现，“从1953~1975年间，……发展中国家出口的制成品的单位价格，与来自发达国家的制成品的单位价值相比也下降了，这一点可以得到证实”②。因此，在他看来，发展中国家相对于发达国家制造业出口产品的单位价值的下降也应该成为发展中国家贸易条件恶化的主要因素之一。20世纪90年代，辛格（Singer）和萨克（Sarkar）通过研究，进一步明确了这一趋势的存在。并且，新的价格趋势测量数据，为“贸易条件恶化已经扩展到中心与外围国家之间的工业制成品贸易领域内部的假说提供了有力的支撑”③。萨克和辛格计算得出，发展中国家相对于发达国家工业制成品的出口价格每年下降1%，1970~1987年累计下降20%④。

其他一些学者的研究也得出了与辛格和萨克相类似的结论。伍德（Wood）⑤在闵福德（Minford）等⑥的研究成果基础上，计算出1985~1995年，发展中国家的制造业以及一些服务业的贸易条件相比发达国家而言，下降了20

---

① 在目前的国际贸易研究中，贸易条件主要是指价格贸易条件、收入贸易条件和要素贸易条件三种形式。这三者之间并非相互并列，而是在层次上有递进关系。最初运用的价格贸易条件是指进出口产品之间的比价，因此，价格贸易条件的恶化表现为进口产品价格指数相对于出口产品指数相对上升。之后的收入贸易条件指一国出口基础上的总的进口能力的大小。更进一步的要素贸易条件则是指一国从贸易中获得利益的大小取决于劳动生产率上升或者下降的幅度是否超过了价格的下降或者上升幅度。就目前有关贸易条件研究的国内外文献来看，大多数情况下贸易条件指的是价格贸易条件。

② 杰拉尔德·迈耶、达德利·西尔斯：《发展经济学的先驱》，谭崇台等译，经济科学出版社1988年版，第319页。

③④ Kaplinsky R，“Revisiting the Revisited Terms of Trade：Will China Make a Difference?”，*World Development*，Vol. 34，No. 6，2006，pp. 985-995.

⑤ Wood A，“Openness and Wage Inequality in Developing Countries：The Latin American Challenge to East Asian Conventional Wisdom”，*The World Bank Economic Review*，Vo. 11，No. 1，1997，p. 51.

⑥ Minford P，Riley J，and Nowell E，“The Elixer of Growth：Trade，Non-Trade Goods and Development”，May 1995，No. 1165 CEPR Discussion Papers from C. E. P. R，http：//www. cepr. org/pubs/dps/DP1165. asp.

个百分点。梅泽尔斯（Maizels）对发展中国家制造业的贸易条件进行了一系列更为详细的分析，分别就这些国家对美国、欧盟和日本这三大发达经济体之间的贸易关系进行了考察。他发现，在与美国的贸易中，发展中国家在 1981~1997 年经历了相对易货贸易条件（即实际发生的制造业出口商品的价格与实际进口的制造业商品价格的比较）的恶化。以 1981 年为基年，到 1997 年时发展中国家对美国的贸易条件总计下降 12%，在 20 世纪 80 年代中期还发生过急剧的恶化。① 梅泽尔斯还发现，在 1979~1994 年与欧盟的贸易中，发展中国家的易货贸易条件出现了明显的恶化。虽然发展中国家出口到欧盟的商品价格每年上涨 2%，但却被发达国家出口到发展中国家的商品价格每年上涨 4.2%所抵消并超过②。至于在对日本的贸易中，1981~2000 年，发展中国家的出口商相对于同为日本出口国的发达国家的出口商经历了更为迅速的易货贸易条件恶化。③ 研究结果显示，高收入和低收入两组国家对日本的制造业产品贸易条件有所下降，高收入国家降低了 13.6%，而低收入国家降低了 20.7%。④ 梅泽尔斯认为，发展中国家与美国、欧盟、日本之间制造业贸易条件恶化程度的这三个案例，反映出了它们出口的制成品中所包含的技术含量水平并不高。⑤ 这些学者的后续研究使得辛格在 1971 年论文中提出的推测更具可信度。

在新的国际分工格局下，全球生产分割程度进一步深化，产品内分工取代产业间分工成为全球价值链时代的主要特征。在这种情况下，即使是在资本密集型和知识密集型的资本品工业中也出现了产品生产环节上的价值链分解，部门内部亦分解为报酬递增的高创新率、高水平进入壁垒、高附加值、高工资和高就业的高质量生产活动以及报酬递减的低创新率、低水平进入壁垒、低附加值、低工资和低就业的低质量生产活动，并分布在全球价值链上不同的参与国内进行。发展中国家主要从事的是这些产品生产的低端环节，由于受到技术绝对垄断的外资压制，核心部件和技术长年依赖进口，这些国家已经沦为附属于发达国家所主导的全球生产网络的专职加工工厂。由于这些低端产品技术含量低，几乎不具有任何市场进入壁垒，出口商面临着来自其他同类国家生产者的激烈竞争，这就导

---

①④ 卡普林斯基：《夹缝中的全球化——贫困和不平等中的生存与发展》，顾东林译，知识产权出版社 2008 年版，第 221 页。

② Maziels A, Palaskas T, and Crowe T, "The Prebisch-Singer Hypothesis Revisited", in Sapsford D and Chen J, eds, *Development Economics and Policy: The Conference Volume to Celebrate the 85th Birthday of Professor Sir Hans Singer*, Basingstoke: Macmillan, 1998.

③ Maziels A, "The Manufactures Terms of Trade of Developing Countries with the United States, 1981-97", January 2000, Working Paper QEHWPS 36, http://www3.qeh.ox.ac.uk/pdf/qehwp/qehwps36.pdf.

⑤ Santos-Paulino A U, "Terms of Trade Shocks and the Current Account in Small Island States", *The Journal of Development Studies*, Vol. 46, No. 5, 2010, pp. 855-876.

致即使是在资本密集和知识密集的装备制造业内，我国也出现了“低端混战、高端失守”的情况。目前来看，我国在对外贸易中主要以出口低附加值的消费品和缺乏本土创新技术的资本品为主，对高技术含量和高附加值的资本品的需求则仍然大量依赖进口。在这种贸易进出口结构的引导下，我国资本品工业的高附加值环节一直未发展起来，这也成为了长期制约我国生产性服务业发展的一个重要因素。①

总而言之，目前发展中国家在新国际分工中被压制在全球生产体系底端，从事的是加工组装等价值链低端环节，而这些环节生产的低附加值消费品和资本品事实上已经具有了同历史上初级产品一样的报酬递减特征，这些产品不仅创造的国内增加值收益有限，而且不受任何市场进入壁垒的保护，面临着来自其他国家生产商的激烈竞争，极易出现出口价格上的大幅下跌。因此，事实上，随着全球价值链的迅速扩张，在新的国际分工格局下，发达国家与发展中国家之间的不平等交换关系并没有发生根本性的改变。只是在形式上从传统的工业制成品与原材料之间的交换关系转变为新格局下价值链高端与价值链低端之间的交换关系，本质上还是由发达国家负责报酬递增的生产活动，而由发展中国家承担报酬递减或者最多是报酬不变的生产活动，并在此基础上进行贸易交换的一种不平等关系。② 这种深入到所有产业内部分工的不平等交换所导致的增加值收益分配不均，及其引发的发展中国家贸易条件恶化范围的扩大，已经成为全球价值链时代中心—外围国家之间不平等交换的新特征。显然，如果中国延续这种“出口低端产品、进口高端产品”的贸易形式，其制造业和服务业贸易条件还将持续恶化。

四、高新技术产业出现“高端产业低端化”

战略性新兴产业的概念与高新技术产业既有联系又有区别，它更多的是指近年来新兴的高新技术产业，因此将之归入高新技术产业也未尝不可。贾根良教授基于对我国光伏和机器人这两个战略性新兴产业的案例进行研究之后发现，目前我国大多数战略性新兴产业都身陷“高端产业低端化”的怪圈之中，这就意味着它们无法在我国当前的国民经济发展中发挥“战略性”产业所应起的作用。③

① 贾根良：《国内经济一体化：扩大内需的政治经济学研究》，《清华政治经济学报》2013 年第 1 期。

② 贾根良：《中国为什么要远离“请君入瓮”的 TPP》，《探索与争鸣》2013 年第 9 期。

③ 贾根良：《迎接第三次工业革命的关键在于发展模式的革命》，《经济理论与经济管理》2013 年第 5 期。

本章认为，战略性新兴产业的“高端产业低端化”与20世纪90年代以来全球价值链的迅猛发展和模块化生产方式密切相关，这种现象最早出现在我国传统概念上的高新技术产业中：按照传统的统计方法，2009年我国高新技术产业出口在全球高新技术产品出口中所占份额就位居世界第一，但我国在高新技术产业全球价值链中实际上仍主要从事的是劳动密集型环节。然而，由于没有考虑到产品价值链在国家之间的分解，这不仅在发展中国家产生了高技术产业发展的“统计幻觉”，而且也产生了比较严重的政策误导。[①] 高新技术产业中出现的这种“高技术不高”和“高端产业低端化”现象将严重阻碍经济结构的转型升级，这一方面可能会使我国原本想要通过大力投资和发展高新技术行业来完成产业升级和实现经济崛起的设想幻灭，另一方面可能会导致我国在依托技术进步推进产业转型过程中所获得的收益只是“为他人作嫁衣”。

增加值贸易研究的新进展证实了我们的上述担忧，并揭示了全球价值链时代的不平等交换主要发生在高新技术产业之中。OECD数据与OECD-WTO在2013年5月发布的TiVA数据库显示（见图2-2），在金砖五国以及其他发展中国家或地区（NICs1和NICs2）的国际贸易中，低技术行业的份额在进入总出口的国外增加值中所占比例较小。就中国而言，在总出口所包含的国外增加值中，仅有15%进入低技术行业。这说明，各国制造业的全球价值链分工主要发生在高技术行业中，拉什米·班加（Rashmi Banga）由此得出结论：“即使是在高技术行业中，发展中国家参与到全球价值链中也不能保证本国获得净的增加值收益。”[②]

在表2-3中，美国、日本和英国在机械装备业和化学与非金属矿物业这种高技术行业中，拥有大于1的前向联系/后向联系比率，而中国在三个行业（包括机械装备业、化学与非金属矿物业这两大高技术行业，甚至是作为低技术行业代表的纺织服装业）中的比率全部小于1。由于发达国家在高技术产业价值链中的前向联系比较强，因此在价值链贸易中获得的净增加值收益为正，而中国由于后向联系比较强，致使其从高技术行业的增加值贸易参与中获得了负的净增加值收益。也就是说，中国虽然参与到高技术产业的全球价值链中，从事着大批被列为“高技术”商品的生产活动并成功将这些产品出口到世界市场，甚至被冠以高技术产品出口大国之名，然而，核心的“高技术”所带来的收益仍然归属于发达国家，中国面临着“高技术不高”的悖论。

---

① 贾根良、秦升：《中国“高技术不高”悖论的成因与政策建议》，《当代经济研究》2009年第5期。

② Banga R, “Measuring Value in Global Value Chains”, April 2014, http://unctad.org/en/PublicationsLibrary/ecidc2013misc1_bp8.pdf.

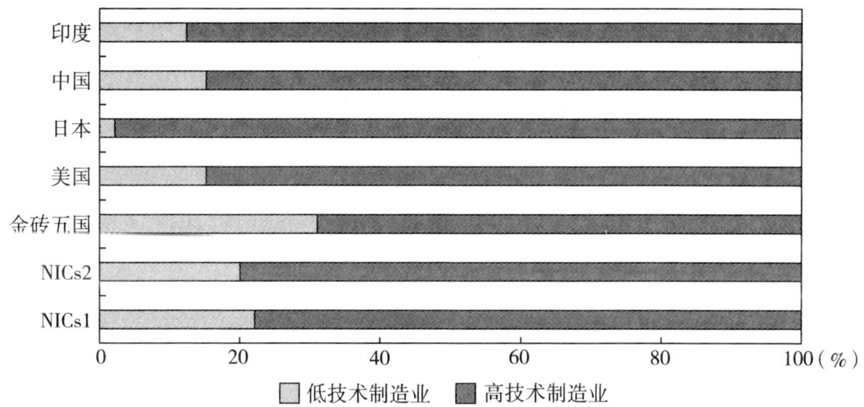

图 2-2　总出口中的国外增加值在低技术制造业和高技术制造业之间的分配份额

注：NICs1 即新兴工业化经济体第一组，包括新加坡、中国台湾、韩国；NICs2 即新兴工业化经济体第二组，包括马来西亚、菲律宾、泰国、中国、中国香港。

资料来源：OECD 数据与 OECD-WTO 在 2013 年 5 月发布的 TiVA 数据库。

表 2-3　全球价值链出口中净增加值的前向联系/后向联系比率

国家	机械装备业	化学与非金属矿物业	纺织与服装业
美国	2.2	1.5	7.6
日本	2.5	1.5	—
英国	1.5	1.3	2.1
中国	0.4	0.4	0.3

资料来源：OECD 数据与 OECD-WTO 在 2013 年 5 月发布的 TiVA 数据库。

产生这种“高技术不高”悖论的原因在于，在新的国际分工形成过程中，高技术产品具有的核心功能集成化、整体功能模块化的特点极大地促进了贸易和分工的全球化。发达国家为了提高本国高技术产品的出口竞争力，而将发展中国家纳入到由其主导的全球生产网络中来，表面上是将部分高技术工业转移到发展中国家中，以拉动后进发展中国家参与国的技术进步和经济发展，但实际上，发达国家只是将加工组装等低技术含量的生产环节外包给发展中国家，以期更好地利用价值链上发展中国家参与国的低成本劳动力要素，从而降低中间产品和环节的生产成本，最终使本国的高技术产品出口在国际市场上更加具有价格上的竞争优势。可见，这种标准化的产业转移虽然给发展中国家提供了一定的经济增长契机，但是并未真正让发展中国家参与到高技术产业的核心环节中。研究显示，就我国高技术行业的出口情况来看，绝大部分的出口产品仍然是由进料加工和来料装配的中间产品组成的。[①] 这就解释了为什么中国即使参与到高技术行业的全球价值链中，仍会以后向联系为主，因为从事这种低端加工组装环节需要从上游发达国家进口大量的中间产品即国外增加值，而真正具有高技术含量和高资本回报率的核心部件生产环节则仍然由发达国家的跨国公司所掌控，其创造的高额国内增加值（创新租金）通过"归核化"战略中的外包活动出口到发展中国家，并包含在承接外包任务的发展中国家的出口中，成为导致后者陷入"高技术不高"和净增加值收益负增长困境的直接原因。

光伏产业在中国的发展历程可以为上述分析提供很好的例证。光伏产业属于高技术产业，也是第三次工业革命中的战略性新兴产业。自从我国企业从低端嵌入光伏产业全球价值链后，虽然不乏技术创新，但基本都是集中在光伏组件上的工序创新，这种创新提高生产率的结果是我国光伏产业的产品价格随着技术进步而下降，这种价格的下降在使得消费者受益的同时却让生产者受损，表现为光伏组件的利润和工资都出现了持续性的下降趋势，也即演化发展经济学所认为的"古典型"的技术进步收益分配方式。[②] 但是，光伏产业中真正具有高进入壁垒和动态不完全竞争特点的核心技术环节仍然被保留在发达国家内，其创新活动由发达国家跨国公司完成，在这种情况下，技术进步所带来的经济收益主要是以资本利润和工人工资的形式作为动态熊彼特租金被保留在发达国家的国内生产者那里，而中国等发展中国家购买者却几乎很难参与分享这些收益，这在演化发展经济学中被称为"共谋型"的技术进步收益分配方式。[③] 也就是说，由于美欧国家和中国在光伏产业全球价值链中所处的价值链位置的不同，它们所从事活动的创新类型也不同，因此，它们在国家间创新收益的分配中仍然处于一种类似于"普雷维什—辛格命题"中所揭示的中心—外围不平等关系：美欧国家通过光伏产业价值链高端的科技研发和创新活动提高了整个国家国民的薪酬水平和社会福利，但是中国在光伏产业价值链低端环节的技术进步和效率改善却导致了产品出口价格的不断下滑，前者通过掌控光伏产业价值链高端，创造了高额的国内增加值，并通过关键设备和核心零部件的输出与发展中国家实现前向联系，获得净增加值收益，而中国只能在依靠从发达国家直接引入先进技术或以高价从海外购进机器装备的前提下，负责完成低附加值的加工组装环节之后再将90%左右的产品出口到发达国家市场。现实情况是，这种与发达国家建立的高度的后向联系，实质上打造了一种在"高技术"行业标签下基于廉价劳动力和低成本土地环境资源的

① 贾根良、秦升：《中国"高技术不高"悖论的成因与政策建议》，《当代经济研究》2009年第5期。

②③ 贾根良：《迎接第三次工业革命的关键在于发展模式的革命》，《经济理论与经济管理》2013年第5期。

低端加工制造产业。在这种情况下，出现净增加值收益负增长是必然趋势。类似的情形还发生在电子产业和光学器械产业、机器人产业等高技术行业中，中国作为全球电子和光学器械产业的最大出口国，其出口中的很大一部分增加值（43%）就来源于跨国公司所处的发达国家。[①]

上述的分析和例证清楚地表明，即使在高技术行业中，发展中国家以越来越高的程度嵌入全球价值链也不能保证其获得更高的净收益。因为发展中国家如果要参与到现有的高技术产业全球价值链中，只能是以后向联系的方式嵌入，这会导致发展中国家在高技术产业中面临“高技术不高”的悖论，不仅难以实现产业价值链的功能升级从而提高本国增加值的份额，而且无法获得足够多的净增加值收益（工业租金），以保证技术进步所带来的经济收益在资本家和工人等国内生产者和消费者之间实现“共谋型”的收益分配，即无法在提高生产率的同时，让整体国民的收入水平也获得同步提高，从而缩小与发达国家之间的贫富差距。

五、系统整合和全球公司的诞生加剧了产业升级难度

20 世纪末，在信息技术革命浪潮的推动下，随着模块化生产在各行各业中的推广和普遍化，国际分工中出现了新的变化和组织形态，同一产品价值链上的生产和服务环节被分解和散布在不同的区域和国家，基于全球价值链扩展的中间产品贸易比重大幅上升。以模块化生产为特征的新的生产组织模式促使核心功能集成化与整体功能模块化成为趋势。跨国公司为了进一步降低产品成本和提高劳动生产率，开始推行“归核化”战略。[②] 这个战略使得作为“核心企业”的发达国家跨国公司一方面得以集中力量和资源从事报酬递增的核心业务以获得更高的资本回报率，另一方面能够通过将低附加值的非核心生产活动外包给后进的发展中国家参与国而降低中间环节的生产成本。在这一战略的推行下，由跨国公司主导的全球价值链分工在全球范围内得到迅速扩展。为了加强对价值链上下游企业的支配和控制，作为“核心企业”的跨国公司在对整个生产体系进行系统整合的过程中，开始规划、安排和协调价值链上其他参与企业的生产活动。此外，为了维护和加强作为系统整合者的控制和主导力，跨国公司开始同时拓展多个行业领域以扩大自己的业务范围，不顾法律上有关资产所有权界限的约束，从多个方面涉足价值链上其他企业的商务活动，并且参与这些活动的规划和管理。这些变

---

① 见 Banga R, “Measuring Value in Global Value Chains”, April 2014, http://unctad.org/en/PublicationsLibrary/ecidc2013misc1_bp8.pdf, p. 32, 原文原句为“中国即使作为全球电子和光学器械产业的最大出口国，国内增加值也只占到总出口中的 57%”，本书为明确国外增加值所占比例为 43%，稍作修改。

② 贾根良、刘书瀚：《生产性服务业：构建中国制造业国家价值链的关键》，《学术月刊》2012 年第 12 期。

化使得原本公司的界限变得非常模糊。正是在上述全球化和生产模式变迁的背景下，一种新的企业组织形态——全球公司（Global Corporation）得以诞生。与传统的跨国公司不同的是，全球公司由于在企业所有权边界上的界定是不明晰的，因此对于分散在世界各国和地区上的半自主或专业化的中小规模合作者都进行着不同程度上的主导和控制，对它们的生产活动进行组织和协调，然后通过这些不同规模的合作企业再与各个行业和领域的生产者和服务者保持着多种形式和紧密程度的沟通和关联，从而形成了一种新式而又复杂的全球组织。

随着全球公司的迅速扩张以及由其主导的系统整合进程不断加快，近年来在全球范围内，无论是生产领域还是流通领域都出现了较大程度上的集中化和垄断化现象。在生产领域中，特别是在那些面向中高端市场的高技术含量和高附加值行业中，一半以上的市场份额都被掌握在为数不多的几家超级公司手中。而在流通领域，如服装业、食品零售业和家具业等，也呈现出了这种高度集中和垄断的趋势。在这种高度集中和垄断力量的作用下，更多的全球资源被吸纳和整合到系统整合型全球公司这种产业组织模式中，并形成以全球公司为核心，价值链上其他企业为附属的“核心—外延”企业网络格局。这是一种新型的产业组织关系，在这种组织关系中，全球公司对各方面的资源进行分配和重组，将先进技术和中间产品等外部资源吸纳进来，定位和处理与外延企业的外部关系，努力开发和保持自身的竞争优势，系统整合和价值链治理能力已经成为现代企业（尤其是大型高科技企业）的一种核心能力。

全球公司对全球生产网络上各个工序和环节的系统整合和控制在事实上已经给那些尝试通过继续融入当前全球价值链而获得产业转型升级和国际分工地位提升机会的后进发展中国家造成了更大的挑战，这些挑战主要包括两个方面：第一，发展中国家赶超系统整合者面临着前所未有的巨大困难。系统整合者作为价值链运作的中心，在各个方面都发挥着核心领导作用，比如有能力为新技术的长期研发筹集丰裕的资金，能够为品牌的国际营销和推广提供完善的方案，具备对优质人力资源的发掘和管理能力，对先进的通信技术和互联网的发展始终保持着与时俱进的敏感度和吸纳力，它们通过系统整合给新产品的开发和技术能力的引进提供支撑，并且运用自身具备的系统整合能力确定产品的目标市场，甚至可以自行选择市场上的竞争对象并且作为规则制定者对市场竞争机制的设计和确定产生重要的影响力，以此保证获得高额的垄断租金或者说增加值收益。为了保持这种系统整合能力，站在价值链高端的全球公司（系统整合者）会竭尽全力保住自己对于市场的绝对控制力，特别注意和留心在向发展中国家承包商进行低端生产环节转移的时候，不会出现技术外溢，这就意味着它们根本不会主动帮助发展中国家的这些企业实现产业升级。第二，发展中国家的企业挑战并且超越价值链

上各种级别供应商企业的可能性也大幅下降。主要是因为这些供应商企业在“瀑布效应”的作用下，也已经成为了次级的系统整合者。这里的“瀑布效应”指的是除了作为最高级链统治者的全球公司会对产业链进行系统整合之外，全球价值链上其他层级的在位主导企业也会作为次级整合者对所属的不同层级的价值链环节进行系统整合，它们牢牢掌握并开发核心环节，剥离和外包非核心环节，在整合的过程中给一级供应商造成各方面的压力，而且让这种系统整合效应在整个全球价值链链条上扩散。同时，这些受到压迫的一级供应商还会将这种来自链管理者的系统整合压力通过相同的途径传导给以它们为中心的供应网络。这种压力从价值链高端层层传递下去，对价值链的各个环节都产生了一种集约压力，其结果就是全球价值链上凡是与系统整合者相关联的各个行业的供应商网络都出现了相当明显的垄断化和集中化趋势，而处于全球价值链底端的发展中国家供应商则成为了最大的受压制者。①

一方面，在目前的全球价值链上，作为价值链主导者的系统整合者（全球公司）与被压制在价值链低端环节上的发展中国家企业之间存在着力量和待遇上的绝对不平等关系。前者能够按照自己的意愿选择或者更换供应商企业，而后者只能听从前者的安排，无法也没有权利更换雇主，实则沦为系统整合者的附庸。此外，由于在购买者驱动型价值链上，全球采购的定价权和决策权完全由系统整合者掌握，发展中国家供应商只能作为价格的接受者被动地参与到全球生产网络中，并且为了迎合全球公司对采购成本的严苛要求，不断降低出口产品的价格，甚至为了争夺出口机会，与其他发展中国家供应者之间展开恶性的“逐底竞争”（Race to Bottom），以至于发展中国家外包加工环节的员工福利不断下降。另一方面，在“瀑布效应”的作用下，想要实现产业升级的发展中国家企业在价值链每一个层级上的升级过程中都会遇到次级系统整合者的强力竞争和阻挠，这间接地帮助了掌握高附加值生产环节的系统整合者进一步稳固其价值链主导者的地位，而处于价值链低端的发展中国家企业则更加难以实现技术上的升级和产业上的转型。

增加值贸易的研究显示，如果发展中国家企业参与到由发达国家全球公司主导的全球价值链“系统整合”体系中，将不仅难以实现地位赶超和产业升级，而且无法分享到系统整合者所创造的各种租金。

首先，通过对全球公司系统整合机制进行分析，就能够观察到，能否牢牢控制住生产性服务业对于作为价值链主导者的全球公司来说，具有至关重要的意

① 李黎力、贾根良：《系统整合理论及对发展中国家企业赶超的启示》，《河北经贸大学学报》2011 年第 1 期。

义。格雷菲（Gereffi）①、米图哈氏（Mitsuhashi）② 和穆达木比（Mudambi）③ 的研究都已经论证了只有全球价值链的功能升级才能够为参与国提供最高额的租金，而"微笑曲线"中的那些涉及服务的活动，如研发、设计和市场营销等比起制造业活动来说，能够创造更多的收益，是促进价值链功能升级的重要环节。然而，全球公司仍然将研发设计、物流管理和品牌营销等诸多生产性服务环节的主导权牢牢掌握在自己手中，控制并且垄断着这些生产性服务活动的核心技术和增值收益，它们只是把关键性部件制造以外的加工组装等低技术含量和低附加值的生产活动分包给价值链上的其他参与国家。鉴于服务业在全球价值链升级中发挥的重要作用，OECD-WTO 基于各国的投入产出表，将不同国家的总出口分解为制造业创造的国外增加值、服务业创造的国外增加值、制造业创造的国内增加值和服务业创造的国内增加值四个部分（见图 2-3），以比较不同国家的服务对于本国增加值和全球增加值的贡献度。

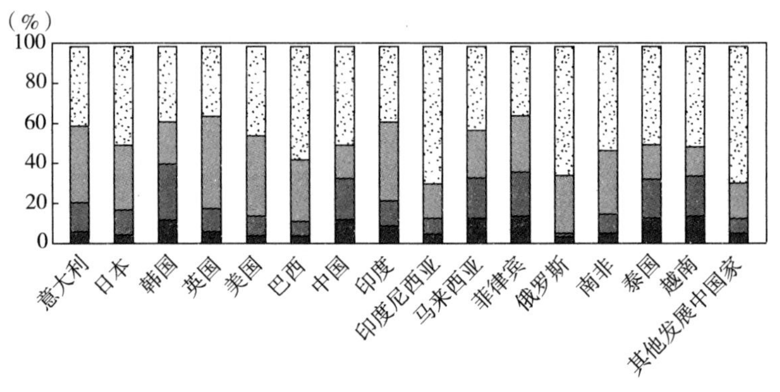

图 2-3　各国总出口中工业制成品和服务创造的增加值份额（2009 年）

注：中国数据不包含中国香港和中国台湾地区。

资料来源：OECD 数据与 OECD-WTO 在 2013 年 5 月公布的 TiVA 数据库。

① Gereffi G, "International Trade and Industrial Upgrading in the Apparel Commodity Chains", *Journal of International Economics*, Vol. 48, No. 1, 1999, pp. 37-70.

② Mitsuhashi K, The Furniture Value Chain from Thailand to Japan: Upgrading and the Roles of Buyer, PhD Dissertation, Brighton: University of Sussex, 2005.

③ Mudambi R, "Offshoring: Economic Geography and the Multinational Firm", *Journal of International Business Studies*, Vol. 38, No. 1, 2007, pp. 206-210.

对于OECD国家来说，服务业在增加值出口中的贡献约为50%，其中39%属于本国服务创造的国内增加值，11%属于进口的国外增加值。对于金砖五国来说，来自于服务业的增加值在它们的总的增加值出口中所占比例为33%，其中，25%来源于本国，8%来源于其他国家。[①] 图2-3显示，中国出口中的增加值大多由制造业部门创造，而服务业部门仅仅占了总增加值出口的29%，并且只有其中的17%来源于本国创造的增加值，另外的12%则源自于其他国家创造的增加值。这要远远低于OECD国家和金砖五国的平均水平，同样的情况也发生在越南、马来西亚和泰国等许多其他发展中国家中。这意味着在以中国为代表的发展中国家中，来自服务业的国内增加值对于总出口的贡献比起制造业产品创造的国内增加值对于总出口的贡献要低，这与发达国家的情况截然相反。对于发展中国家来说，不仅服务业创造的增加值对总增加值出口[②]的贡献度不高，而且服务业中的前向联系（服务创造的国内增加值）份额更是非常之低，这种前向联系对应的正是该国生产性服务业内容在参与全球价值链的活动中所占的比例。如果说"全球价值链中的大多数租金来源于通过转变成制造业出口中的服务部分"[③]，即服务业的竞争力将是决定全球价值链中利润分配的越来越重要的因素，而生产性服务业又是决定一国实现价值链功能升级的关键，那么发展中国家可能将几乎没有机会通过价值链上的功能升级而实现收益的最大化。

根据TiVA数据库提供的数据，大多数发展中国家服务业创造的国内增加值在总增加值出口中所占比例的平均水平约为25%，这比中国的占比高出8个百分点，就图2-3中服务业创造的国内增加值在总增加值出口中的占比来看，中国（17%）低于巴西（32%）、印度（41%）、印度尼西亚（18%）、马来西亚（25%）、菲律宾（29%）、俄罗斯（30%）、南非（33%）、泰国（18%）甚至其他发展中国家（18%）。但是，在这些发展中国家中，中国对全球价值链的参与度是最高的，其参与度远高于泰国、马来西亚和菲律宾等发展中国家，但中国服务业创造的国内增加值却是最低的。这在一定程度上表明，对于全球公司系统整合下的全球价值链参与度越高的发展中国家，由于其承接了大量的加工贸易，服务业所创造的国内增加值就较低，服务业的竞争力也就越低，对于该国价值链的转型升级也就越不利。

① Banga R，"Measuring Value in Global Value Chains"，April 2014，http：//unctad.org/en/PublicationsLibrary/ecidc2013misc1_bp8.pdf.

② 总增加值出口=服务业创造的增加值出口+制造业产品创造的增加值出口。

③ Banga R，"Measuring Value in Global Value Chains"，April 2014，http：//unctad.org/en/PublicationsLibrary/ecidc2013misc1_bp8.pdf.

其次，跨国公司特别是全球公司通过到发展中国家投资建厂，借用发展中国家廉价劳动力和廉价资源的比较优势进行商品生产和贸易竞争后，从中获取的大部分超额利润（增加值）落在了跨国公司的账户上，再被跨国公司以“企业内贸易”的方式将利润转移回母国。也就是说，系统整合者所获得的包括技术创新、品牌、定价权、组织创新等带来的租金（增加值收益）将不会传递到处于价值链低端的外延企业。鉴于全球公司所控制的价值链高附加值环节留在发达国家，高额的国内增加值收益将在发达国家国内创造一批高收入群体，并通过系统协同效应在母国各个阶层进行分享。那些全球公司通过掌握价值链在发展中国家所获取的超额增加值收益会以上述方式源源不断地流向母国，而根本不会被用于发展中国家福利的增进。

这种全球公司主导的系统整合组织形式的出现，强化了新国际分工格局下由不平等关系所导致的增加值收益分配不均格局，并且给试图通过参与全球价值链来改变这种局面的发展中国家造成了巨大的困难。可以说，在全球公司系统整合下形成的核心—外延企业网络格局是发达国家与发展中国家之间中心—外围关系在全球价值链时代的新的产业组织表现形式，而这种格局下国际收益分配不均的加剧也成为了价值链分工不平等交换的一种新特征。

第三节　中国经济发展的范式转换

一、新自由主义经济学的政策主张及其缺陷

目前，提倡新自由主义的经济学者对于中国融入当今的全球生产体系基本持肯定的态度，这些学者认为，“在全球化大潮下，各国经济发展的首要步骤就是进入全球生产网络，参与全球市场，充分应用全球资本、人力、知识与技术，融入全球价值链，为全球价值链创造价值并获得自己的份额”①。即使在全球金融危机爆发以后，国内大多数学者由于受到新自由主义双赢共享理念的影响，在讨论中国如何应对全球价值链锁定与国际分工陷阱等挑战问题上，仍然是在坚持积极参与全球价值链并融入国际分工体系的主张下提出对策建议。政策建议包括：积极推动出口加工区的建设；创造友好高效的商务环境，包括

① 刘仕国、吴海英：《全球价值链和增加值贸易：经济影响、政策启示和统计挑战》，《国际经济评论》2013 年第 4 期。

改善边境管理；在价值链重构过程中积极应对产业转移等。当然，也有学者承认，中国融入全球生产网络是建立在廉价劳动力的比较优势基础之上的，核心技术和知识的缺失决定了中国在国际分工体系中只能处于从属甚至依附的地位，获得的利益分配也极为有限。[①] 但是，这些学者仍坚持认为，现有的要素禀赋条件决定了中国在相当长时间内处于国际分工体系的中低端位置，因此只有“继续与发达国家的高创新能力、高端生产能力等要素结合，形成‘优势互补’的跨国生产和贸易格局”[②]，依托全球生产网络来吸收跨国公司的技术扩散和知识转移，推动资本密集型、技术密集型企业向价值链两端扩展，抓住全球价值链的转型机遇期，才能逐渐形成具有本土生产能力的价值链中高端，不断提升我国的国际分工地位。

显然，新自由主义经济学提出的针对中国产业结构转型和国际分工地位升级的政策主张是在严格遵守比较优势理论的前提下提出的。这是因为新自由主义为产业价值链全球化设定了一个原则：“所有经济活动的‘质’都是相同的，所以从事什么活动并不重要。”[③] 因此，发展中国家如中国根据自身的要素禀赋，从事符合比较优势的经济活动如劳动密集型的代工活动，就会水到渠成地随着要素禀赋结构的升级，自动实现本土产业升级，破解中国版国际分工陷阱，最终实现一国经济的发展。

增加值贸易的出现将世界贸易理论的关注点引向了经济活动的“质量”[④]，在新的核算方法下，通过考察各国经济体的出口结构和中国出口相关活动的“质量”，可以发现由于各个经济体的专业化差异，会造成国家之间价值增值分配的不均衡情况。这主要是由于在国际分工体系中，从事全球价值链上不同生产环节的经济活动的报酬递增能力和不完全竞争性不同，也就是说经济活动具有不同的“质量”以及与之相匹配的“价值”[⑤]，这一事实显然与新自由主义设定的经济活动是同质的假设前提不符。

此外，新的增加值贸易利用外资出口企业初始股权结构信息，将产权归属问题纳入国际贸易核算体系，研究结果显示“中美贸易顺差额中有44%左右的产权

---

① 杜宇玮：《国际代工的锁定效应及其超越》，南京大学博士学位论文，2011年，第31页。

② 马涛、刘仕国：《全球价值链下的增加值贸易核算及其影响》，《国际经济评论》2013年第4期。

③ 贾根良：《新李斯特主义：替代新自由主义全球化的新学说》，《学习与探索》2012年第3期。

④ Mattoo A, Wang Z, and Wei S J, *Trade in Value Added: Developing New Measures of Cross-Border Trade*, Washington, D. C.: The World Bank, 2013.

⑤ 黄阳华：《东亚区域分工与中国商品出口竞争力的演化经济学分析》，中国三星经济研究院第三届经济暨工商管理学术论文，北京，2008年，第8页。

属于美资企业"[①]。这在一定程度上反映了在当今全球化背景下，发展中国家企业通过引进外商直接投资以融入跨国公司主导的全球价值链，已经使资本在很大程度上实现了在全球范围内的自由流动。由于新自由主义所遵循的比较优势理论最初由李嘉图提出来的时候是以贸易国家之间没有资本流动为前提的，因此在德雷（Daly）看来，如果资本可以自由流动，就彻底动摇了李嘉图的比较优势理论，因为"当资本自由流动时，国家间的贸易其实已经变成了地区间的贸易"[②]。这一论点在增加值贸易研究中可以得到印证：跨国公司通过到发展中国家投资建厂，借用发展中国家廉价劳动力和廉价资源的比较优势进行商品生产和贸易竞争，从中获取的大部分超额利润（增加值），"落在在华跨国公司的账户上，再被跨国公司以'企业内贸易'的方式将利润转移回母国"[③]。因此，当一国的比较优势被外国资本开发利用的时候，其所产生的利润（增加值）就会归于外国，此时，比较优势理论逐渐失效，"绝对优势"被越来越强化。

基于上述分析，本章认为，新自由主义经济学依据比较优势理论提出的有关产业结构升级的政策主张在经济活动具有异质性和资本可以在全球范围内自由流动的现实约束下，是严重脱离现实的，因此未必能破解中国陷入的新国际分工陷阱。

二、新李斯特主义的替代性政策建议

新李斯特主义作为新自由主义的一种替代性学说，继承并创造性地发展了李斯特经济学的基本经济理论。新李斯特主义的代表人物之一埃里克·赖纳特（Erik Reinert）将现代演化经济学的理论运用在李斯特经济学主题的研究上，在演化经济学中形成了一个"新李斯特主义"的新学派——演化发展经济学。演化发展经济学的基本原理是经济活动具有异质性，高质量的经济活动能够更有效地创造租金，并且能够通过报酬递增机制促进整体经济的发展[④]。在这种视角下，演化发展经济学认为经济发展是活动特定的，但是，"那些有助于引发经济发展的高质量经济活动与一国的比较优势不一定相符"[⑤]。因此，新李斯特主义经济学的基本出发点就是不同的经济活动在质上（生产力上）是不同的，只有

---

① 李昕、徐滇庆：《中国外贸依存度和失衡度的重新估算——全球生产链中的增加值贸易》，《中国社会科学》2013年第1期。

② Daly H E, "Globalization Versus Internationalization: Some Implication", *Ecological Economics*, Vol. 31, No. 1, 1999, pp. 31-37.

③ 张苏：《重新解读国际贸易数据》，《读书》2005年第12期。

④ 黄阳华：《演化发展经济学的理论和政策研究》，中国人民大学博士学位论文，2010年，第142页。

⑤ 黄阳华：《演化发展经济学的理论和政策研究》，中国人民大学博士学位论文，2010年，第145页。

特定的经济活动才能富国裕民，而这种经济活动不需要符合各国的比较优势。本章认为，这比新自由主义的假设原则更符合实际。

李斯特在其经典著作《政治经济学的国民体系》中，对各国的实践智慧和富国之术进行了经典总结。新李斯特主义继承了李斯特经济学的研究传统并做了发展，主张“在对国富国穷的历史经验和当代经验事实提供系统的理论解释的基础之上，致力于解决当代问题”[①]。因此，在新李斯特主义看来，破解中国版国际分工陷阱的“秘钥”，应从欧美发达国家的历史经验中找寻，通过经济史的透视总结出发达国家历史上反复出现的成功模式，并构造理论对其进行因果机制解释，最后依据这些理论提出解决中国问题的政策方案。

回顾从 18 世纪初到 20 世纪 80 年代全球价值链兴起前的经济史，英国、美国、德国、日本、韩国等现今的发达国家在“处于欠发达地位时，无一不是通过对民族工业的扶植以及国内市场的保护，在国际分工中通过从‘出口原材料、进口工业制成品’到‘进口原材料、出口工业制成品’的历史性转变中实现国家崛起的”[②]。因为在全球价值链兴起之前，由于整个制造业的价值链都在一国之内，制造业具有熊彼特所说的历史性报酬递增（技术创新+规模报酬递增）和不完全竞争的特点，因此抓住了制造业就等于抓住了具有报酬递增特征的高创新率、高水平进入壁垒、高附加值、高工资和高就业的高质量生产活动。当时李斯特提出的“经济发展的出路在于工业化”这一经典发展经济学命题是在对经济活动质的不同对国家富裕产生决定性影响的理解下提出的，并且在当时的历史情况下无疑是正确的。但自 20 世纪 80 年代特别是 90 年代以来，由于全球价值链的迅猛发展，发展中国家如中国在这种新国际分工中建立的是供应廉价和缺乏知识劳动的比较优势，承担的是已不具备报酬递增之特征的价值链低端环节，因此，即便发展中国家大量出口工业制成品，它们也无法达到脱贫致富的目标。[③]

新的增加值贸易为我们展现了一盘中国贸易真实面临的艰难棋局——中国版的国际分工陷阱，在本章看来，这盘棋局只有在新李斯特主义学说的指导下才能找到真正的破局方案。新李斯特主义认为，在新的历史条件下，发展中国家应该建立即使是低效率但却报酬递增的，而非只提供廉价劳动的高端产业部门，才能摆脱国际分工陷阱，实现真正的致富。如果中国在新自由主义经济学的支配下，继续接受比较优势安排，通过价值链低端嵌入由发达国家跨国公司主导的全球生产体系，是不可能沿着全球价值链的逐步升级来摆脱国际分工陷阱的。发达国家成功崛起的经济史验证了新李斯特主义政策方案的可行性，并揭示了我国应该遵

①③ 贾根良：《新李斯特主义：替代新自由主义全球化的新学说》，《学习与探索》2012 年第 3 期。

② 贾根良：《中国为什么要远离“请君入瓮”的 TPP》，《探索与争鸣》2013 年第 9 期。

循的客观历史规律，即基于广阔的国内统一市场，通过率先建立起独立自主的国家价值链，直接从资本密集型和知识密集型的价值链高端生产环节入手，增强自主创新能力，从事报酬递增的高质量生产活动，才能从根本上改变目前中国的贸易困局，破解中国版国际分工陷阱，实现中国经济的崛起。

第三章 新国际分工与国家转型升级的新契机

第一节 终端市场转换与南南贸易发展的新格局

自20世纪80年代以后，北方国家在全球经济中的控制力就有逐渐减弱之势，2007年全球金融危机的爆发更是加剧了这个趋势，随着发达国家的经济在危机中遭遇重挫，北方国家在全球经济中的地位进一步下降。与此同时，以中国、印度和巴西为代表的南方国家通过提高本国的生产力，逐渐加强了自身在国际经济中的地位。通过对近些年北方国家和南方国家的经济进行观察可以发现，主要的北方经济体出现了以下两个重要趋势：第一，个人消费已经回落，并且在短期甚至近中期内不可能上涨，因为多数家庭开始重新储蓄，力求缩减个人债务。第二，持续性的政府超支固然暂时限制了总消费和总产出的下降，但是这种超支模式无法在中长期内持续存在，既是由于金融原因，也是因为持续性贸易赤字的出现。[①] 因此，北方国家消费的低迷还将会持续一段时间。而与此同时，以中国、印度为代表的南方经济体的发展则出现了如下特征：第一，它们的增长速率要明显快于那些主要的北方经济体。第二，中印两国近年来持续性的贸易盈余，使得它们无须像北方大型经济体那样降低或者抑制消费。第三，由于自身国家疆域和市场容量很大，中印两国能够仅仅依托对本国国内市场的开发，从而实现经济增长和规模经济。这就意味着，南方国家的经济发展速率还可以在相当长

---

① Kaplinsky R and Farooki M, "What are the Implications for Global Value Chains When the Market Shifts from the North to the South?", *International Journal of Technological Learning, Innovation and Development*, Vol. 4, No. 1, 2011, pp. 13-38.

的一段时间内维持。在这种北方经济体消费逐渐衰退停滞、南方经济体需求持续增长的大趋势下，全球终端市场的中心正逐渐由北方国家向南方国家转移。

在终端市场转换的大背景下，属于南方国家的全球价值链呈现如下特征：第一，在低水平的人均收入、加快的城镇化进程以及经济多元化引起的交易额的增长等因素的共同作用下，南方国家将会对硬商品和软商品产生持续性的需求增长，并将它们用于食品生产和基础设施建设的投入之中。第二，低水平的人均收入意味着南方国家的需求本质上更倾向于那些低成本的、廉价的和无差别的商品，而这与20世纪70年代后北方国家经济体越来越崇尚差异化、高质量产品的需求取向刚好相反。第三，融入北方经济体的全球价值链部分，其标准密集型程度很高，并且在近些年变得更为复杂和苛刻，但是与此相反，进入南方市场的全球价值链在产品和过程方面却呈现标准化水平很低的状态。第四，南方经济体在经济结构方面可以弥补北方经济体的不足，因为北方国家的工资成本高，而且对产生经济外部性的活动非常敏感，所以它们越来越多地将这类活动外包给南方国家。

基于这些特征，终端市场重心的转移实际上给仍然处于低收入水平的南方国家带来了正反两方面的影响。从积极的角度来说，源自快速增长的大型亚洲驱动经济体的需求增加额为收入促进效应提供了可能性，不仅有助于提高南方国家的出口收益，而且可以从一定程度上弥补北方国家出口额的下降。另一个积极的结果是，过程技术和产品技术之间存在着紧密关联，以至于低收入国家的消费者所需产品主要涉及劳动密集型的过程技术。从消极的方面来看，如果要想达到面向北方市场的全球价值链所要求的标准，不仅会是一个耗费成本的过程，而且对于劳动者素质和企业管理形式的要求也很高，这超出了许多小规模企业的能力范围，所以会将很多本地的小生产者排除在外。①

基于全球经济结构的不平衡性特征，未来几十年全球经济的终端市场重心将发生转换，全球生产和消费需求的控制权也将逐渐由欧洲、北美和日本等北方国家向中国和印度等南方国家转移。这一变化带来的影响是，垂直化整合的产品范围将进一步拓宽，贸易的地理范围也将从南北网络扩展到南南合作区。也就是说，全球生产共享进程将进一步推进，全球价值链所涉及的产品涵盖面将更为宽广，全球生产网络中的生产重心也将逐渐从成熟的工业化国家向新兴的发展中国家转移，南南贸易的比重会逐渐提高。

① Kaplinsky R and Farooki M, "What are the Implications for Global Value Chains When the Market Shifts from the North to the South?", *International Journal of Technological Learning, Innovation and Development*, Vol. 4, No. 1, 2011, pp. 13-38.

南南贸易份额的逐步提高意味着发展中国家之间的经济合作将会变得越来越频繁和密切。回顾贸易史，不难发现南南贸易的发展在自1955年万隆会议首次提出南南合作思想之后一直在不断地推进和深化，特别是随着2007年全球金融危机后南北贸易的式微而更加凸显和明朗化，并且在新国际分工格局下呈现出一些新的时代特征。早在20世纪60年代，随着二战后大批殖民地实现政治独立，这些重新获得国家自主权的发展中国家，为了摆脱长期以来对宗主国的经济依赖，大多开始积极发展对外贸易，拓展海外市场，推动贸易对象多元化，其主要表现就是建立与诸多发展中国家的贸易联系。1960~1970年，发展中国家之间的贸易出口总额经历了从61亿美元到111.7亿美元的翻倍增长①，但由于这期间发达国家经济也获得了蓬勃发展，因此尽管发展中国家进口不断增长，南南贸易间的出口额占发展中国家出口额的比重却下降了。而从1970年开始到1982年，南南贸易无论是在贸易额还是在世界贸易中所占比重上都获得了持续性的上涨，并在1982年后的三年内保持稳定，1985年，南南贸易额占世界贸易总额的7.8%，大概相当于当时发展中国家贸易出口额的1/3。② 经历过20世纪80年代后期的轻微波动，从90年代开始，南南贸易无论是在进口额还是在出口额的增长率上都开始高于世界贸易总额的增长率。发展中国家间贸易的年增长率从1990~1999年的14%上升到2000~2010年的16%，发展中国家间的贸易额占世界贸易总额的份额也从1990~1991年的7.4%增长到2000~2001年的10.2%，然后上升至2009~2010年的15.4%。③ 根据联合国商品贸易统计数据库，南南贸易出口额增长率从2000年的33.6%上升到2009~2010年的46%，而进口额的增长率涨幅更大，从2000年的38.6%上升到2009~2010年的50%。

在此期间，南南贸易作为南南合作在经济层面上的成就表现，除了体现为数量上的增长，也涉及发展中国家之间知识和经验的分享、技术转移、金融贸易领域合作和发展援助等多项活动的开展。南南国家之间的经济与贸易合作之所以不断加强，一方面原因在于随着部分发展中国家工业化进程的加快和制造业的增长，南南国家之间的国际分工格局发生了变化，新兴工业化国家与工业化水平发展较低的发展中国家在经济上出现了较大的互补性，这导致了彼此间的制成品贸易大幅增加。另一方面源自于发达国家为转嫁经济危机所加强的对工业制成品

① 邬性宏：《南南贸易的发展及其前景》，《复旦学报（社会科学版）》1983年第5期。

②③ UNCTAD, "Global Production Sharing and South-South Trade", Background Paper for ECIDC Report, 2012, http://citeseerx.ist.psu.edu/viewdoc/download?doi=10.1.1.475.6414&rep=rep1&type=pdf.

（现转变为高端产品）的保护措施，从客观上推动了南南国家之间的相互出口[①]，进而使得南南贸易逐渐成为驱动发展中国家经济增长的重要因素。

联合国贸发会议发布的《联合国2013年贸易与发展报告》指出，由于发达国家经济的长期低迷，以往发展中国家通过向发达国家出口带动增长的发展模式已不再可行，发展中国家需要重新调整发展战略。该报告认为，近年来，发展中国家的增长快于发达国家，“鉴于南南贸易在世界贸易总量中的比重从1995年的略低于30%增加至2012年的略超过40%的水平，南南贸易的潜力大于以往”[②]，如果发展中经济体能够提升内需和发挥南南贸易在经济发展战略中的作用，就可以继续实现快速增长。在世界经济新格局中，南南贸易也呈现出了一些新特征：第一，贸易的区域集中度相当高，表现为高度集中于亚洲，根据联合国贸发会议的数据，南南贸易有3/4发生在亚洲内部，而亚洲向其他发展中国家的出口则占这类贸易的另外10%，这与这些国家强势嵌入发达国家跨国公司主导的全球生产网络并将北方国家作为终端市场有关[③]。如果想要打破这种集中化状态，扩大南南贸易的影响，还需与终端市场转换相结合。第二，南南贸易在发展中国家总出口中的比重要普遍高于总进口中的比重，但是这方面的差距在近些年已经迅速缩小[④]，一个比较合理的解释是随着全球价值链的扩大，全球生产网络内的发展中国家之间实现产品内分工，这进一步提高了发展中国家之间的贸易互补性，特别是促使中间产品的进口需求增加。第三，高昂的运输成本限制了跨区域南南贸易[⑤]，尽管处于不同地理区域的发展中国家资源禀赋和产业结构差异较大、贸易互补性更强，但不可忽视的是，因地理距离所产生的运输、分配、销售等贸易成本对南南贸易特别是南南国家之间所涉及的中间产品贸易影响也很大。

---

① 主要表现为发展中国家制造业及其出口的飞速增长，根据联合国工业发展组织发布的2011年工业发展报告，2004~2009年，发展中国家之间制造业出口增长速度已经超过了从发达国家向发展中国家制造业出口的年均增长率，年均增长率达14.9%，在2008年已经升至2.247万亿美元。参见《全球制造业出口贸易发展趋势（二）》，http://intl.ce.cn/specials/zxgjzh/201209/25/t20120925_23712505.shtml，2012年9月25日。

② 联合国贸发会议：《联合国2013年贸易与发展报告》，2013年，第VI页。

③ 联合国贸发会议：《联合国2013年贸易与发展报告》，2013年，第62页。

④ UNCTAD，“Global Production Sharing and South-South Trade”，Background Paper for ECIDC Report，2012，http://citeseerx.ist.psu.edu/viewdoc/download?doi=10.1.1.475.6414&rep=rep1&type=pdf.

⑤ 范婕、田维明：《南南贸易发展前景与我国的战略思路》，《贸易观察》2007年第12期。

第二节　终端市场大转向：共建“一带一路”的新机遇

终端市场转换和南南贸易发展是近些年世界经济格局大变革下的新趋势，加上近年来发达国家企业施行“归核化战略”，将大批属于非核心业务的制造业环节外包给发展中国家，使其在通过精简业务范围以获得高效率的同时，也放松了对发展中国家制造业的控制，从而为我国与南方国家建立紧密的全球化关系，走出一条“外围包围中心”的经济崛起道路创造了极为有利的客观环境。[①] 共建“一带一路”的核心就是我国将经济全球化的重心转向南方国家，这是我国突破转型升级困局的重要战略构想，这一倡议的提出恰逢全球终端市场从北方国家向南方国家转移、南南贸易将再度兴盛的机遇期。我们认为，世界经济格局的这种重大变化为我国在共建“一带一路”下，借鉴历史经验，取得转型升级成功提供了重要机遇，主要可以归结为以下几点：

第一，与发达国家跨国公司驱动的价值链相比，发展中国家形成的区域价值链条关注更短期的生产过程和对高端时尚内容的快速反应，而发展中国家的民族企业由于更了解当地市场和区域市场占有先机。以南非服装业为例，南非的服装制造业企业凭借其地理和文化方面的优势，得以进入莱索托和斯威士兰等邻国的市场。依托这些撒哈拉以南非洲国家的市场需求，由南非服装零售商企业驱动的区域性价值链得以崛起。有所不同的是，这些区域性价值链条比起美国零售商企业驱动的价值链条更多地关注短期的生产过程及对高端时尚内容的快速反应。[②] 这对于南非制造业零售商来说非常有利。类似地，南非超级市场通过区域性供应链得以迅速扩张，近年来，由它们控股的超级市场在撒哈拉以南的非洲快速兴起，区域超级市场大多有专门的产品供应，通常是从母国采购，这提高了对本土产品的需求。基于这些零售和超级市场网络的普及，一方面，鉴于地理优势，南非制造业的母公司、生产工厂与销售网络之间距离很近，能够进行非常快捷的运输往来，这大大提高了物流效率，也减少了整个生产过程的时间消耗。另

① 贾根良：《面向内需与新丝绸之路：环渤海经济发展新战略》，《经济理论与经济管理》2014 年第 7 期。

② Gereffi G and Lee J，“Why the World Suddenly Cares About Global Supply Chains”，*The Journal of Supply Chain Management*，Vol. 48，No. 3，2012，pp. 24-32.

一方面，由于文化相融，南非服装业制造商非常熟悉非洲本土市场的款式需求和时尚潮流，能够及时洞悉市场需求的新风向，并将其融合进新一季度的产品研发中，相比那些欧美品牌反应更为迅速。

上述案例说明，发展中国家企业凭借其地理位置和文化相融方面的优势，在本土和邻国市场上将大有可为。历史上的“丝绸之路”是由亚欧大陆人民于2000多年前在频繁的贸易和文化交流中探索出来的纵横贯穿亚欧非几大文明的重要纽带，可以说沿线的周边国家之间早就存在着精神文化领域的沟通与传承，而这些象征着东西方文化合作的历史文化遗产将在“一带一路”建设中得以重新挖掘和发展。基于这种情况，在未来“新丝绸之路经济带”和“21世纪海上丝绸之路”合作区内实现的道路通达和文化互通将促使我国民族企业对于周边沿线的南方市场需求把握更为迅速和准确，而这种情况还将反过来促进南方各同盟国之间市场融合度和生产反应效率的提高。

第二，这些新兴市场的低进入壁垒和不够严格的产品和生产标准，极其有利于全球供应链中的发展中国家企业的参与，依托这些新兴市场，发展中国家的本土企业将有机会在需求出现之后的一段时间内，参与到产品研发和设计等全球价值链的高端环节中。在南方国家，刚刚成形的新兴市场大多属于待开发的“处女地”，政府对于生产和环境等指标尚未制定系统和严格的要求。这些低收入国家的居民更多地考虑价格因素，而对产品的要求相对简单，没有太多质量和多样性方面的要求，因此，即便是缺乏先进技术和创新工艺的本土企业也能够生产出满足市场需求的各式产品。正是这种低进入壁垒和不够严格的产品和生产标准，能够使刚刚起步的发展中国家企业参与到新兴市场的竞争中来。在这些新兴市场需求的支撑下，本土生产商得以有机会完成最艰难的原始资本积累，并在之后的一段时间内，通过不断提高产品的质量水平和技术能力发挥企业家精神，将活动内容从简单的加工组装向研发和设计等价值链高端环节延伸，逐步建立起相对完整的由本土领先企业主导的国内产业价值链，以此为价值链上生产活动的功能性升级提供可能性，而这些活动内容都是它们在已经成形的现有全球价值链中很少有机会参与的。

第三，有机会创造适合发展中国家资源匮乏环境的“节俭”型创新，而这些机会在现有的由发达国家跨国公司主导的全球价值链中是难以期望和获得的。相比跨国公司，这些发展中国家的本土企业更了解当地市场和区域市场，它们能够创造出更多适合资源匮乏环境的“节俭”型创新。鉴于新兴的发展中国家市场存在着如下三方面的约束：市场可负担性约束、资源稀缺性约束和制度缺失及复杂性约束。这里的“节俭”不仅代表产品成本的降低，而且包括如何在资源约束背景下设计出新产品，使得它们实现更少的资源消耗，以应对缺失和复杂的

制度功能。在这里，“节俭”型创新意味着在资源有限和制度缺失的背景下，消耗更少却创造更多，以实现为更多贫困者服务的目标，简言之，“节俭”型创新就是用更少创造更多，从而为更多人服务的方式和目标。①

一般来说，“节俭”型创新的产品具有价格低廉、结构紧凑、方便实用等特征，生产者尽可能去除产品的虚饰结构，简化产品的组件和不必要的功能，以求节约资源，降低生产成本，这正好迎合发展中国家企业的生产策略。经过组件简化和功能重塑后的产品不仅价格便宜，而且简易实用，甚至还会涉及部分前沿技术的运用。值得注意的是，“节俭”型创新还将有助于发展中国家进行“逆向”创新，即先在发展中国家创新成功，利用低成本低价格优势在新兴市场获得大批非主流客户的青睐，实现低端破坏，然后再将创新成果推广给发达国家的“非消费”群体，构建全新的价值网络，形成新的市场破坏。例如，通用电气曾经专为印度农村市场开发的手持式心电图仪和针对中国农村市场开发的便携式 PC 型超声波检测仪，首先在新兴市场获得成功后再被推向成熟的美国市场，凭借其低廉的价格、简易的性能和便携的体积优势，在原以为早已饱和的北方市场中激发出了新的市场需求。②

因此，发展中国家企业可以结合本土的市场环境，通过“节俭”型创新发掘新的市场机遇。这些企业不仅熟悉本土消费者的习惯和心理，而且知晓发挥产品对本土市场影响力的渠道，它们基于“节俭”型创新生产出的产品价格低廉、功能够用，完全能够满足中低端市场客户对于产品或服务的需求，从而率先打造出本土在该领域创新的领先企业和品牌，然后在条件成熟时再向其他发展中国家和发达国家等海外市场逐步推广。这种符合“走出去”战略的机遇在跨国公司主导的全球价值链中是难以期望和获得的。而“节俭”型创新中所体现的资源节约型和环境友好型理念也符合共建“一带一路”所强调的在投资贸易中突出生态文明理念，共建绿色丝绸之路的目标。

第四，随着南方国家的兴起，南方企业通过模块化生产的外包弥补了与北方国家在技术上的差距，南方市场对价值链决定权的下降放宽了新兴市场的进入壁垒，这使得发展中国家民族企业与发达国家跨国公司之间的“技术”缺口（Technology Gap）和“营销”缺口（Marketing Gap）大幅缩小。在融入经济全球化的过程中，发展中国家企业面临着后进者的两个关键性问题：“技术”缺口和“营销”缺口。根据胡波特·施米茨（Hubert Schmitz）的总结，“技术”缺口

---

① Bhatti Y and Ventresca M，“How Can ‘Frugal Innovation’ be Conceptualized?”，Said Business School Working Paper Series，Oxford，2013.

② 刘宝：《节俭式创新的兴起及其中国意蕴》，《科技进步与对策》2015 年第 1 期。

源自于：受到国际技术源（特别是产生创新的生产者—使用者回路）的干扰；难以进入专利技术领域；国家或当地对自主创新支持的薄弱。这里的技术既包括以机械装备为代表的“硬”技术，也包括先进的质量和供应链管理这类对于竞争力越来越重要的“软”管理技术。“营销”缺口源自于：与全球市场和市场消费者需求的脱钩；在那些时尚和款式一直变化的市场中获得最新消息的巨大困难；从生产者驱动向购买者驱动零售业务转型的逐渐集中；建立独立或者综合品牌的高额投资门槛。① 其中，“技术”缺口会根据部门具体特征和目标市场类型的不同而不同，如在那些技术要求被深入理解和变化缓慢的成熟行业中“技术”缺口会较小，而对于那些进军消费者偏好和市场结构都接近本地市场的企业来说，“营销”缺口也会变小。

作为新兴市场的南方市场，与成熟的北方市场之间存在着一系列的差异：这些低收入进口经济体往往不注意环境和能源消耗；进出口部门的技术能力非常低，而且专业化于价值链的低技术环节；劳动力低廉，更多地从事劳动密集型加工；对劳动条件和环境的保护很弱。以泰国的木薯价值链和加蓬的木材业为例，泰国木薯的主要出口地自 2002 年开始从欧盟转变为中国以后，在需求产品数量增加的同时，产品的主要形态从颗粒转变为了薄片。就进口产品本身来看，后者比前者的价格和加工程度更低；就进口的标准来说，中国政府对木薯薄片几乎没有官方的标准要求。② 这种市场的转换意味着在需求容量扩大的同时，价值链轨道也出现了降级：一方面，产品加工程度的下降表明其在技术链上的位置下滑；另一方面，标准认证的性质和重要性也下降了。类似地，自 2007 年中国取代欧盟成为加蓬木材的主要进口地后，市场对加蓬木材的需求重心就从高附加值的已加工木材转变为未加工的原生木。③ 这种市场转变带来的结果就是生产要求的低标准和低技术化，以及出口产品加工程度和所属技术节点的降级。

发展中国家企业面临的“技术”缺口，主要指被国际技术来源隔绝、难以获得专有技术和国家创新支持的薄弱；“营销”缺口，主要指企业难以理解和无法应对消费者需求的快速转变，特别是当它们与市场并不相连的时候。前者是来自供应方的困难，后者是源于需求方的挑战。当终端市场还是发达国家时，发展中国家企业无论是在先进技术还是在市场知识上都无法同发达国家的跨国公司竞争，升级是一个缓慢而艰苦的过程。但在南方国家崛起以后，国内企业通过模块

① Schmitz H, “Reducing Complexity in the Industrial Policy Debate”, *Development Policy Review*, Vol. 25, No. 4, 2007, pp. 417-428.

②③ Kaplinsky R, Terheggen A, and Tijaja J, “China as a Final Market: The Gabon Timber and Thai Cassava Value Chains”, *World Development*, Vol. 39, No. 7, 2011, pp. 1177-1190.

化生产的外包途径缩小了供应方的技术缺口，而本国市场的快速发展又给国外企业带来了来自需求方的营销挑战，相应地，本国企业的“营销”缺口就变小了。可以说，随着国内消费者对产品质量和技术水平的低要求，“技术”缺口不再严重，国内企业在中低端产品市场应变上的优势也弥补了“营销”缺口，终端市场的转换给发展中国家企业带来了许多机会。就共建“一带一路”国家和地区来说，分布于沿线的各发展中国家在资源禀赋上虽然存在着异质性，但是彼此间经济互补性较强，无论是在“技术”方面，还是在“营销”方面，都存在着很大的合作潜力和空间，如果加强政府间的宏观政策沟通，就很容易实现利益上的融合。

值得注意的是，模块化生产对于发展中国家企业是一把“双刃剑”，它让国内的 OEM 企业获得了产品升级的捷径，但也让它们由于外包核心技术活动，而无法获得核心技术能力。加上高度的模块化降低了产品的差别化，导致了更多来自本土企业的激烈的逐底竞争，在这种情况下，企业只有通过投资发展设计和研发这些环节的技术能力，才能成为具有持久竞争力的领先企业。除此之外，由于发展中国家企业更关注本土市场，而且本土消费者并非像发达国家消费者那样在全球价值链上集聚，因此不具有很强的价值链决定权，从而缩小了发展中国家企业的营销缺口，拓宽了其销售和品牌影响的范围，但是，这些优势却会随着国外企业对于南方市场认识的加深而逐渐消散，这就意味着发展中国家政府关于如何塑造本国市场的政策决定将会对民族企业的长远发展产生重要作用。从全球价值链理论角度来总结，企业在技术层面将自身定位于全球价值链上具有高附加值回报的技术节点的能力，以及在营销层面通过市场份额集中度来衡量的来源于市场力量的价值链权力将是决定其在价值链上利润分配的决定因素，而终端市场转换后，发展中国家企业在这两方面的能力都有所提高，但这种优势的长期维持还需要依靠共建“一带一路”在科技合作、贸易投资、产业链分工布局优化等宏观政策方面的配合。

第五，在以价格为中心的南方市场，由于北方生产者的生产是以产品群为导向，而非目标市场导向，它们的标准化水平并没有随着市场的转换而降低，这使得它们原本的优势反而成为了劣势，这对于中国企业来说是一个宝贵的争夺市场的机会。终端市场的转换除了对南方生产者产生影响之外，对北方生产者也产生了一定的影响，而这些影响又给南方生产者提供了特殊的机会。以加拿大不列颠哥伦比亚的林业产品为例，自从其终端市场的重心由美国转移到中国之后，对加拿大生产商的影响既体现在数量上，也体现在质量上。数量方面的影响基本上是积极的，中国需求数量的上升拯救了由于美国市场需求的下降而导致的破产、解雇和倒闭潮，而且让那些长期受美国市场束缚的企业得以解脱。而质量方面影响的好坏从长远来看则并不明确，其关键问题在于，当低收入市场增长的需求集中在标准不密集和未加工产品领域的时候，北方出口商是否会降低原有的生产标准，并将生产线往价值链低端发展以迎合南方市场的现状。原本北方市场针对生产商的标准化要求分为产品标准（Product Standard）和过程标准（Process Standard），主要来自于企业、政府和非政府组织（NGO）三个主体，其中，企业标准化的目的在于提高产品在市场上的比较优势，政府的出发点集中于保护消费者的健康，而非政府组织更关注环境保护。[①] 受制于这三方面的压力，面向北方市场的产品在产品标准化水平上要比南方市场高，而后者事实上只关注低价格和高质量。值得注意的是，随着出口对象转变为南方市场，北方企业并没有随之降低出口品的产品标准和过程标准，以适应低程度标准密集的南方市场。因为尽管供应给不同主要市场的产品结构之间存在着差别，但是产品的生产是基于产品群而非终端市场组织的。比如纸浆不是为不同市场分别生产的，也不是来源于针对不同市场的不同木材供应领域，而是隶属于联合和一体化的生产。其结果是，面向最高标准出口市场的产品和过程标准成为了北方企业面向所有目标出口市场的标准。因此，加拿大不列颠哥伦比亚的企业认为它们面临着来自南方企业的不平等竞争，特别是来自中国企业的不公平竞争，因为起步晚的中国企业无须遵循这些烦琐的规范和标准，它们只需关心如何通过降低成本提升价格竞争优势和提高自身生产率的能力。

本章认为，在终端市场重心从北方国家向低收入的南方国家转换的过程中，存在着种种原因让那些北方生产商仍然遵守着一贯的高生产标准，这让它们在面对以低价格为竞争力的南方生产者时，原本的竞争优势反而转变为了劣势，而这给发展中国家企业迅速占领新兴市场提供了宝贵的时间差。在上述大前提下，共建"一带一路"所致力于推动的南南国家之间区域合作全面发展的事业也将得以更容易地进行。

随着近些年人民币不断升值，中国以加工贸易和劳动密集型产品出口为主的对外贸易模式竞争力已经大大削弱，因此迫切需要通过产业的转型升级来重获生机。恰逢全球金融危机之后，终端市场转换和南南贸易发展成为近些年世界经济格局变化的新趋势，这从客观上来说为共建"一带一路"借鉴历史经验取得成功提供了一系列新的机遇。在这种背景下，中国可以顺应终端市场由北向南转换的大趋势，考虑拒绝接受发达国家跨国公司的产业转移，通过国家保护制度与北

---

① Bowles P and Macphail F, "Shifting Markets, Shifting Standards? The Implications of the British Columbia Forest Products Sector's China Shift", 2013, http://blogs.unbc.ca/paulbowles/files/2013/06/GNBCshiftingmarketsandstandards.pdf.

方国家保持半隔绝、半脱钩的全球化关系，转而着力于与南方国家建立高度密切的经贸关系，抓住机会依托广阔的国内市场规模在关键设备和核心技术方面取得突破，率先在本国建立起价值链高端，然后再在“新丝绸之路经济带”和“21世纪海上丝绸之路”等南南合作区内，发挥“雁阵模式”中“雁头”的作用，建立起一条由中国掌控的相对完整的价值链，并通过产业转移和南南贸易带动共建“一带一路”发展中国家的发展，走出一条从“外围包围中心”实现产业升级和经济发展的全球化新道路。

由于新兴的南方市场的开发为我国提供了新的机遇，这些市场的低进入壁垒让我国有机会向这些国家进行劳动密集型产业的转移，从而突破跨国公司的低端压制，建立由本国企业主导的相对完整的价值链。共建“一带一路”的实施可谓应时应景，该倡议将投资贸易便利化作为重点内容，在合作区内消除投资和贸易壁垒，努力实现贸易畅通，在区域内同沿线各国共建良好的商贸环境，以优化区域的开放格局。同时，主张建立健全服务贸易促进体系，通过大力发展服务贸易，拓宽贸易领域，优化贸易结构，以挖掘新的贸易增长点。这种在南南合作区内的投资和贸易便利化努力将极其有助于我国向南方国家进行低端产业转移，从而集中力量建立起本国的高端产业。

第三节 新机遇下的挑战与不对称全球化战略

一、市场转换带来的新挑战

值得注意的是，世界终端市场的重心由北方国家向南方国家转移的这一变化在给发展中国家企业带来许多机遇的同时，也给它们的转型升级之路带来了一系列新的挑战。主要包括以下三点：

第一，“技术”缺口和“营销”缺口缩小带来的收益和机遇不可持续，需要企业适时转型，同时政府采取相应的保护措施和产业政策才能将当地企业的竞争优势长久化。对于发展中国家的企业来说，“技术”缺口的缩小指通过承接低技术外包活动，参与全球范围的模块化生产，弥补生产中专有技术的缺乏，以突破原先面临的国际技术来源的壁垒；“营销”缺口的缩小指企业凭借与南方市场的相连性或接近性，能够对消费者需求的转变做出快速应对。这些企业一方面从事越来越高程度的模块化生产，将缺乏技术的生产活动外包；另一方面充分利用对低端市场的超常认识，与外国企业竞争，扩展其销售范围。但是，这些机遇和优势却在不断消散，因为高度的模块化会导致越来越多的激烈竞争和来自本土企业的逐底竞争，而与此同时，国外企业通过努力不断提高它们的市场知识，也逐渐地开始熟悉当地市场。[①] 因此，能否通过投资那些具有持续性竞争优势的能力以转变这些只是暂时由国外竞争者带来的“优势”，将成为本土企业面对的一大挑战。除此以外，政府应该采取何种措施以使得国内的市场环境更加有利于本土企业的转型，也是一个重要的问题。

具体来说，模块化生产的发展对于发展中国家来说是一把“双刃剑”，它一方面让原本只能从事 OEM 活动的国内企业获得产品升级的捷径，另一方面让国内企业逐渐依赖于核心技术活动的外包，而始终无法获得真正的核心技术竞争力。更为严重的是，高度的模块化让国外的 OEM 企业也能够很容易地适应新兴市场的需求，从而迅速加入到南方市场的竞争中来，对于它们来说，市场转换为其带来的营销劣势很容易被弥补。因此，发展中国家企业要想应对这种不利局面，就要在未来重视对设计和技术性能的投入和开发，适时进行必要的转型，其中，本土的领导企业更应该在生产符合更高标准化要求的产品、提高企业家精神和提升本土技术能力这三个影响升级的关键方面上不断努力。此外，政府部门则需采取保护本土市场的措施，在保证不让过多国外竞争者快速入侵的同时，着重培育和发展本国的国家创新体系；加大对当地劳动力教育和培训的投资；重视基础设施、公用事业和物流条件的建设；努力提供商务环境发展所需的服务，如完善竞争法规和产权保护等；不断提高政府管理的质量和效率，即在国内技术人员和设施性能等这些核心竞争力上下功夫，以支持本土企业在价值链上的转型与升级，使其竞争优势持久化。

第二，发展中国家在推动经济升级的同时，如何促进社会升级的共同实现，将是它们面临的又一挑战。全球价值链的发展和南方市场的崛起使得经济升级和社会升级之间的相互关系更为复杂。越来越多的案例显示，发展中国家通过融入全球生产链所获得的经济利益的增加并不直接等同于本国工作机会的增多和就业形势的好转。[②] 琼库·李（Joonkoo Lee）等通过对中国移动电话行业的研究，发现经济升级不会直接带动社会升级。[③] 移动电话全球价值链中的领先品牌和供应

---

① Brandt L and Thun E, “Going Mobile in China: Shifting Value Chains and Upgrading in the Mobile Telecom Sector”, *International Journal of Technological Learning, Innovation and Development*, Vol. 4, No. 1, 2011, pp. 148–180.

② Gereffi G and Lee J, “Why the World Suddenly Cares About Global Supply Chains”, *The Journal of Supply Chain Management*, Vol. 48, No. 3, 2012, pp. 24–32.

③ Lee J, Gereffi G, and Nathan D, “Mobile Phones: Who Benefits in Shifting Global Value Chains?”, 2013, http://r4d.dfid.gov.uk/PDF/Outputs/tradepolicy/ctg_briefing_note_6.1.pdf.

商的高度集中使得就业增长仅仅局限于几个国家和区域，而且即使增长，其工作质量也很低：低工资、超额的工作时间、受到来自主导企业的高强度压力；经济升级的收益在不同工种（核心员工、熟练的和高收入的正规员工、非熟练的和低收入的非正规就业人员）之间进行了不公平的社会分配；劳动密集型的外包活动虽然为承接国创造了大量的就业岗位，但是从事这些活动的劳动力获取的报酬却非常低。根据CTG[①]项目的研究结果显示，社会降级在拉丁美洲、非洲和亚洲特别容易出现，根据对非洲园艺业、服装业和旅游业三大产业的实证研究可以发现当地企业通过参与全球价值链升级获得的分配收益都是受限制的，经济升级不但不会直接导致社会升级，还有可能导致社会降级。能否共同实现经济升级与社会升级对于参与全球价值链的发展中国家来说又是一个新的挑战。

CTG项目的研究者[②]在经济升级和社会升级之间建立了概念性的区别。经济升级指的是沿着价值链“转移”到更高附加值环节的活动，也就是说在理论上使企业获取整个全球价值链上更高份额的增加值，并提高竞争力。[③] 通常而言，全球价值链文献中的经济升级包括四个维度：产品升级、过程升级、功能升级和链的升级。[④] 而社会升级指的是工人权利和权益的提高，能够让他们获得更好的工作。社会升级主要有两个维度：可衡量的标准和授人以权的权利。[⑤] 可衡量的标准包括比较容易被量化的方面，比如工作时间、健康和安全标准、雇佣条件(正式或非正式)；授人以权的权利则是指那些比较难去观察或衡量的内容，比如无差别待遇和自由交往的权利。对于那些想要实现可持续发展的南方国家来说，经济升级显然并不足够，特别是在就业和生计方面，关于劳动标准、就业的数量和质量、社会保护、集体议价和性别平等社会福利问题都应该被纳入考虑。因此，关于在何种条件下社会升级更有可能与经济升级共同发生的问题值得探讨。巴里恩托斯（Barrientos）等通过研究提出了一种识别企业的经济升级与员工的社会升级在何种条件下可以被连接起来的框架。研究结果显示，影响两者连

---

① CTG为“Capturing the Gains”的简写，主要从事各国参与全球价值链生产所获得的实际收益和分配情况方面的研究。

② Goger A, Hull A, Barrientos S, et al., “Capturing the Gains in Africa: Making the Most of Global Value Chain Participation”, 2014, http://www.cggc.duke.edu/pdfs/Duke_CGGC_2014_Capturing_the_Gains_in_Africa.pdf.

③ Gereffi G, “The Global Economy: Organization, Governance and Development”, in Smelser NJ and Swedberg R, eds., *The Handbook of Economic Sociology*, Zrded. Princeton, NJ: Princeton University Press and Russell Sage Fourdation, 2010.

④ Humphrey J and Schmitz H, “How Does Insertion into Global Value Chains Affect Upgrading in Industrial Clusters?”, *Regional Studies*, Vol. 36, No. 9, 2002, pp. 1017-1027.

⑤ Barrientos S, Gereffi G, and Rossi A, “Economic and Social Upgrading in Global Production Networks: A New Paradigm for a Changing World”, *International Labour Review*, Vol. 150, No. 3-4, 2011, pp. 319-340.

接的三个主要因素包括企业在价值链中的位置、员工从事的工作类型和在特定类型工作中工人的地位。[①] 而要想实现这三个因素的相互协调以促使连接的发生，则需要在贸易联盟、企业、政府和多边国家层面的政策干预下才能完成[②]，政策干预的重要性不言而喻。鉴于目前发展中国家各行业普遍存在的由于基础设施不完备所导致的高物流成本、生产中存在的技术能力缺乏和就业市场上的性别歧视等主要升级障碍，未来的政策干预应该从加强基础设施建设以提高物流效率、提高劳动者技术水平、重视女性劳动力等方向加以努力。本章认为，具体的政策措施应包括以下几个方面：其一，尽可能为劳动者特别是女性劳动者提供各种教育和培训课程，在培训中注意将生产率、质量和社会责任联系起来，在提高生产者技术水平的同时，提高他们对于社会责任的道德意识。其二，完善交通基础设施建设，提高地方物流能力和出口加工管理，以应对全球价值链发展对国家基础设施配套服务的更高要求。其三，进一步批准、落实和执行国际劳工组织制定的公约，增加劳动者参与各种社团活动的自由度，促进可衡量标准和授予劳动者权利水平的提高。其四，在贸易政策方面，为价值链上的小生产者争取更多的金融支持，增加双边或者多边贸易协定中的社会福利条款，尽力保证参与生产的劳动者获得基本的生活工资。

第三，世界体系理论根基中所关注的性别、家庭劳动力和剩余价值问题，成为发展中国家在当前国际背景下制定发展规划所需考虑的内容。在 2008 年全球金融危机以后南方终端市场迅速崛起的过程中，这些新兴发展中国家也出现了家庭保障危机、食品安全问题、环境严重恶化等负面发展压力。虽然目前的全球价值链理论框架足以有效地分析新的国际劳动分工，但是一旦涉及分配和发展问题，就需要触及更深层的世界体系理论的根基，将关注的根本点从增加值转向剩余价值，开始强调从劳动力那里获取剩余价值的过程中的权力变化，并将家庭和环境因素纳入分析框架。也就是说，仅仅考察增加值、“租金获取”以及经济和社会方面的升级，对于一个想要在全球价值链世界构建全面发展规划的发展中国家来说还远远不够，因为基于收入水平的标准体系已经无法衡量一国的发展和福利状态，也无法描述出人民的生活标准和社会保障的福利变化。[③]

事实上，无论是发展中国家的经济升级还是社会升级，都是基于对劳动力市

---

① Barrientos S, Gereffi G, and Rossi A, “Economic and Social Upgrading in Global Production Networks: A New Paradigm for a Changing World”, *International Labour Review*, Vol. 150, No. 3-4, 2011, pp. 319-340.

② Borrowman M, “The Implications of Global Value Chains for Development: Unequal Exchange, Middle-Income Traps and Gendered Outcomes”, Boston: AFEE Session at the ASSA Meetings, January 2015, p. 16.

③ Borrowman M, “The Implications of Global Value Chains for Development: Unequal Exchange, Middle-Income Traps and Gendered Outcomes”, Boston: AFEE Session at the ASSA Meetings, January 2015.

场效应的敏感反应，但是这些反应措施的影响还将涉及家庭的保障和更为广泛的社会的，特别是性别的平等问题。发展中国家在经济升级中获得的更多的增加值收益，以及在社会升级中获得的更多的社会机遇都无法保证在不同的家庭、性别间进行合理的分配，从而为实现更为广泛的发展目标做出努力。因此，全球价值链分析需要充分考虑“家庭”和“性别”的因素，将研究范畴扩展到增加值和升级以外的领域，并利用拓展后的理论框架去审视发展议程的合理性，也就是回归到了强调生产过程的社会、环境、制度背景的世界体系理论的根基处。就世界体系理论的分析来说，生产的剩余价值在不同国家劳动分工间的不平等分配，根源于性别歧视、种族主义和劳动者家庭剩余外流①等因素。因此，比起增加值，世界体系理论更关注剩余价值，并主张将分析拓宽到家庭和环境领域，着重考察“中心”和“外围”频谱上不同国家之间，资本家和雇佣工人之间，男性和女性之间权力博弈的动态关系。

本章认为，要想在全球价值链框架下制定和执行更为全面的发展中国家的发展议程，就应该将在经济升级和社会升级研究中获得的洞见与世界体系理论根基中所关注的性别、家庭劳动力和剩余价值问题相融合，一并纳入考虑的范畴，这是对发展中国家的又一挑战。

二、具体的升级路径探索：国际经验借鉴

价值链的一个主要特征就是主导的供应商企业可以通过各种标准化（涵盖了产品、过程、生产的社会与环境方面的标准）的应用与推广来提高其私人治理的作用和影响。通常来说，南方国家的主导企业对于标准的初始化要求要低于全球范围内许多北方国家的主导企业，而且从低标准向高标准转化的过程应该是一个逐步攀爬的过程，需要首先从本土价值链的小范围提升入手，然后向区域价值链的更大程度的提高转化，最后才能够达到全球价值链层次的顶端升级。其中，区域价值链的扩张应被视作小生产商可以经由从本土向更多全球参与演变的渐进式升级步骤而得以长期进入全球价值链的一个机遇。② 因为如果直接以小规模的本土价值链嵌入当前的全球价值链，发展中国家企业很难抵御全球价值链层级上的激烈国际竞争，亦无法突破全球利益链上的现有分配格局。

贾根良教授曾经在他的论文中提出，对发展中国家特别是发展中大国来说，

---

① Dunaway W A, *Gendered Commodity Chains: Seeing Women's Work and Households in Global Production*, Stanford: Stanford University Press, 2014.

② Goger A, Hull A, Barrientos S, et al., “Capturing the Gains in Africa: Making the Most of Global Value Chain Participation”, 2014, http://www.cggc.duke.edu/pdfs/Duke_CGGC_2014_Capturing_the_Gains_in_Africa.pdf.

“市场重于技术”①，如在美国的经济崛起之路上，基于幅员辽阔的先天优势，统一的国内市场已经能够满足“技术发展在实现规模经济上对市场规模的要求”。而对于工业革命前的英国而言，虽然没有广阔的本国市场，但它通过对广大殖民地市场的控制，最终在当时取得了重要工业部门的领导地位。② 现如今，各发展中国家的国内市场由于受到疆域的限制和行政的分割，即使是少数和中国一样拥有广阔国内市场的大国也难以仅仅依托本土市场充分满足技术创新在规模经济上对市场规模的需求。基于此，本章认为对于发展中大国来说，抓住南南贸易带来的宝贵发展机遇，与周边发展中国家同盟构建南南合作下的区域价值链将是一条可行之路。其优势在于，可以依托包括本国在内的新兴南南区域市场，率先建立新技术轨道的领先地位，从而诱发一系列新的发明和创造，借以突破在技术先发国原有技术轨道上的路径依赖和锁定，换之以价值链上的自主技术升级。在这个过程中，发展中国家企业的标准化水平是慢慢提高的，这让它们有机会和时间凭借其逐渐提高的市场控制力（议价力），建立一套自主的标准体系，并让其先在南方同盟国间推广，再逐步获得国际认可。以哥斯达黎加的医疗器械行业为例，哥斯达黎加政府在近几十年间，先后同中美洲国家、中国和新加坡建立区域贸易协定，这些协定被证明对于当地企业在特定全球价值链上的升级至关重要。其中，与中国和新加坡的协定让当地政府得以优先进入亚洲多数区域生产网络。哥斯达黎加一开始出口的主要是低附加值的一次性医疗器械，然后凭借与中国和新加坡越来越多的贸易流及其创造的净收益，逐步升级到电子化的高附加值资本设备生产，同时其行业管理标准体系也越来越健全，目前当地企业已经成为拉丁美洲和美国许多医疗器械制造商、食品医药总公司和标准管理者的专业权威。③ 如此看来，像中国这样的发展中大国，既然在某些领域暂且无法抵御全球价值链上的激烈竞争，不如抓住南南贸易蓬勃发展的新机遇，率先与其他发展中国家合作建立区域联盟，努力成为区域价值链中的主导者，再逐步向全球价值链层级发展。也就是说，应该重视依托南南合作的区域价值链发展阶段在整个价值链升级过程中的重要地位，遵循本土/国家价值链（NVC）—区域价值链（RVC）—全球价值链（GVC）的升级道路。在从 NVC 向 RVC 过渡的过程中，适当疏远与发达国家之间的关系，为南南贸易合作下的 RVC 构建留出一定空间。与此同时，

---

① 贾根良：《第三次工业革命与新型工业化道路的新思维——来自演化经济学和经济史的视角》，《中国人民大学学报》2013 年第 2 期。

② 贾根良：《“农村包围城市”与中国不对称全球化战略》，乌有之乡，http://www.wyzxwk.com/Article/shidai/2015/06/346550.html，2015 年 6 月 25 日。

③ Bamber P，Fernandez-Stark K，Gereffi G，et al.，“Connecting Local Producers in Developing Countries to Regional and Global Value Chains”，*OECD Trade Policy Papers*，No. 160，2014，pp. 1-50.

更加紧密地发展与发展中国家之间的贸易关系，一方面为区域价值链上的低端环节寻找阶梯型的承接者，另一方面吸纳更多的新兴市场入链以为实现新技术的规模经济做铺垫。而在从 RVC 向 GVC 发展的过程中，则需要关注经济升级和社会升级的共同实现，目前来看，涉及就业、劳动者技能、权利、报酬和生产条件等社会福利方面的升级，多数被由发达国家跨国公司主导的全球价值链忽视了，因此如果这部分升级能够在南南区域联盟组建的新的全球价值链中得到重视，那么将会给后者带来更持久的竞争力。

在迈克·莫里斯（Mike Morris）等的研究中，区域主义、终端市场和所有权是全球价值链概念框架中的三个重要组成部分。[①] 全球价值链分析是一种强调驱动价值链动态的主导企业力量概念的政治经济学框架，而其中的这些主导企业是作为市场管理者和不同标准驱动者在全球价值链上行使权力的。因此，升级过程受企业嵌入价值链的类型，特别是价值链的管理结构所影响，表现为国家企业的不同所有权形式会对价值链动态产生不同的影响。由于供应商企业的不同所有权形式具体规范了它们是如何与全球生产和分配网络建立连接的，以及企业在何种程度上实现了本地嵌入或者区域嵌入，因此，可以通过对不同所有权类型和嵌入方式的研究，解释对应的企业如何在价值链上运作，并通过获取不同的本地决策力战略、对终端市场机遇的不同反应、价值链的进入和升级而对生产的持续性产生重要影响。

一般来说，按所有权分类，可以将企业分为跨国投资型、区域投资型、移民投资型和本土投资型四类，它们分别在价值链升级中有着不同的表现。跨国投资型企业的特点是，通常拥有几个国家或区域的生产单位，多数遵循着一种全球战略，即在大工厂内长期生产一小部分基本产品，专业化于小范围的功能性活动。[②] 它们的工厂几乎没有自主权，活动范围也仅限于加工组装，那些高附加值的功能性活动只集中在公司总部。外籍专家通常在管理和技术岗位上发挥着重要作用。由于驱使这些跨国生产者投资发展中国家的主要动力是当地低廉的劳动力成本、税收特惠等管理制度和特殊的外资激励，因此一旦这些红利和优惠消失，这部分投资便会立刻撤离，转头寻找新的目标。例如，当美国在 2009~2010 年终止了马达加斯加在《非洲增长与机会法案》（AGOA）中的成员资格之后，当地吸引外资的免税等优惠政策也随之消失，短短几年间大批跨国控股企业迅速撤

① Morris M, Staritz C, and Plank L, "Regionalism, End Markets and Ownership Matter: Shifting Dynamics in the Apparel Export Industry in Sub Saharan Africa", 2014, http://econstor.eu/bitstream/10419/98791/1/787228958.pdf.

② Gibbon P, "Governance, Entry Barriers, Upgrading: A Re-Interpretation of Some GVC Concepts from the Experience of African Clothing Exports", *Competition and Change*, Vol. 12, No. 1, 2008, pp. 29-48.

离。显然，这类型的投资看重的只是自身利益的最大化，而完全置当地创新能力提高、市场开发和价值链转型升级于不顾，实际上对推动发展中国家当地市场发展和价值链升级方面的影响极为有限。

区域投资型企业的特点在于，它们将总部设在母国，总部控制着高附加值的功能性活动，并在一个特定的地理区域内组织生产网络。它们没有全球投资和采购战略，它们的投资都是基于地理和文化接近性，允许投资方与当地有更多的互动，并采取一种较为灵活的劳动力分配方式。这类投资的主要驱动力，除了比较低廉的劳动力成本、FDI 激励政策、优先市场准入之外，还有地理接近性。这种接近性不仅是指与终端市场和零售商的紧密接近，而且指区域制造商能够通过允许管理、技术和物流资源的灵活使用和空间自由流动而对这些生产网络进行管理。区域投资者通过向邻国外包劳动密集型基础产品的生产，得以涉足价值链更高端的环节。以毛里求斯服装业的区域投资者为例，面向马达加斯加的外包行为不仅让毛里求斯投资企业扩大了生产，使其依然在价值链的基本产品区段占有市场竞争优势，而且同时还在区域投资范围内创造了大量对毛里求斯纺织和服装等高附加值产品的市场需求。①

移民投资型企业的特点是，这些投资者主要由几十年前的移民家庭组成，他们虽然仍被认为是外国人，但是却有着在移居国长期生活的经历，他们是在社会、历史和私人经济因素的驱使下实现的本地嵌入。该类企业是典型的由所有者管理的独立运营公司，既不是严格管理的生产网络的一部分，也不存在区域或者全球接触。由于其战略决策权由当地控制，因此其功能灵活度较高。但与本土投资者不同的是，他们能够凭借自己的移民身份与全球网络连接，进行原料采购、渠道融资、完成订单、与购买者和终端市场接触等。例如，在马达加斯加的法国移民成立企业，一方面通过公司总部和战略决策的本地嵌入充分利用当地要素，另一方面凭借与原属国的紧密文化关联攻占欧洲特别是法国的购买者、网络和市场。

本土投资型企业的特点在于，这些投资者拥有本地公民的身份，他们投资的企业是典型的在本地决策与所有者管理下的独立运营公司，但是，他们可以通过一些区域的或者低程度的全球接触来运营较大型的企业。本土投资者的投资动力与移民投资者类似，包括社会、历史、经济因素，两者的区别在于本土投资者同购买者、原料供应者或者代理商所属的国家或者区域之间并不分享相同的文化传

① Morris M，Staritz C，and Plank L，"Regionalism，End Markets and Ownership Matter：Shifting Dynamics in the Apparel Export industry in Sub Saharan Africa"，2014，http：//econstor. eu/bitstream/10419/98791/1/787228958. pdf.

承，因此也就无法利用这方面的优势促进同区域或者全球价值链的链接。但是，这类企业成功案例的影响范围却很广，不仅包括承接大量外资出口企业转包工作的本地小企业，也包括那些巩固区域基础并成功出口欧盟、美国和南非的大型民族企业。

这些所有权形态与终端市场之间的紧密关系主要体现在前者决定进入后者并且维持稳定关系的能力，在本章看来这将有助于发展中国家进行以价值链升级为目标的企业投资战略选择。很明显，跨国投资这种全球价值链嵌入模式，即发展中国家凭借当地的低成本生产要素服务于发达国家跨国公司主导的全球生产网络，不仅无法满足本地的市场需求，而且价值链的升级潜力也极为有限。相反地，本土投资可以开发国内市场潜能，移民投资能够一方面通过本地嵌入利用当地要素，另一方面通过与原有国家之间的文化共同性开拓海外市场，而区域投资则可以通过区域嵌入来组织区域生产网络，实现从低端产品生产迈向高端环节的功能性升级，由此形成一条本土投资—移民投资—区域投资逐步过渡，以推动发展中国家企业实现终端市场拓展和价值链升级的投资路线。

汉弗莱（Humphrey）和施米茨（Schmitz）曾经将价值链分析框架下的产业升级按照升级形态的不同区分为过程升级、产品升级、功能升级和渠道升级四种，而这四种形态又与更为具体的价值链动态特征相对应。① 鉴于上述四种所有权形态企业嵌入价值链的方式各不相同，它们在这四个方面的表现也不同。第一，过程升级和企业组织，即重新组织生产体系或者升级生产设备和技术。跨国投资型企业的制度适应长期和基本产品的生产，工厂的规模决定它们关注大规模的订单，因此其生产组织结构在关注短期、更高时尚度、快速反应的南方市场上不具有竞争力。此外，它们并不投资当地的广泛技术，而是通过合同大量进口技术和管理技能。与之相反，本土投资型企业强调重新组织企业制度、开发产品、灵活地调整和定制购买者的样品以迎合市场短期的多样化要求，以及从事商业化活动，投资新的技术。移民投资型企业则生产复杂的、更时尚的产品，承接小批量的订单和短期生产，通过投资设备和更先进的生产组织形式进行过程升级。区域投资型企业具备一个适应短期生产、高时尚度和供应复杂产品的稳定结构，它们为了保持在成本、产品灵活度和多样化技术方面的优势，专注于过程升级来提高运营效率。第二，产品升级和出口组成，即追求出口更为复杂、复合或者高质量的产品。跨国投资型企业的长期生产战略要求它们集中关注相对简单的产品，因此它们的产品生产范围一般很小，并且大多是无差异的。相反地，本土投资型

① Humphrey J and Schmitz H，"How Does Insertion in Global Value Chain Affect Upgrading Industrial Clusters?"，*Regional Studies*，Vol. 36，No. 9，2002，pp. 1017-1027.

企业中的大多数遵循着一种战略，即从基本产品的生产中转移出来，尝试在很短的订货交付期内提供更高质量、中度时尚的产品，并增加产品的选择种类。移民投资企业中的大多数则以更灵活的企业制度配合较小批量的更复杂、更高质量和中高时尚产品的生产。区域投资型企业大多关注短期、复合、包含更高时尚内容的产品，通过构建能够在区域间灵活分配和管理劳动分工的区域嵌入型生产网络，生产更复杂的出口产品。第三，功能升级和管理结构，即扩大企业功能范围或将任务重心转向更高附加值的活动。跨国投资型企业往往在几个国家拥有生产工厂，管理着三角制造网络，能够进入全球采购和营销网络，具有基于国外母公司的关键决策力和更高附加值功能的管理结构，包括投入采购、产品开发和设计、物流和营销等环节。但是，这种在三角制造网络下的特殊整合限制了由母公司控制的高附加值功能在当地的嵌入融合，因此也就无助于当地企业的功能性升级。本土投资型企业并不从属于由海外母公司控制的全球或者区域网络，而是在当地政府的支持下，进行本地嵌入，将企业的功能范围扩展到覆盖原料采购、产品开发和低设计但高附加值产品的生产，还创立了一些面向国内市场的自主品牌。移民投资型企业由于同样不属于严格管理的全球生产网络的一部分，因此劳动分工和功能分配更具流动性，它们的功能性升级潜力通常比本土投资型企业更高。而对于区域投资型企业来说，区域同盟国间的地理接近性使其母公司和国外工厂之间有更多的互动和更具流动性的劳动力和功能分配，比如一些高附加值前后向关联的生产环节会被部分转移到国外工厂中。此外，这些区域嵌入到三角制造网络下的区域价值链具有一定的紧密度、接近性，不仅能够刺激更多的生产功能重新定位，而且足以维系公司总部与海外工厂之间灵活却又稳定的关系。第四，渠道升级和终端市场，即多元化发展以适应新的购买者、地区和产品市场。跨国投资型企业的主要目标是在美国购买者制定的设计和质量规范下进行大规模的生产，其产品的竞争优势在于数量大、成本低、生产线效率高并且享有税收优惠待遇，它们只重视美国市场的销路，而对亚洲、非洲等南方市场不感兴趣。本土投资型企业由于无法承担高成本运作，因此只在美国市场的低端区位具有竞争力，其主要目标市场为非洲和亚洲。移民投资型企业基于与原属国之间的历史、文化和语言共融性，往往与欧洲市场的购买者之间存在着紧密的联系。区域投资型企业为了迎合欧洲、非洲和亚洲市场而不遗余力地进行生产活动的重新组织，只承接少数美国订单。

由此可见，高度差异化的所有权形态和价值链动态的协同进化为发展中国家的转型升级和工业化进程提供了不同的路径。其中，具有更强本地嵌入和区域嵌入程度的企业更有能力进行企业结构重塑、出口产品升级、管理结构重新组织和终端市场多元化，实现四种形态的价值链动态升级。因此，本章认为遵循本土投资—（本地嵌入）—移民投资—（区域嵌入）—区域投资的所有权转化战略将是一条更有利于发展中国家产业升级的投资路径。结合中国的实际，应先以投资本土民族企业，开发国内市场需求为重心，逐步过渡到联合港澳台资企业，利用其更为先锋的国际触感，以中低附加值产品占领部分海外市场，然后依据地理和文化共融性，选择周边的南方国家组建基于南南合作投资的区域生产网络，外包出部分低技术活动，集中力量涉足高端生产环节，并在自主创新初期依托南南新兴市场进行技术推广和产品销售，以实现价值链的动态升级。

在升级过程中，价值链上各参与国之间的权力分配和优先发展问题也需要认真对待，本章认为即使是南南国家之间也存在着发展程度和主导能力的不同，因此必然存在谁比谁更适合成为南南区域价值链龙头国家的取舍问题。随着南方新兴市场的发展和消费者地位的提高，价格因素已经逐渐成为终端市场的主要需求。其结果是，基于质量和多样化的产品差异性变得不那么重要，且产品和加工标准的重要性大幅下降。在诸多终端市场转换带来的新变化下，产业升级需要一个能够运行新型价值链并且足以吸引南方同盟者的国家来主导。当前的现实是，一方面，全球价值链上的合并允许一些发展中国家企业具有特定的升级能力，一部分国家具备了成为价值链升级主导者的可能性；另一方面，市场的大小对那些做采购和生产决策的领导企业来说非常关键，本土化产业的增长潜能向大型的发展中国家集中。① 因此，价值链升级的主导者最好是区域内经济增长速度较快的发展中大国。

历史上，日本曾于20世纪六七十年代凭借其经济方面的高增长率，在亚太地区异军突起，发挥过类似的作用。近些年，南非由于在与国外生产商竞争本土市场的过程中获得持续性的成功，在非洲区域内收入水平相对较高，已经成为一个重要的离岸目的地，也逐渐成为该区域的领导者。同时期的中国，不仅在经济增长速度上非常惊人，跻身世界第二大经济体，而且其广阔的国内市场优势得天独厚。据此，本章认为，作为现今亚太地区经济增长速度最快的发展中大国，中国完全具备充分的历史和现实条件，成为引导亚洲欠发达经济体共同构建南南区域价值链的龙头国家。

三、上升到战略层面——“不对称全球化”战略

回顾经济史，英国在工业革命前的近百年内，尽管其国内原生的羊毛纺织业长期受到印度棉纺织品的压制和冲击，但是它却没有采取承接印度产业转移，即

① Carbajal S L, “The Global Value Chains and the Rise of the South”, 2015, http://www.academia.edu/410816/The_Global_Value_Chains_and_the_Rise_of_the_South.

采取为其生产原材料的战略，而是采取了在禁止性高关税保护之下的进口替代战略，在国内市场（包括殖民地市场）上实行保护关税制度，禁止英国所有的殖民地销售印度棉布，同时以对国外一切潜在消费者实行自由贸易作补充，只允许垄断其殖民地贸易的东印度公司把印度棉纺织品销往欧洲大陆各国以摧毁这些国家的纺织业。正是在这两种制度的巧妙结合下，英国到 1815 年时成为一切重要工业部门的世界贸易垄断者。再看独立后的美国，由于其巨大的国内市场规模，也是先通过对本国高端工业及其国内市场实施高关税保护，在国内率先取得新兴工业的领导地位的同时，利用一切可能的自由贸易机会，通过这些工业去占领英国等发达国家的国内市场，以开辟本国高端产品的海外市场。后来的日本也曾经想效仿英国和德国，通过武力占据殖民地，避开欧美国家对日本新兴工业的重压，确保其高端工业强力崛起的市场空间。可见，拒绝接受发达国家的产业转移，独立自主地建立本国高端产业并在比自己欠发达的国家构建本国支配和控制的全球价值链是后发国家成功崛起的必由之路[①]。

从英国、美国、日本等国的经济发展史来看，凡是成功崛起的国家没有一个接受发达国家的产业转移的，相反是通过国家保护制度与发达国家处于半隔绝、半脱钩状态（浅度全球化）的同时，在与比自己欠发达的国家建立高度密切的经贸关系（深度全球化，但很多时候并不是自由贸易）的情况下实现经济崛起的[②]。这种不对称的全球化战略是发展中国家崛起为发达国家的一个基本历史规律。从这些国家的历史经验来看，当国家还处于落后状态的时候，如果与发达国家建立深度的全球化经贸关系，那么该国家的高端产业就会遭遇发达国家跨国公司的绝对控制，由于这些被控制的高端工业是价值链上最具有高创新率、高进入壁垒、高附加值和高工资的高收益环节，也是决定发展中国家能否实现富国裕民目标的关键环节。因此，如果丧失了对这些高端产业的控制权，那么发展中国家就只能沦为发达国家的附庸，而无法走上独立自主的经济崛起之路。与之相对应，如果发展中国家选择走另一条道路，即在注重保护国内市场的同时与比自己欠发达的国家实施自由贸易的深度全球化，就有可能依托比自己欠发达国家的价值链低端市场作为补充性市场空间，建立起独立自主的高端产业。因为在这个过程中，发展中国家能够一方面将这些合作国家变为工业原材料的采购地、过剩工业制成品的销售地以及过剩资本的输出地，另一方面经由这些欠发达的南方国家市场，在更加广阔的空间范围内与发达国家就原材料、商品和金融资产展开迂回

① 贾根良：《面向内需与新丝绸之路——环渤海经济发展新战略》，《经济理论与经济管理》2014 年第 7 期。

② 贾根良：《新李斯特经济学作为一个学派何以成立?》，《教学与研究》2015 年第 3 期。

的国际定价权争夺战。[①] 基于此，发展中国家能够依托南南国家之间的贸易合作，率先在高技术含量和高回报率的价值链高端产业中确立自己的领先优势，然后再与发达国家进行短兵相接的直面竞争，进军原本完全受发达国家跨国公司控制和垄断的高端产品市场，走出一条“外围包围中心”的经济崛起道路。

从理论基础上来看，这种“不对称全球化”战略的实施存在其重要性和必要性。就本质上来看，存在于崛起中的南方国家与已经处于发达状态的北方国家之间的竞争是一种系统之间的竞争，尽管部分崛起中的南方国家在与发达国家建立半隔绝、半脱钩的浅度全球化关系下仍然能够实现技术进步与赶超，但是，由于北方国家始终控制着高端产业的国际定价权，因此欠发达国家要想摆脱受制于发达国家的从属依附关系，就必须拥有由自己主导的广阔的国际市场，从而争取到与发达国家周旋国际定价权的谈判筹码。因此，与广大的南方国家市场进行结盟对于崛起中的国家来说至关重要，而与南方国家建立深度的全球化关系对于像我国这样的寻求突破的发展中国家来说更是极为必要的。

终端市场转换和南南贸易发展是近些年世界经济格局大变革下的新趋势，再加上近年来发达国家企业在“归核化”战略的指导下，将大批非核心业务的制造业环节外包给发展中国家，在通过精简业务范围获得高效率的同时，也放松了对发展中国家制造业的控制，这为我国依托广阔的国内市场建立独立自主的价值链高端产业，与南方国家发展紧密的全球化关系，走出一条“外围包围中心”的独特的经济崛起之路创造了极为有利的客观条件。在这种新的历史条件下，“不对称全球化”战略已经成为我国经济崛起的必然选择：首先通过广阔的国内市场建立起包含价值链高端的完整的国内价值链，其次在南南合作的前提下利用广大发展中国家辽阔的地理和市场空间构筑区域价值链，最后建立起以中国为龙头的全球价值链，逐步将制造业的国际定价权从北方发达国家手中抢夺过来。而对于广大的南方合作国家，我国可以通过技术转移的方式帮助它们进行产业转型升级，从而带动它们相继实现经济起飞。在此基础上建立出一套不同于以往的更加公平的国际经济新秩序，走出一条“外围包围中心”的经济全球化新道路。

2015 年 3 月，在海南博鳌亚洲论坛上，国家发展改革委、外交部和商务部联合发布了《推动共建丝绸之路经济带和 21 世纪海上丝绸之路的愿景和行动》，指出“丝绸之路经济带”和“21 世纪海上丝绸之路”（即“一带一路”）是中国为推动经济全球化深入发展而提出的国际区域经济合作新模式。共建“一带一路”的空间范围包括重点畅通中国经中亚、俄罗斯至欧洲，中国经中亚、西亚至

① 贾根良：《“农村包围城市”与中国不对称全球化战略》，乌有之乡，http://www.wyzxwk.com/Article/shidai/2015/06/346550.html，2015 年 6 月 25 日。

波斯湾、地中海，中国至东南亚、南亚、印度洋通道的“丝绸之路经济带”；重点方向是从中国沿海港口过南海到印度洋，延伸至欧洲，从中国沿海港口过南海到南太平洋的“21 世纪海上丝绸之路”。[①] 中国通过与周边发展中国家共建“一带一路”来完善经济全球化机制，尽可能避免其产生一系列的负面影响，既符合中国“走出去”的需要，也是让全球化惠及更多国家和区域的需要。总的来看，共建“一带一路”是中国版的经济全球化模式，是探索推进全球化健康发展的尝试，不仅重视南南合作的国际区域建设，而且顺应了终端市场重心转换到南方国家的潮流，开启了以南方国家需求为导向的新型贸易关系，可以说是“不对称全球化”战略在我国政策领域的初步试验和历史铺垫。

在上一节中我们曾提出我国要以南方终端市场为主导，遵循本土投资—（本地嵌入）—移民投资—（区域嵌入）—区域投资的所有权转化战略，重视依托南南合作的区域价值链发展阶段在整个价值链升级过程中的重要地位，走一条本土/国家价值链（NVC）—区域价值链（RVC）—全球价值链（GVC）的升级道路。这是在价值链分析框架下解决中国现实问题的新探索，是“不对称全球化”战略在全球价值链快速发展背景下的具体内涵，可以与我国当前的“一带一路”建设以及新发展格局构建相互呼应、共同作用，帮助中国寻找到一条既能实现价值链升级，又能实现经济崛起的对外经济发展道路。

① 刘卫东：《“一带一路”战略的科学内涵与科学问题》，《地理科学进展》2015 年第 5 期。

第四章　新发展格局下中国经济发展的战略转型

第一节　关税政策调整

OECD在2013年发布的名为《相互关联的经济学：从全球价值链中获益》（Interconnected Ecoromics：Benefiting from Global Value Chinas）的报告中曾针对增加值贸易所做的一系列新的理论突破，进行了贸易政策层面上的应用分析。该报告一方面承认，"在以全球价值链为特征的世界中，没有比当中间产品投入多次跨越边境进行贸易时，关税被累积叠加更为清楚的事实了。全球价值链的下游国家将首先为它们的进口投入支付关税，然后在对它们出口的总价值（包括了相同的进口投入）支付关税的时候再次对这部分进口投入支付关税"。[①] 但是，在另一方面，报告却有意或无意地忽视了增加值贸易所反映的关税累积叠加效应对全球价值链的上、下游国家所造成的程度上的差异，仅仅将注意力集中在价值链上各国由于对本国进出口商品加征关税所引起的全体国家贸易成本的提高上。在该报告看来，正是由于贸易成本在全球生产分割的背景下被放大，导致了下游国家累积关税负担水平的提高，从而削弱了终端市场上最终产品的价格竞争优势，因此，该报告力主价值链上的国家，特别是处于价值链下游的发展中国家进行关税自由化，以进一步推进贸易便利化。几乎在同时，以WTO、世界银行和世界经济论坛（World Economic Forum，WEF）为代表的各大国际组织在进行了一系

① OECD，"Interconnected Economics：Benefiting from Global Value Chains"，May 2013，http：//www. oecd. org/sti/ind/interconnected-economies-GVCs-synthesis. pdf.

列探索之后，也非常“默契”地发表了与 OECD 相类似的论调。[①] 总的来说，这些国际组织都将增加值贸易研究中的发现用于了敦促发展中国家实行关税自由化的政策主张。对此，我们下面将结合各国的实际贸易政策情况，质疑其政策主张，并表达我们对关税自由化进程中发展中国家处境的一些担忧。

首先，在 OECD 发布的有关国际贸易的报告中，有研究结果表明，如果从针对总出口征收的名义关税层面上来看，中国制造业在 2009 年的时候仅仅面临着 4 个百分点左右的关税税率，这与美国、英国和荷兰基本持平，甚至比日本和欧盟还要低，然而经过换算后，即从针对国内增加值征收的有效关税层面上来看，中国的关税骤然升至了 17 个百分点，所承受的关税负担成为所列举国家中最重的。而且，这种情况在农业领域内表现得更为明显，2009 年中国农业所承担的有效关税税率大约高达 34 个百分点。中国的实际关税负担远高于同时期美国所面临的 4 个百分点（制造业）和 19 个百分点（农业）的关税税率。[②] 这说明，中国的出口商在与美国进行的双边贸易中，面临着一种在低名义关税表象下承受高有效关税负担的不利处境。与此同时，美国所采取的一系列针对中国的所谓反保护主义措施使中国的这种关税困境雪上加霜。中国在承受来自发达国家的舆论谴责和反关税保护的压力的同时，也无法从目前的关税保护结构中获得实质性的保护效应。然而，以美国为首的发达国家却处于一种截然相反的状态，它们对发展中国家表面上的（名义）关税水平优势进行强烈谴责，对中国采取各种反倾销反保护措施，却同时享受着有效关税对本国的高度保护。

其次，以 OECD 为代表的国际组织虽然承认发展中国家承担的累积关税负担较重，但却认为这主要是由于发展中国家自身设置的关税壁垒造成的，因此要求发展中国家降低关税。确实，由于发展中国家作为全球价值链的下游国家（从事加工组装活动），在它们的出口中涵盖了比上游国家（从事研发设计、提供原材料）更高份额的国外增加值，因此，它们对上游国家征收的关税会引起其中间投入品进口价格的上升。在 OECD 等国际组织看来，由于进口这些国外增加值，下游国家的进口商成为了关税负担的间接承担者，进而引起本国企业出口产品的价格上扬，最终削弱本国产品在国际市场上的竞争力，对本国经济产生一系列的不利影响，这意味着对于越是处于全球价值链下游的国家，其产品中所包含的国外增加值比例越高，而该国在国际贸易中设定的关税壁垒对于本国出口商的国际竞

① Borrowman M and Milberg W，Trade Policy and Global Value Chains：Beyond the Liberal/Developmental Divide，New York：The New School-University of Massachusetts Amherst Economics Graduate Student Workshop，2013.

② OECD，“Interconnected Economics：Benefiting from Global Value Chains”，May 2013，http：//www.oecd.org/sti/ind/interconnected-economies-GVCs-synthesis.pdf.

争力就会产生越严重的负面影响。基于此，OECD 等国际组织认为中国等发展中国家作为全球价值链的下游国家，应该积极参与关税的自由化进程，降低对上游发达国家的关税壁垒，从而增强本国企业的国际竞争力。但是，在对发展中国家提出了如此明确的政策建议之后，各大国际组织却没有对发达国家做出任何明确的战略部署，几乎默认了发达国家已经达到关税自由化的标准，这就等于在默许发达国家保持当前关税水平不变的情况下，要求发展中国家单方面进行关税下调。

乍一看，OECD 等国际组织的上述建议似乎是很有道理的。但是，这种建议只是从表象上而不是从发展中国家承担的累积关税负担最重的根本原因上得出的。实际上，发展中国家在全球价值链中所获得的国内价值增值最低，但面临的累积关税负担却最重，其原因主要是上游国家和最终产品进口国对其产品征收的关税。以中国作为 iPhone 手机最终组装国为例，中国每出口 1 部 iPhone 手机能够获得 6.54 美元的国内价值增值，按照 2009 年中国制造业总出口所负担的 4%名义关税计算，中国每出口 1 部 iPhone 手机（194.04 美元），按其出口价值计算，平均要给其进口国支付 7.76（194.04×4%）美元的关税，关税负担已超过了其国内价值增值。由此可见，越是处于全球价值链下游的国家，国内附加值越低，累积关税放大效应就越大，其累积关税负担程度也就越大。反之，越是处于全球价值链上游的国家，也是发展中国家低端组装产品进口越多的国家，其累积关税负担就越轻。按照 OECD 等国际组织贸易便利化的原则，累积关税负担轻的国家应该降低对累积关税负担重的国家征收的关税水平，而不是相反。因此，在全球价值链上关税减让程度的正确原则应该是以各国获得国内附加值和累积关税放大效应为基准：国内附加值越高，累积关税放大效应越低的国家，关税减让程度就应该越大；反之亦是。按照这个原则，由于发达国家在全球价值链中所获得国内附加值最高，累积关税放大效应最低，因此其关税减让程度也应该最大，而不应该像 OECD 等国际组织所建议的那样：发达国家保持当前关税水平不变，发展中国家单方面进行关税下调。以 iPhone 手机为例，正确的关税减让程序应该是：以 iPhone 手机最终组装国现有关税水平不变为基准，依次上溯其价值链上游各国，关税减让程度逐步增加。

最后，退一步说，即使发达国家愿意和发展中国家一起参与关税自由化进程，将目前这种发达国家与发展中国家之间的关税不平等待遇在表面上抹平，那么，这是否会有利于中国等广大发展中国家的发展呢？我们认为，答案是否定的。对于发达国家来说，由于其处于价值链高端的资本密集型、知识密集型产品的生产受到技术专利、知识产权、不完全竞争和其他非关税壁垒的保护，关税自由化甚至零关税均不会损害其国际竞争优势。但对发展中国家来说，由于其价值链高端不具有发达国家这些非关税壁垒方面的保护，我们很难想象在失去了关税对于高质量生产活动保护的情况下，发展中国家将如何实现高端产品核心技术和关键零部件的自主创新。这样的关税自由化，势必给发展中国家的产业升级造成不可估量的压力和困难，从而使其长期固化在“担水劈柴”的价值链低端位置上。以 OECD 为代表的国际组织之所以把发展中国家沉重的累积关税负担归因于发展中国家征收的关税，进而向发展中国家提出推进关税自由化的政策建议，原因就在于它们基于比较优势理论，仅考虑了价格和数量等方面的静态贸易利益，但却完全忽视了技术进步、产业升级、报酬递增等对发展中国家产业升级更为重要的动态贸易利益。

近年来，继续推进我国产业结构的优化调整和转型升级是经济新常态下国家贯彻和执行的政策方针，其目标就是要实现中国的国际分工地位从价值链低端向高端的升级和转变。主流观点认为，这种产业升级应该是在继续坚持自由贸易原则的前提下，遵循我国的比较优势，从全球价值链的低端嵌入，然后逐步从低端向高端攀升。但是，已有的增加值贸易研究却为我们展现了一盘中国贸易目前所面临的艰难棋局——中国版国际分工陷阱。中国现阶段仍然以加工贸易为主，处于全球生产体系的底端，从事着低附加值的生产环节，而知识密集型和技术密集型的高附加值中间产品则大多依赖进口，对发达国家具有较高的依赖性，中国“担水劈柴”的国际分工地位并没有改变；对外贸易的迅速增长以及贸易结构的“表面”升级也并没有提升垂直分工下我国专业化生产阶段的价值链属性，中国企业被锁定在了由跨国公司主导的全球价值链低端而面临升级困境；中国企业通过低级生产要素换来的巨额贸易顺差基本上是一种“统计的幻觉”，贸易中的价值增值分配更倾向于发达国家；加工贸易主导的贸易结构导致中国生产性服务业的落后，严重阻碍了中国的产业升级之路。① 中国面临的这种产业升级困境在本书所揭示的关税结构扭曲效应作用下进一步恶化了：作为全球生产链下游的国家，中国不仅无法获得高额的国内增加值收益，而且必须承担与国内增加值增长完全不对等的关税负担。这种在现代贸易中处于低国际分工地位又被加上沉重关税压迫的情况，严重制约了中国的自主创新进程，使得我国产业价值链的功能升级前景被蒙上了一层“关税”阴影。

历史经验表明，对处于追赶阶段的发展中国家来说，市场重于技术。虽然中国并非战略性新兴产业的技术领先国，但是拥有与美国同样广阔的国内市场，这是我国抓住第三次工业革命历史机遇、实现经济赶超的天然优势。因此，产业价值链的高端作为高质量生产活动，亟须获得我国政府的有效保护，同时也需要通

---

① 沈梓鑫、贾根良：《增加值贸易与中国面临的国际分工陷阱》，《政治经济学评论》2014 年第 4 期。

过我国广大的国内市场加以培育。而要想保护国内市场，关税保护政策仍是一种有效的政策工具。我们之前的研究已表明，在全球价值链的利益分配格局中，处于生产链下游的发展中国家遭受了不公平的关税待遇，而且在发达国家和国际组织推动的以关税削减为中心的自由化进程中，发展中国家实际上是最大的利益牺牲者。因此，未来中国不仅不能放弃对关税的掌控权，而且应该更加强化关税对本国价值链高端产业的保护程度。经济史告诉我们，前两次的工业革命都是爆发在那些当时大力推行贸易保护主义政策的欠发达国家中的，即使是超级大国美国，它也始终未曾放弃对国内弱势产业的特殊保护，主要是因为这些产业的发展对美国在第三次工业革命中领先地位的争夺起到至关重要的推动作用。[①] 而对于中国来说，处于价值链高端的战略性新兴产业正是我国目前的弱势产业，同样需要政府有效的关税保护和广阔的国内市场支持，以使新技术革命相关的创新活动获得发展空间，也只有这样才能让国内从事价值链高端环节的企业在激烈的国际竞争中占有一席之地，为我国的产业转型升级争得机会。因此，保护国内市场，以价值链高端为核心，建立独立自主的国家价值链，是我国实现国际分工地位转型升级和第三次工业革命跨越式发展的未来之路。

第二节 出口导向型经济发展模式转变

生产性服务业（Producer Services），最初也称生产者服务业，一般是指那些生产中间投入品而非最终消费品，主要为制造业提供各种生产性服务的行业。随着产业部门间分工与合作关系的深化，现在通常特指那些从制造业部门分离出来专门为装备制造业提供服务的产业。贾根良和刘书瀚的研究表明，由于生产性服务业覆盖研发和设计等高技术核心业务，因此在全球化的系统整合进程中，是否控制着生产性服务环节是全球公司能否通过系统整合掌握整个全球价值链的关键。[②] 因此，全球公司对知识密集型和资本密集型的生产性服务领域和环节始终都保持着垄断和支配的权力，以保证对整个全球价值链的绝对控制。新李斯特主义认为，在全球价值链分解的新国际分工背景下，同一产品的不同生产环节被分布于不同的国家，使得原来具有高创新率和高附加值回报率特征的加工和组装等

① 贾根良：《不要陷入迷信“自由贸易”的误区》，《经济导刊》2014 年第 10 期。

② 贾根良、刘书瀚：《生产性服务业：构建中国制造业国家价值链的关键》，《学术月刊》2012 年第 12 期。

制造业环节出现了“去创新”和“去报酬递增”的现象，这意味着仅仅参与以这些环节为主的制造业活动已经无法再在当下让后进国家真正实现经济崛起了。因此，对于发展中国家来说走工业化道路可以实现富国裕民的经典原则应该随着价值链的分解细化和迅速发展修正为进口低端产品、出口高端产品的新经济发展原则，而在这个过程中能否控制涵盖核心技术的生产性服务业对于发展中国家最终能否实现经济崛起发挥着至关重要的作用。

但是，我国目前的国情是生产性服务业严重滞后，这导致我国的制造业和服务业贸易条件长期恶化。究其原因，主要根源于我国的出口导向型经济发展模式。在出口导向型经济发展模式的引导下，我国凭借低廉的劳动力比较优势嵌入由发达国家跨国公司主导的全球价值链，大力引进外国直接投资，进口高端产品并出口低端产品。于是，“我国本土产业被跨国公司的全球价值链压制在加工制造环节导致了生产性服务业的大幅萎缩；大量进口机器设备抑制了国内生产性服务业的发展并导致生产性服务贸易逆差不断增长；来自外资的控制严重影响了我国生产性服务业的发展”[①]。针对上述情况，本章认为，我国要想摆脱被压制在全球价值链低端的不利局面，就应该改变从价值链低端融入由发达国家跨国公司主导的全球价值链的传统路径，转而从价值链高端入手，为发展生产性服务业创造有利条件。具体措施包括：压缩加工贸易的比例，为国内资本品工业腾出需求空间；发展高端产业，使高低端产业之间能够相互提供市场，实现国民经济的平衡发展；重视对资本品工业高端产品的进口替代，提高装备制造业的自主创新能力等。

总之，转变我国出口导向型的经济发展模式，加快本土服务业的发展，特别是生产性服务业的发展，以服务业带动制造业，以前者的创新带动后者的创新，是提高我国在全球价值链上的位置，构建独立自主的制造业国家价值链，实现我国产业升级的关键，应该成为我国提高国际分工地位的重要政策。

---

① 刘书瀚、贾根良、刘小军：《出口导向型经济：我国生产性服务业落后的根源与对策》，《经济社会体制比较》2011 年第 3 期。

下篇

创新型国家建设的国际经验与中国实践

新国际分工导致的贸易失衡与分工陷阱给中国产业的转型升级带来了严峻的挑战。为了抢抓新一轮科技革命和产业变革中的创新机会窗口，推动产业链向全球价值链中高端迈进，我国应注重发挥政府在科技创新与产业技术能力积累中的积极作用。进入新发展阶段，增强我国产业链自主可控能力，实现产业转型升级的突破口在于掌握关键核心技术。新发展格局下，我们可以借鉴美国等发达国家在创新型国家建设中的经验教训，吸收演化经济学中产业政策研究的进展，制定以促进产业技术创新能力积累为核心的现代产业政策体系，助推中国的科技创新与经济高质量发展。本篇在比较视域下分析总结发达国家在创新型国家建设过程中的国家创新体系模式经验作为参照，通过回顾中国共产党领导下的中国百年科技发展史，认为党中央制定的科技政策和创新战略是新中国走向自主创新、进入创新型国家行列的重要指引。“十四五”时期，在新发展格局下，以实现自主创新和经济高质量发展为目标制定创新驱动经济发展战略，不断完善以创新政策为核心的现代产业政策体系，是我国坚持走中国特色自主创新道路，实现高水平科技自立自强，跻身创新型国家前列的必然选择。

第五章　主要发达国家创新体系比较研究

国家创新体系（National Innovation System）理论框架是基于创新经济学家克里斯托夫·弗里曼（Christopher Freeman）于1987年首次提出的“国家创新体系”这一概念，后来经伦德瓦尔（Lundvall）等30多年的发展，逐渐形成的一种有效分析框架。国家创新体系的概念源于熊彼特的创新经济学说和李斯特的国家学说，其前提假设认为对创新主体之间关联的理解是提高技术绩效的关键，创新和技术过程是创新主体生产、分配与运用多种类型知识过程中所产生的复杂关系的集合。因此，国内创新主体以及作为知识创造与技术运用的集合系统的基本要素在多大程度上相互依存，决定了一个国家创新绩效的高低。

国际上对于“国家创新体系”概念的界定，除了强调这是一个交互的系统网络之外，至今没有形成一个普遍接受的定义，早期有学者给出如下几种定义：第一，存在于那些开创、引进、调整与扩散新技术活动并产生交互关系的公共与私人部门之间的制度网络[①]；第二，在国家边界之内，新的经济有效知识的生产、扩散与使用过程中进行交互的基本要素与关系的集合[②]；第三，那些决定国家企业创新绩效的交互关系的制度集合[③]；第四，那些决定一国技术学习效率和方向的国家制度[④]；第五，由企业、大学和研究机构构成，从事知识和信息的生产、分配及使用的系统协同网络[⑤]。从20世纪90年代后期开始，一批从事创新

---

① Freeman C, *Technology Policy and Economic Performance*: *Lessons from Japan*, London: Pinter Publishers, 1987.

② Lundvall B A, *National Systems of Innovation*: *Toward a Theory of Innovation and Interactive Learning*, London: Printer Publishers, 1992.

③ Nelson R, *National Innovation Systems*: *A Comparative Analysis*, Oxford: Oxford University Press, 1993.

④ Patel P and Pavitt K, “The Nature and Economic Importance of National Innovation Systems”, *STI Review*, No. 14, 1994, pp. 9-32.

⑤ OECD, *National Innovation Systems*, Paris: OECD, 1997.

体系研究的学者将研究内容逐渐拓展到复杂性动态网络系统[①②]、绩效测算评价体系[③]以及后发国家制度转型[④⑤]等研究方面。

纵观国内有关国家创新体系的研究[⑥⑦⑧]，主要集中在科技管理领域，着重于对创新体系理论的阐释引进和国家政策的基本介绍，较少有针对各国国家创新体系历史演进进程的研究，并且缺少对引起各国创新绩效和竞争优势不同的内在制度机理进行深入分析。基于此，本章将在演化经济学与比较历史经济学的理论框架下，对美国、日本、德国三国的创新体系进行国别比较，通过对各国创新体系的制度演进进行历史透视，完成对美国、日本、德国三国创新体系的特征总结，然后尝试从三国创新体系的演进过程中，总结出一些规律性的经验，为中国的国家创新体系构建与完善提供启示借鉴。

第一节　美国、日本、德国国家创新体系的基本情况

美国、日本、德国作为先进的科技强国，在国家创新体系的形成与发展之路上走在世界的前列，就其基本概况来说，这三个具有代表性的发达国家所具备的创新体系构成如图 5-1 所示。

一、美国创新体系情况

美国的国家创新体系是一个由各级政府、企业、高校、联邦科研机构与非营利性科研机构以及中介机构等共同构成的高度成熟的“官产学研”网络，各类

① Etzkowitz H and Leydesdorff L, “The Dynamics of Innovation: From National Systems and ‘Mode 2’ to a Triple Helix of University-Industry-Government Relations”, *Research Policy*, Vol. 29, 2000, pp. 109-123.

② Dercole F, Dieckmann U, Obersteiner M, et al., “Adaptive Dynamics and Technological Change” *Technovation*, Vol. 28, 2008, pp. 335-348.

③ Nasierowski W and Arcelus F J, “On the Efficiency of National Innovation Systems” *Socio-Economic Planning Sciences*, Vol. 37, 2003, pp. 215-234.

④ Hu M-C and Mathews J A, “National Innovative Capacity in East Asia”, *Research Policy*, Vol. 34, 2005, pp. 1322-1349.

⑤ Lundvall B A, Intarakumnerd P, and Vang J, *Asian Innovation Systems in Transition*, Cheltenham, UK: Edward Elgar Cheltenham, 2006.

⑥ 郑小平：《国家创新体系研究综述》，《科学管理研究》2006 年第 4 期。

⑦ 张俊芳、雷家骕：《国家创新体系研究：理论与政策并行》，《科研管理》2009 年第 4 期。

⑧ 刘志春：《国家创新体系概念、构成及我国建设现状和重点研究》，《科技管理研究》2010 年第 15 期。

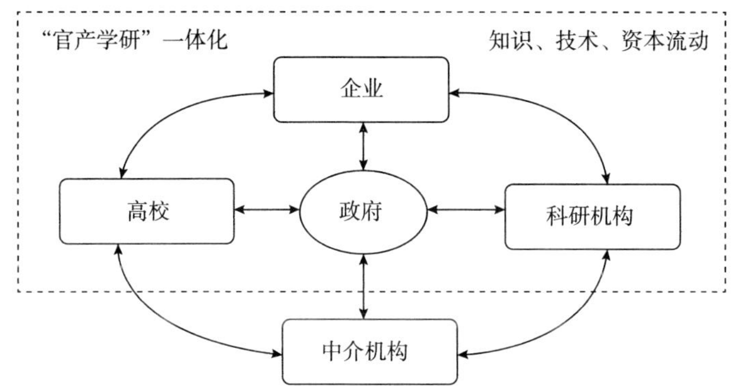

图 5-1　发达国家创新体系基本结构

机构间互为补充，高效协同，形成紧密的配合。美国的这种创新体系构成反映出美国实际采取的是一种基于政府、高校（包括科研机构）和产业界三者互动协同、相互合作而形成的所谓"政府—高校和科研机构—产业界"三线螺旋体创新模式，其中，政府通过各类产业政策发挥着实质性的主导作用，只不过在很多情况下，这种政府对创新活动的主导和支配作用在美国倡导的"市场原教旨主义"舆论掩盖下被有意或无意地"隐形"了，表现出来的多是由市场机制自发调节而成的创新成果。

在美国的国家创新体系中，企业无疑是从事创新活动的重要角色，承担着创新过程中的大量环节，大约 3/4 的研发活动是由企业研发部门完成的，3/4 的研发人员也集中在企业研发部门。此外，企业研发机构还吸引了全美 70%左右的研发经费。在科技发展的早期，美国的大型企业在企业的研发活动中始终占据着举足轻重的地位，诸如贝尔实验室这样的企业研发机构在推动人类科技进步方面就做出了卓越贡献，而自 20 世纪 70 年代开始，美国的中小企业开始活跃，研发活动显著增加，尤其是在硅谷、波士顿等高科技产业集聚区，大量科技型中小企业展现出蓬勃的创新活力。

美国各级政府在创新体系中所起的作用不仅仅局限于国内传统研究①②③所认为的那样以弱干预方式引导、协调以及支持各创新主体活动等功能，而是包括通过向有潜力的科技团队和创新项目提供有针对性的资源、开放式窗口、充分的技

① 周琪、徐修德：《试析美国国家创新体系的现状及特点》，《山东教育学院学报》2005 年第 3 期。
② 董金华：《美国国家创新体系三大主体角色新动向的启示》，《科学学研究》2005 年第 5 期。
③ 杨东德、滕兴华：《美国国家创新体系及创新战略研究》，《北京行政学院学报》2012 年第 6 期。

术经纪和商业经纪服务以及有效的促长阶段，来发挥其发展型政府的作用。[①] 美国政府一方面加大对高校和科研机构的财政资助，通过制定各种创新政策和法律法规，如《美国专利法》和《大学与小企业专利程序法》（俗称《拜杜法案》），为整个国家创新体系的运行创造良好的制度环境和便利的投融资渠道，另一方面通过设立一批如美国国防部高级研究计划局（DARPA）和美国航空航天局（NASA）这样强有力的国家安全政府机构，赋予其帮助美国维持科技创新战略领先地位的使命，专门从事那些高风险、高难度的颠覆性原始创新活动，并由政府负责在极不确定的情况下承担这些具有市场开拓性科研项目的巨大风险，塑造并创造新技术部门和市场，实际成为美国创新体系背后"隐形的"最大风险承担者和创新者[②]。

高校和科研机构是美国科学技术领域基础研究和应用研究的重要基地，前者身兼知识传播与人才培养的重任，后者则是包括联邦科研机构与非营利性科研机构两类，分别承担着国家安全方面的技术攻关与公共利益方面的相关研究。美国高校不仅是创新人才的培育摇篮，而且还是国内大约80%基础研究的项目负责基地。科研机构方面，以美国国防部高级研究计划局（DARPA）、美国国立卫生研究院（NIH）、美国国土安全部先进研究计划局（HSARPA）为代表的联邦科研机构主要从事国防军事领域相关的基础性研究，而以斯坦福研究所（现为斯坦福国际咨询研究所）、兰德公司等为代表的非营利性研究机构，则主要关注与美国经济社会发展相关的民生问题，更多地参与具有市场化潜力的应用项目研究。

在美国，还有着各种功能的中介服务机构，如风险投资公司、技术转让公司、信息咨询公司等都已经越来越多地融入到美国的国家创新体系之中，充当着"官产学研"之间互通有无、联络协调的"桥梁"媒介，有效地促进了创新主体之间的密切合作，加快了科研成果的转化，提高了资本的投资回报率。

二、日本创新体系情况

日本的国家创新体系是一个由政府、企业、高校、科研机构四类创新主体相互融合，逐渐形成的"官产学研"一体化科技创新体系，其中，政府通过科技政策与科技决策机制进行强有力的政策干预，这是一种在政府强干预下的"政府主导型创新体系"。

---

① 弗雷德·布洛克：《被隐形的美国政府在科技创新中的重大作用》，张蔚译，《国外理论动态》2010年第6期。

② 玛丽安娜·马祖卡托：《创新型政府：构建公共与私人部门共生共赢关系》，李磊、束东新、程单剑译，中信出版社2019年版。

作为日本国家创新体系的绝对主导者，包括内阁府、12个省厅在内的日本政府机关，通过设立日本综合科学技术创新会议（CSTI）等咨询机构，制定和实行一系列科技、法律和经济政策措施，积极引导并大力扶持各类与技术进步相关的创新活动。在创新体系中，日本政府主要通过如下几种途径发挥强干预作用：第一，为企业的创新活动提供财政资助和制度支撑；第二，在战略布局中，强调教育的重要性，加大力度支持培养创新人才；第三，组织和引导专门的科研机构参与跨越基础领域与应用领域的整合研究；第四，通过制定和发布科技政策和创新战略，规划和布局新兴产业和科技发展方向；等等。日本的企业研究机构以私营企业为主，在日本“官产学研”一体化的科技研发体系中，是承担产业技术创新以及资金投入的核心主体，它们提供了日本全部研发经费的60%以上，侧重于产品的“改良型研发”，占据了二战后日本成功研发的128项专利技术中的89项。日本的高校和国立科研机构统称为公共研究部门，是日本国家创新体系的第三大创新主体。这些高校和科研机构不仅为社会培养大批人才和优秀工程师，充当着知识和技术传播的媒介，而且其本身也具备很强的科研能力。日本的高校及其附属机构是从事基础科学研究的主力军，而国立科研机构则按部门划分，如基础性研究项目主要由文部科学省（Ministry of Education，Culture，Sports，Science and Technology）负责，而应用性研究工作则主要由其余各省厅附属的机构承担。

三、德国创新体系情况

德国的国家创新体系是一个建立在联邦制政治和市场经济基础之上，由政府、企业、高等院校、公立研究机构、科研服务机构共同构成的分工明确、配套齐全、科研体系结构完整的“官产学研”创新体系。

德国创新体系的高效运转与成功发展离不开政府、产业界、学术界与社会各界不同参与者之间相互协调、严谨配合的体系构造。其中，政府是德国研究与创新的重要资助者和协调者。德国联邦政府和州政府长期以来一直为德国的基础研发活动提供持续性的科研经费支持。由企业组成的产业界是德国科研与创新活动最主要的资助者与执行者，它们不仅资助企业内自主设立的研究性项目，而且还支持与高等院校等合作的一些研发活动。德国的高校与科研机构是国家科研活动的执行主体，除了综合性大学、理工大学、应用科技大学等传统高校外，由联邦政府和州政府共同资助的德国四大科学研究机构，也都是德国科技创新的主要参与者。此外，德国还拥有多家凭借自有资本或公共资金参与科研项目的科研服务机构，承担政界、产业界与学术界之间的服务中介，如德国科学基金会、德国科学资助者协会等机构就长期充当政府与学术界之间的沟通桥梁，而德国工业研究联合会（AiF）则是产业界与学术界之间的有机连接点。

美国、日本、德国国家创新体系内部分工情况如表 5-1 所示。

表 5-1　美国、日本、德国国家创新体系内部分工情况

创新主体	美国	日本	德国
政府	“隐形的”最大风险承担者和创新者	实行强干预政策的绝对主导者	研究与创新的重要资助者和协调者
企业	从事创新活动的主要角色	承担产业技术创新及资金投入的核心主体	科研与创新的最主要资助者与执行者
高校	身兼知识传播和人才培养的重任	培养人才、从事基础科学研究的主力军	从事科学研究、制定并执行科研政策，以及进行资金分配
科研机构	从事国家安全相关的基础研究和具有市场化潜力的应用研究	按部门分工，从事各领域的科学研究工作	参与科研项目、充当服务中介
中介服务机构	促进创新主体合作的“桥梁”媒介	—	—

第二节　美国、日本、德国国家创新体系的特点

美国、日本、德国的国家创新体系都属于比较发达的创新网络体系，不仅具备系统性、经济性和创新性等创新体系的一般特征，而且由于美国、日本、德国在创新体系形成过程中曾经出现过的一些特殊的历史因素，使得这三个国家的创新体系还具备了一些自身独特的特点，而这些特点又与各个国家的创新政策历史演进过程有着密不可分的关联。

一、美国国家创新体系的特点

美国的国家创新体系发展史是一个不断改进与成熟的过程，大致可以分为五个阶段：第一阶段，从 1776 年美国独立至二战前为国家创新体系的奠基时期；第二阶段，二战至 20 世纪 60 年代末为国家创新体系的初步形成时期；第三阶段，20 世纪 70 年代初至 80 年代末为国家创新体系的调整改革时期；第四阶段，20 世纪 90 年代初至 21 世纪初为国家创新体系的逐渐完善时期；第五阶段，21 世纪初至今为国家创新体系的创新引领时期。作为一个实力强大且高效运作

的创新系统，美国国家创新体系具有一些自身的特征和优点，具体如下：

第一，私营企业长期充当创新主体，创新体系的系统协调性强。美国建国初期的科技政策，如 1790 年出台的《美国专利法》就曾为其国内的私营业主发展成为早期的国家创新主体提供了制度上的支撑和保障。自 20 世纪 40 年代开始，私营企业研发费用占到全国研发费用的 2/3，而政府通过各种政策营造自由开放的制度环境以支持、保护和鼓励私营企业的研发活动。在这之后，无论是初步形成时期、调整改革时期，还是逐渐完善时期、创新引领时期，美国的私营企业始终充当着国家创新活动最主要的创新主体，承担了大量应用领域的研究以及民用技术的开发。转折点出现在 20 世纪 70 年代，美国接连遭遇两次石油危机的冲击，同时遭遇对外贸易赤字上升和国内生产率下降等困境，国内许多大企业开始失去绝对的垄断优势，自此，美国政府的关注点从大企业开始转向从事高风险、高收益的中小型科技企业。1980 年通过的《大学与小企业专利程序法》（即《拜杜法案》）、1982 年启动的“小企业创新研究计划”（SBIR）和 1992 年实行的“小企业技术转移计划”（STTR），不仅为中小企业的研发活动提供了资金支持，而且为企业之间的研发合作活动放宽了各项限制，美国的中小企业对科技进步的贡献日益凸显。美国创新体系的一个重要特征是，企业始终是国内创新活动的主体，并且，由于受到法律法规和科技政策的支持，创新主体之间甚至创新主体内部的系统协同性很强，人才、技术和资本等创新资源能够在合作的企业之间高效流动，企业与政府之间的多边合作也日益增多。

第二，政府发挥“隐形的”关键性作用，兼具风险承担者与创新者的角色。从美国独立初期开始，整个美国国家科研体系的建立都离不开政府的政策支持和资金资助。特别是在二战后，整个军民融合创新体系的战略部署和机构设置都是在美国政府的主导下完成的。美国政府始于二战的国防投资所催生出的卫星、互联网等技术突破，在完成国家国防军事领域的需求之后，受“军民一体化”战略的引导，在之后的几十年间，逐渐在民用领域的航天、电子和材料行业内普及并促使其革新技术。对于这些具有远大影响的重大技术突破，政府主导的国家安全政府机构具有独一无二的战略前瞻性，如 1958 年成立美国国防部高级研究计划局（DARPA）和美国航空航天局（NASA），它们既承担了早期成果成败的重大风险，也作为先行的创新者从事了大量的原始性创新活动。

第三，创新环境高度完善，具有良好的可持续发展能力。经过 200 多年的创新体系发展，美国各方面的创新条件都非常优越成熟：其一，拥有世界一流的教育体系，如著名的常春藤联盟，以及位于科技中心硅谷的斯坦福大学等，其培养的创新人才数量和质量都是其他竞争国难以匹敌的。其二，拥有健全的科技立法体系和知识产权制度，自知识产权被写入美国宪法开始，美国政府逐渐出台的数量众多的反托拉斯法、科技法、专利法等为美国的创新活动营造了良好的制度环境，特别是鼓励了私营企业和个人创新的积极性，推动了科技成果的产业化。其三，拥有完善的创新基础设施，美国长年重视基础设施的建设，重大举措如1993年美国克林顿政府推出的“国家信息基础设施计划”（National Information Infrastructure，NNI），通常被称作“信息高速公路计划”。其四，拥有完善的资本市场，发达的中介服务机构配合“小企业创新研究计划”（SBIR）等计划的实施，为私营部门从事创新活动提供了良好的融资渠道。

二、日本国家创新体系的特点

日本自二战以后至20世纪80年代末和20世纪90年代至今这两个时期，先后经历了“技术追赶”与“技术领先”两个历史发展阶段。[①] 具体来说，二战后的日本国家创新体系具有如下几个特征：

第一，强大而有力的政府主导作用。二战后，日本作为战败国，政治上被美国占领，军事被强行实行非军事化，经济上经过战争破坏，基本处于瘫痪状态，其与西方发达国家之间的经济技术水平差距进一步拉大。此时的日本作为追赶型经济体，为了实现以“技术追赶”为核心的战略目标，形成以强势政府为主导的国家创新体系，开始推行强干预的创新政策。在二战后初期，日本政府在贸易上采取了保护主义的政策，对国外产品进行进口替代和限制，在技术上，为了缩小与西方发达国家的差距，采取了外汇管制、税收优惠、金融扶持等宏观调控政策，大力支持先进技术的引进和装备制造的革新。20世纪60~80年代，日本政府抓住以“模块化”生产为特点的科技革命浪潮的机遇，有效利用放大的“创新机会窗口”，一方面对专利进行弱保护，构建有利于国内进行反向工程的政策环境；另一方面在引进、消化、吸收的基础上进行大规模的模仿创新，大大增强了本国的创新能力，实现技术水平上的赶超。[②] 自20世纪90年代开始，日本进入“技术领先”阶段，日本政府转而开始更多地鼓励原始性创新，提出实施“新技术立国”和“科学技术立国”战略，相对于应用研发，大幅增加在基础研发上的投入比重，配套调整技术创新政策，完善科技立法，鼓励开发性发明并对专利采取强有力的保护措施，通过促进大学和国立研究机构将技术创新成果向企业转移，允许大学、国立研究机构和企业之间人员的流动，进一步密切产学研之间的关系，以强化各创新主体之间的合作，提高国家创新体系的整体效率。

第二，适合日本本土特色的企业制度创新。在二战结束后的“技术赶超”

---

① 梁洪力、王海燕：《日本创新体系的演进特征及启示》，《环球视野》2014年第7期。

② 王晓蓉：《国家创新体系的比较与创新型国家建设》，经济管理出版社2014年版。

初期，日本企业没有照搬西方的生产与管理方式，直接将“福特模式”引入国内，而是选择基于本土的特点，将“福特模式”与弹性生产方式结合起来，创造了更适合日本企业创新的“丰田制”生产方式，这种组织模式由三个基本要素构成，即灵活性、质量控制和最低程度的消费。日本企业的这种制度创新，让它们能够有效组织多品种、中小批量的生产，而且由于它的及时化生产（Just-in-Time，JIT），即“只在需要的时候，按需要的量，生产所需的产品”，使库存最小化甚至无库存，避免了生产过剩所带来的劳动力浪费，从而提高了企业的生产效率和创新效率。

第三，从应用导向型研发体制向强调基础与应用研发并重的科研体制转变。在“技术赶超”阶段，日本的科研经费主要由企业承担，由于企业主要从事投资周期短、回报见效快的应用型研发活动，且这一阶段日本国内的研发重点主要集中在以“反向工程”为核心的引进消化吸收再创新上，在科研上形成应用导向型体制。1989 年，随着日本泡沫经济破灭，国内经济低迷，日本大企业为摆脱困境，更多地从事短期应用开发，而较少投入基础研究和原始性创新。在日本进入“技术领先”阶段以后，为了改变这种局面，日本政府开始注重为具有原始创新潜力的中小企业创造良好的制度环境，在 1998 年设立“中小企业技术创新制度”，对新建企业实行税务免除制度。进入 21 世纪以后，日本更是开始强调基础研究和新技术研究的重要性，技术创新重点从引进消化吸收再创新向自主技术开发的原始创新转变，逐渐形成基础与应用研发并重的科研体制。

三、德国国家创新体系的特点

自 1871 年德国统一之后，德国工业体系及福利体系迅速发展，成为后崛起的欧洲工业国家。虽然，德国作为一战和二战的发起国和战败国，其政治体系经历过多次裂变和冲击，但是，德国的创新体系仍然具有一定的稳定性，而且随着国家创新文化的丰富而逐渐趋于成熟和完善，其具体特征如下：

第一，公共科研体系构建完整，内部分工明确且定位清晰。德国在国家科技创新能力上的重视可谓历史悠久，在创新体系上的建设也较为系统完善。早在 19 世纪，德国就成立了现代大学、以马普学会为代表的混合型科研机构，以及如西门子、巴斯夫、戴姆勒等在内的工业龙头企业，这些部门构成了德国早期的研发体系，由于它们的非官方性质，在一定程度上具有抵抗外部政治因素扰动的能力，这使得德国即使经过两次世界大战的洗礼和冲击，其创新体系都得到了较好的保留。20 世纪七八十年代，德国的科研体系进一步得到完善，如 1974 年成立了由联邦总理和各部部长组成的内阁教育、科学和技术委员会等。如今的德国公共科研体系已经发展成为由四大非营利性科研机构、公立科研机构和高等院校共同组成的完整体系，各类机构分工明确，职能功能定位非常清晰，在不同学科领域各有分工。公共科研机构从事对产业发展起关键性作用的基础技术开发，而高校则主要肩负着培养创新人才的重任，同时兼具一定的科学研究能力。

第二，人才培养机制完善，双重教育体系独具特色。德国的科技发展水平早在20世纪初就已经走在世界前列，从德意志第二帝国到魏玛共和国期间就吸引了许多国际科研人才，外国人在德国申请专利比率一度达到35%。德国创新体系的人才培养机制相当完善，独树一帜的是德国的高等院校和职业技术学校在人才培养方面各司其职，互为补充。高等院校主要培养的是基础研究和应用技术研发人才，职业技术学校则以培养职业技术人才为主要职责，这使得各个层次的科技人才都得到了充分的教育和培养，既节约了教育资源，又满足了市场需求。

第三，创新生态环境良好，创新主体之间协调发展。德国的大企业如奔驰、宝马等不仅拥有着悠久的企业历史，而且具备强大的国际影响力。从20世纪七八十年代开始，德国政府开始重视中小企业的发展，并将该意图纳入创新战略的规划部署，辅以一系列政策法规进行支撑。例如，20世纪70年代德国各州出台的《中小企业促进法》，配合一些针对中小企业贴息政策以及减税计划的支持，使得德国的中小企业逐渐得到与大企业共生进步、协调发展的机会。而德国的科研服务机构也为知识和技术资源在各创新主体之间的自由流动提供了良好的渠道。①

第三节 美国、日本、德国国家创新体系的启示

基于上文对美国、日本、德国国家创新体系的基本情况、历史演进以及优势特点的梳理和总结，不难发现，虽然这些发达国家在发展历程中，经过各自的探索，取得了举世瞩目的成就，但是，这些成就大多数是基于各国当时所处的特殊国情和具体历史阶段而实现的，如果我们直接将这些政策举措照搬引进中国，并不一定能够切实地解决当前我国的现实问题，得到预期的结果。然而，无论是哪个国家，其国内创新活动的开展以及国家创新体系的形成，都必有其内在的规律在起作用。本章认为，应该透过现象，总结规律性经验，从而形成一些能够为我国所借鉴的有益启示，具体如下：

第一，政府在各国创新体系的建构以及运行过程中实际起着相当重要的作用，只不过其作用路径以及表现方式并不相同。综观美国、日本、德国国家创新

① 王海燕、梁洪力：《德国创新体系的特征与启示》，《环球视野》2014年第4期。

体系的发展历史和现状，政府在其中都起到了不容忽视的主导作用，除了通过制定各种创新政策和法律法规，为各创新主体提供法律保障、财政资助和环境支持之外，还设立了一系列强有力的政府机构，负责一些具有远大影响的原始性创新科研项目，兼具创新者和风险承担者的角色。虽然在不同的国家，政府在创新体系中的主导地位，或直接表现为大政府式的强干预，或表现为在“小”政府表象下实际发挥着“隐形”发展型政府的作用，但其本质都是由政府来预测和引导国内战略性新兴产业的发展方向。因此，对于仍然处于技术追赶阶段的我国来说，合理定位政府在创新领域中的重要地位和作用相当重要。

第二，随着各国所处的历史发展阶段不同，政府对于不同类型创新活动的重视程度会发生变化，相应地，国家对于不同创新主体的政策倾斜也会发生转变。回顾美国、日本、德国国家创新体系的发展历史，它们均有过从“技术落后”阶段逐渐走向“技术领先”阶段的过程，政府在追赶时期更多地注重贸易保护和技术引进，倾向于先通过引进消化吸收再创新来提高本国的科技水平，待发展到一定程度之后，再将重心转变为与本国自主创新能力密切相关的原始性创新。相比于大企业，各国的中小企业更具原始创新活力，然而，却长期受制于资金和技术能力的不足而无法发展。为了能够更好地维护本国的创新优势，各技术领先国都逐步意识到为本国中小企业提供各种政策支持的重要性。我国目前已经进入了重视自主创新的新时期，因此，从政策层面加强对国内科技领域中小企业的扶持力度，将有助于我国原始创新力的激活。

第三，并没有一个统一固定的最优模式存在，国家创新体系只有效率高低之分，而这主要取决于一国当时选择了何种创新体系建设之路。对比美国、日本、德国的国家创新体系，可以发现各有优势所长，并无固定的最优模式。受不同历史条件、制度文化和资源禀赋差异的影响，各国家创新体系之间也存在着效率的高低差别，而这主要取决于不同的创新路径选择。演化经济学家将创新活动区分为渐进式创新和激进式创新两种，前者是在既定技术轨道内进行的连续性小创新，对应的是“渐进式”创新体系建设方式，19 世纪末 20 世纪初的美国和德国属于这种方式的典型，而后者则涉及技术轨道的变更，继而产生新的产业和产业群，对应的是“跨越式”创新体系建设方式，日本战后的“东亚奇迹”则属于这种类型。[①] 当前我国既处于国家创新体系建设的关键阶段，又面临着新一轮科技革命浪潮带来的重要机遇，本章认为，可以尝试将两种方式有机结合起来，先通过渐进式创新体系建设做好基础准备，然后通过跨越式创新体系建设紧紧抓住技术—经济范式转换期出现的“创新机会窗口”，实现战略赶超。

① 王晓蓉：《国家创新体系的比较与创新型国家建设》，经济管理出版社 2014 年版。

第六章　全球产业政策演变与实践的新进展

通过前述章节的研究可以发现，我国陷入新国际分工陷阱后，面临产业转型升级的瓶颈和难点，为摆脱这种困境，寻求经济发展新动能，无疑对中国制定一套以创新政策为核心的产业政策提出了新的要求。无论是在学术界还是政策界，产业政策仍是一个充满争论的议题。20 世纪 80 年代，随着“东亚奇迹”及“东亚模式”在全球范围内引发关注，产业政策不仅在学术界掀起了一股研究热潮，而且也在各国政策界推行实践，特别是成为了后发国家在经济发展上追赶发达国家的重要手段。改革开放以后，中国开始全面推行产业政策，产业政策成为我国经济体制改革过程中推动计划经济向中国特色社会主义市场经济转变的重要方式。随着全球经济一体化进程的加速，政府与市场的关系重新界定，产业政策逐渐成为中国产业链参与国际分工，向全球价值链中高端攀升的重要手段。在新一轮科技革命下，中国面临来自美国等发达国家从全球价值链高端封锁以及后发国家从价值链低端追赶的双重挤压，如何在新时代下制定产业创新战略，选择合适的产业政策工具组合，引导我国从新国际分工陷阱中实现突围，成为中国产业政策理论界和政策界亟须探讨的重要内容。本章从理论上对产业政策的概念范围及兴起原因进行梳理，尝试厘清分歧和共识，并且在实践层面对国外产业政策的历史经验和最新进展进行追踪和借鉴，致力于在演化经济学范式下设计一套积极有效的产业政策来帮助我国产业实现转型升级，摆脱当前的新国际分工陷阱，走出一条有中国特色的创新驱动经济发展之路。

第一节　产业政策的内涵与外延辨析

近些年，国内围绕“产业政策”议题掀起了一股研究热潮。参与讨论的学

者无论是从新古典经济学，还是从新结构经济学等角度对实施“产业政策”的必要性发表观点，其前提条件都是在各自所坚持的经济学范式下对“产业政策”的概念内涵和包括范围进行一个基本的界定，而在对“产业政策”内涵界定上的分歧直接影响了各学派对于政府的功能定位、产业政策的职能功能、市场机制缺陷等问题的认识。因此，本章针对这一问题进行集中探讨，并借此机会将国外演化经济学的最新研究成果引入国内视野，从一个新的角度认识有关产业政策的系列争论，并且尝试为当今中国的经济发展提供新的启示。

一、产业政策概念的历史演变

在以微观经济学和宏观经济学为重要组成部分的西方主流经济学教科书中，“产业政策”作为一个中观层面的概念，长期以来并没有占据重要的地位。在北京大学顾昕教授发表的一系列有关产业政策的论文中，他认为20世纪80年代，随着日本经济的飞速发展，全球范围内兴起了一股探究“日本模式”成功秘诀的热潮，特别是在美国学术界内产生了一种强烈的危机意识，以美国学者查莫斯·约翰逊1982年出版的《通产省与日本奇迹：产业政策的成长（1925—1975）》一书为标志，正式拉开了一场全球性的产业政策大辩论的序幕。在这场大辩论下，以美英为代表的发达国家开始探讨究竟是什么样的政府扶持性产业政策促成了“东亚奇迹”，从而进一步催生了以“发展型政府”理论为主题的思潮。在国际比较发展学看来，所谓“发展型政府”，是指“一种特定的政府行为、政策和制度的总和，这样的政府拥有一批具有强烈发展意愿的精英，他们超脱于社会力量之上或者摆脱了利益集团的左右，有能力自主地制定高瞻远瞩的发展战略，并最终将有限的资源动员起来通过产业政策的实施推动所管辖地区的产业发展和经济成长”①。基于这种“发展型政府”的概念，顾昕将“产业政策”定义为“政府针对特定产业的发展所采取的各种措施的总和”②，并且认为“无论是在发展型国家理论还是在新结构经济学中，产业政策都是发展战略中最为核心的内容”③。

顾昕的研究代表了国内学界的一种观点，即有关“产业政策”概念的探讨主要兴起于20世纪80年代发达国家对“东亚奇迹”的思考与总结。然而，我们如果从经济思想史和经济政策史的角度对“产业政策”概念的发展历程进行回溯，就会发现不论是从理论层面还是从现实层面进行考察，“产业政策”的研究

① 顾昕：《政府主导型发展模式的兴衰：比较研究视野》，《河北学刊》2013年第6期。

②③ 顾昕：《产业政策的是是非非——林毅夫“新结构经济学”评论之三》，《读书》2013年第12期。

起点都应该向前延伸，因为无论是在后起的发展中国家还是在领先的发达国家发展史中，产业政策的作用和影响都更为深远。所以，我们认为上述这种“产业政策”的定义是有局限性的。米歇尔·迪·马奥（Michele Di Maio）的研究显示，从二战结束以后的20世纪50年代开始，或者甚至更早，许多发展中国家政府就曾广泛地通过经济干预来实现推进工业化进程的目的，而这些政府干预往往采取不同的形式，比如从完整的经济计划到各种产业政策组合。[①] 兰德斯（Landes）的研究表示，大量的历史证据表明，所有当前的发达国家都曾在赶超时期，在贸易与产业领域，广泛采取过有目标的政府干预。[②] 这些政府干预能够为特定的产业部门创造更多的科技创新机会，提高学习与技术能力，改善激励机制，革新私人企业的管理模式，因此西默里（Cimoli）等认为，这就是早期的产业政策，而且与此相关的政策措施和制度建设，都应该被归入到产业政策的范畴之内。[③] 基于此，米歇尔·迪·马奥提出，“产业政策”概念的更广泛定义，应该包括创新与科技政策、教育与技能形成政策、贸易政策、有目的的产业扶持措施、部门性竞争力政策以及竞争管制政策。[④]

安东尼奥·安德烈奥尼（Antonio Andreoni）的研究强调产业政策的多样性，表示“产业政策”的概念应该指的是多种多样的政策干预，因此事实上所有国家都可以被认为是拥有产业政策的。[⑤] 这个观点既适用于美国、日本、德国这样的先进工业化国家，也适用于巴西、中国和南非这样的追赶型经济体。并且，历史上这些国家所采取的许多政策措施、工具与制度建设都仍然在当今的产业政策前沿中重复上演。剑桥大学教授张夏准基于经济史的研究认为，自从亚历山大·汉密尔顿于1971年12月向美国国会提交了《关于制造业的报告》（Report on the Subject of Manufactures）之后，美国政府开始通过采纳和改进各种各样的产业、贸易和技术政策，起着发展性的和企业家式的作用。[⑥] 马库森（Markusen）表

---

① Cimoli M, Dosi G, and Stiglitz J E, *Industrial Policy and Development: The Political Economy of Capabilities Accumulation*, New York: Oxford University Press, 2009, p. 109.

② Landes D S, *The Unbound Prometheus: Technological Change and Industrial Development in Western Europe from* 1750 *to the Present*, Cambridge: Cambridge University Press, 1970.

③ Cimoli M, Dosi G, and Stiglitz J E, *Industrial Policy and Development: The Political Economy of Capabilities Accumulation*, New York: Oxford University Press, 2009, p. 26.

④ Cimoli M, Dosi G, and Stiglitz J E, *Industrial Policy and Development: The Political Economy of Capabilities Accumulation*, New York: Oxford University Press, 2009, p. 107.

⑤ Noman A and Stiglitz J E, *Efficiency, Finance, and Varieties of Industrial Policy*, New York: Columbia University Press, 2017, p. 13.

⑥ Chang H J, Andreoni A, and Kuan M L, “International Industrial Policy Experiences and the Lessons for the UK”, in Hughes A, ed., *The Future of UK Manufacturing: Scenario Analysis, Financial Markets and Industrial Policy*, London: UK-IRC, 2013.

示，在二战期间以及之后的冷战期内，美国政府所贯彻的配套产业政策包括长期的采购合同、政府补贴、投资担保以及战略性的援助措施。[①] 更为关键的是，美国联邦政府还建立和发展了一套产业政策制度基础设施以支持基础研究和开发，并且为主要的产业行动计划和技术创新活动提供管理和融资。[②] 这种政府干预经验的多样性拓宽了我们对于产业政策的想象，因此，本章认为，“产业政策”内涵的包括范围应该基于我们对历史的深刻理解以及现代的前沿发展而纳入更多的基本要素，得到更广泛的拓展。演化经济学作为一门以经济系统中新奇的创生、扩散和由此所导致的结构转变为研究对象的经济学新范式，特别注重中观层面的过程活动，是将中观经济学概念化和体系化的先驱。演化经济学家多普菲（Dopfer）、福斯特（Foster）和波茨（Potts）2004年在《演化经济学》杂志上明确提出了“微观—中观—宏观”的理论框架，即引入中观维度来理解开放的复杂系统，它使得演化经济学能够分析在经济系统的中观层次上所发生的结构变迁和质变过程[③]，这是仅仅基于个量和总量的传统新古典经济学微观和宏观框架所无法处理的。因此，与过程、个体群、联结、变异、交互作用、知识、制度和能力等中观层面的演化经济学核心概念[④]密切相关的各国、各地区和各部门所采取的产业政策只有在演化经济学的理论框架下，才能够得到更为合理的分析和界定。因此，本章认为就演化经济学从中观维度出发所做的有关产业政策的研究，特别是对产业政策所包括范围界定的最新观点，做一个系统性的梳理是很有必要的，这有助于我们基于演化经济学最新的理论进展，对“产业政策”概念进行合理的拓展和重新的定义，从而使其更加符合中国经济发展的现实需要。

二、演化经济学中对于产业政策包括范围界定的最新观点

著名演化经济学家卢克·苏特（Luc Soete）发现在过去的60年内政策制定者对产业政策有效性的认知发生了重大转变，主张分成三个历史阶段对这期间的“产业政策”进行考察，分别是：二战后到20世纪60年代、20世纪70~80年代、20世纪90年代到2007年。[⑤] 第一阶段，对于许多战后亟须重建的国家来

---

① Markusen A, “Interaction between Regional and Industrial Policies: Evidence from Four Countries”, *International Regional Science Review*, Vol. 19, No. 1-2, 1996, pp. 49-77.

② Mazzucato M, *The Entrepreneurial State: Debunking Public vs. Private Sector Myths*, London: Anthem Press, 2014.

③ 贾根良：《演化经济学的本体论假设及其实践指导价值》，《当代财经》2010年第7期。

④ 库尔特·多普菲：《演化经济学：纲领与范围》，贾根良等译，高等教育出版社2004年版，前言第Ⅱ页。

⑤ Soete L, “From Industrial to Innovation Policy”, *Journal of Industry Competition & Trade*, Vol. 7, No. 3-4, 2007, pp. 273-284.

说，产业政策成为各国经济复苏计划的政策基石，主要用于支持经济体的结构性转型，意图建构更为国际化的强大产业部门和综合体系。比如，欧洲在 1952 年于巴黎成立了欧洲煤钢共同体以支持钢铁、采矿等资本规模密集型产业部门，1962 年实行欧盟共同农业政策（CAP）以支持国家农业部门的发展。自 1947 年《关税及贸易总协定》（GATT）签订之后，国际贸易自由化进程加快，对欧洲各国来说，无论是资本密集型行业还是劳动密集型行业都受到越来越激烈的国际竞争的冲击，此时政府通过为这些部门的跨国并购、整合与人员重组提供各种财政资助来支持特定产业的发展。特别是 1992 年建立的欧洲统一大市场为欧洲各国区域内制造业部门的部门转换消除了贸易壁垒，直接助推了欧洲产业分工关系的演进与国际竞争力的提高。第二阶段，20 世纪 70~80 年代，产业政策逐渐从支持低技术产业转向支持高技术产业，创新政策的兴起促成了一个更加宽泛的政策框架来分析新的系统内部特征。在产业政策文献中，对于“战略性的”产业政策有着三种不同的定义：第一，技术的战略政策，致力于扶持一些将会创造长期战略优势的产品或技术，这些高技术产品具备技术进步所需的累积性报酬递增特征；第二，贸易的战略政策，在克鲁格曼（Krugman）的新贸易理论①中广泛应用，在一些国家和区域内集中生产和出口那些符合当地比较优势或者潜在比较优势的产品，致力于在这些产品部门实现规模经济；第三，产业集群的战略政策，以国家利益为导向来甄选特定国家或地区的战略性部门，这些部门能够在原料和知识等方面产生关键性的前向关联和后向关联。第三阶段，从 20 世纪 90 年代开始，出现了一个更加系统性的产业政策观点，即政策必须以解决创新体系的特定缺陷为目的，创新政策将成为新兴产业政策研究的核心问题。国家创新体系涉及“知识、创新、组织和制度的动态协同演化”，而“技术一致性”和“社会能力”是解决有关科学、技术与创新政策的“系统失灵”的重要条件。有四个要素是国家创新体系能够正常运作的关键性要素，而且可以被认为是合理创新政策设计的基本特征：一是国家在社会与人力资本上的投资；二是与高等教育体系密切关联的一国与地区的研究能力；三是企业的技术与创新绩效；四是在特定区域或国家的企业、委托人与消费者的吸收能力。好的产业政策能够让这四个基本要素相互作用、相互加强，以提高国家的竞争力，保持经济的可持续增长。

苏特认为，最初的产业政策概念指的是那些“旨在加强国内产业部门效率、规模和国际竞争力的结构性政策，这些部门具备国家冠军的要素，能够在自力更

① Krugman P R, “A Technology Gap Model of International Trade”, in Jungenfelt K and Hague D, eds., *Structural Adjustment in Advanced Economies*, London: Macmillan Press, 1986, pp. 35-49.

生的基础上带来国家经济的增长和发展”[①]。但是随着20世纪70年代和90年代高新技术产业的飞速发展，创新政策逐渐成为产业政策研究的核心问题，所以应该考虑将决定国家创新体系能否正常运作的四个基本要素（社会与人力资本、研究能力、技术与创新绩效、吸收能力）纳入到国家制度框架下的产业政策范畴中来。

阿克巴·诺曼（Akbar Noman）和约瑟夫·斯蒂格利茨（Joseph E. Stiglitz）的研究指出，通常意义上的产业政策是指那些旨在影响资源分配和累积、技术选择的公共政策措施。他们认为产业政策的重要部分应该包括那些致力于促进学习和技术升级的活动，因此现代“产业政策”更适合被称为学习、产业与技术政策。[②] 安东尼奥·安德烈奥尼认为，成熟的产业政策以强调选择性学习与产业知识供应为特征。[③] 马里奥·西默里等将产业政策与创新政策紧密关联起来，指出产业政策的演变离不开各种各样公共政策的支持，这些政策涉及资本累积形态、贸易规制、市场结构、创新性努力、知识创造与扩散过程。因此，产业政策的关键要素应该包括对幼稚工业的保护、对贸易和知识产权制度的定义、租金的分配、与宏观经济政策的一致连贯性。[④] 大卫·贝利（David Bailey）等发现近年来发达国家趋向于设计一套“整合的”产业政策，以应对全球金融危机爆发后产业复兴、经济再平衡、助推可持续增长以及新技术和创新活动催生等多重任务。这类“整合的”产业政策在功能定位上逐渐超越狭隘的弥补“市场失灵”目的，转向考虑更广泛的校正市场与系统失败问题。因此，有必要引入“系统性产业政策”概念，系统性产业政策的重要特征就是要支持基础教育、培训员工和激发企业家精神、促进追赶型经济体的外商直接投资和出口以使其逐渐与创新战略目标契合，推行产业集群政策以提高国家动态竞争力和国民收入水平。[⑤] 演化经济学家玛丽安娜·马祖卡托（Mariana Mazzucato）认为，对于许多正在追求创新驱动型“智慧”增长的国家来说，该国长期的战略性投资和公共政策应该致力于创造和塑造市场而不是仅仅弥补市场失灵或者校正系统失败，政府所制定的产业政

① Soete L，“From Industrial to Innovation Policy”，*Journal of Industry Competition & Trade*，Vol.7，No.3-4，2007，pp.273-284.

② Noman A and Stiglitz J E，*Efficiency，Finance，and Varieties of Industrial Policy*，New York：Columbia University Press，2017，p.1.

③ Noman A and Stiglitz J E，*Efficiency，Finance，and Varieties of Industrial Policy*，New York：Columbia University Press，2017，pp.298.

④ Cimoli M，Dosi G，and Stiglitz J E，“The Rationale for Industrial and Innovation Policy”，*Intereconomics*，Vol.50，No.3，2015，pp.120-155.

⑤ Bailey D，Cowling K，and Tomlinson P，*New Perspectives on Industrial Policy for a Modern Britain*，Oxford：Oxford University Press，2015，p.2.

策应该是通过塑造和创造新技术、新部门和新市场来推动经济结构的转变。[①]

在上述演化经济学有关产业政策的最新理论进展中，对于产业政策概念和包括范围的讨论既有更新也有趋同，最重要的几大突破点包括：第一，创新政策逐渐成为新兴产业政策的核心；第二，产业政策逐渐倾向于将促进学习、知识供应、技术升级作为政策的主要内容，主张走创新驱动型经济发展道路；第三，产业政策重点从静态的资源配置转向动态的资源创造。产业政策作为一个中观经济学的概念，在最初被提出的时候，其范围只是涉及除宏观经济政策以外的各种政策，但是随着概念的历史演变，产业政策的目标和内容不断更新，传统意义上归属于宏观经济政策的财政政策和货币政策也已经逐渐实现与当今产业政策各项措施的互动协同和交叉覆盖，因此，现代产业政策的概念内涵已经得到了进一步的拓展和延伸，现实中的产业政策正在各国的经济发展中发挥着越来越重要的作用。

演化经济学作为一门坚持创新是经济发展核心驱动力的学科，其基本目标就是研究新奇的突现（或创新）如何深刻地改变了人类社会的经济生活[②]，这与当今世界强调科技创新是提高社会生产力和国家综合实力战略支撑的大背景是相符合的，因此，选择在演化经济学的框架下定义现代产业政策的内涵具有相当高的合理性，既能够顺应国际潮流的发展，又可以突出创新在产业政策中的核心地位。本章认为，基于演化经济学的最新研究，现代产业政策的概念核心应该包括以下几个基本要素：第一，技术。那些具有技术外溢性，能够带来报酬递增的产业活动，即“正确的产业”，是带动良性经济循环的关键。一旦从事了这样的产业活动，由此引发的技术外溢就会带动其他行业的发展，从而带来全面的生产率提高。[③] 因此，产业政策的一大目标就是需要培育具有高技术外溢的行业部门，并使之与其他行业产生互动效应，从而提升全国整体的经济质量。第二，学习。当今社会是一种学习型经济，即学习能力对一国经济成功具有关键意义。新的学习是经济发展的基础，这种学习只有在特定的经济活动中才能通过良性的反馈系统创造经济发展，因此，产业政策的一大功能是在以生产和学习为基础的前提下，选择那些学习和机会窗口大、具有动态熊彼特租金的特定经济活动作为竞争

① Mazzucato M, “From Market Fixing to Market-Creating: A New Framework for Innovation Policy”, *Industry and Innovation*, Vol. 23, No. 2, 2016, pp. 140-156.

② 埃里克·S. 赖纳特：《穷国的国富论：演化发展经济学论文选（上、下卷）》，贾根良等译，高等教育出版社 2007 年版，前言第 I 页。

③ 埃里克·S. 赖纳特：《富国为什么富，穷国为什么穷》，杨虎涛等译，中国人民大学出版社 2010 年版，前言第 3 页。

战略的核心。① 第三，知识。在现代经济中，知识是最重要的战略性资源，知识经济的核心问题是资源创造，而非新古典主流的资源配置。正是“知识积累（在生产中直接表现为技术创新和技术能力的发展）和制度创新的交互作用，导致了产业结构演进的不断高级化”②。一国的知识分工越是细密，其产业结构也就越高级，因此，产业结构的高级化是就知识含量而言的。可见，产业政策的另一任务就是以知识和生产为基础，促进 国生产者探索、发明并持续性地创造新的知识。

综上，结合演化经济学的最新理论进展，现代产业政策的定义应拓展为，政府以技术溢出、选择性学习、知识创造为核心，通过将生产要素引向高质量经济活动部门，以创新驱动型经济发展模式带动全国整体经济水平提高的政策措施。

第二节 全球产业政策研究热潮的兴起

一、新一轮产业政策研究热潮兴起的背景

自20世纪80年代兴起的讨论热潮之后，围绕着产业政策的研究在过去20多年经历了相当漫长的低谷期，直到2006年，产业政策议题才又开始重新受到世界主要经济体的集体性关注，从而在全球范围内掀起新一轮的研究热潮。本章从经济思想史和经济政策史的角度对产业政策发展过程进行历史回顾，不难发现，20世纪80年代至90年代初的那次产业政策研究热潮，主要发端于因“日本模式”的成功所引发的国际比较发展学对政府扶持性产业政策在“东亚奇迹”中所起作用的思考和总结，此轮思潮以“发展型政府”理论的形成为重要研究成果。热潮持续到20世纪90年代中后期，随着亚洲金融危机的爆发，广泛采用产业政策的东亚发展型国家陷入货币危机并出现经济衰退，之后坚持推行传统产业政策的拉美国家也在20世纪末陷入了经济震荡，这似乎为主流经济学提供了质疑批判产业政策有效性的有力依据，随后“华盛顿共识”的提出和推行更是标志着新自由主义的思潮达到了新的高峰，与此同时，有关产业政策的研究一度偃旗息鼓。在经历了很长一段时期的沉寂之后，2006年之后，世界几大经济体

---

① 杰弗里·M. 霍奇逊：《制度与演化经济学现代文选：关键性概念》，贾根良等译，高等教育出版社2005年版，第253页。

② 贾根良：《演化经济学的综合：第三种经济学理论体系的发展》，科学出版社2012年版，第96页。

才又因为各种原因纷纷开始重新审视产业政策。比如，在遭遇了2007年全球金融危机之后，美国奥巴马政府为应对产业空心化所带来的经济停滞和就业危机等问题，开始重提塑造本国制造业基础的理念，出台了一系列的“再工业化战略”；受2007年全球金融危机和2011年东日本大地震的冲击，日本从2009年开始重提产业政策，通过制定综合性的“新增长战略”作为配套措施来重构产业与能源系统；德国从2006年开始实施“高技术战略”，并在2010年出台的《德国2020高科技战略》中提出“德国工业4.0”的概念，配套一系列的任务导向型技术计划；中国在2006年发布的《国家中长期科学和技术发展规划纲要（2006—2020年）》中，明确了要在2020年将国家建设成为创新型国家的目标，正式将“自主创新”的产业政策作为核心内容纳入中国的经济发展战略；巴西从2008年开始出台《生产发展政策》和《加速增长计划》，并且提出雄心勃勃的产业政策配套方案，计划走新型的工业化道路；南非在2007年推出新的国家产业政策框架，主要涉及对制造业的支持、知识经济发展、就业创造和包容性增长等各个方面，开启了新的产业政策进程，并自此开始每三年推出一套产业政策行动计划。

值得注意的是，此轮研究热潮的兴起，既有发展中国家的参与，也有发达国家的参与，既有东亚追赶型国家的参与，也有欧美领先国家的参与，是一次辐射范围相当广泛的全球性产业政策研究热潮。而兴起的根源中既有各国为应对全人类共同问题而采取行动的普适因素，也有处于不同经济发展阶段的国家为谋求自身发展需要所采取的战略性行为等特殊原因。那么，与过去相比，新一轮产业政策研究热潮究竟有哪些新的变化？有关产业政策的实践与研究在全球范围内再度兴起的根源是什么？而这对中国当下及未来的产业政策规划又有哪些新的启示？下文将围绕这些问题逐一展开讨论。

二、新一轮产业政策热潮在全球范围内兴起的根源透视

相比过去，新一轮产业政策的兴起明显覆盖范围更加广泛，既有北方国家的引领，又有南方国家的参与，而随着近年来全球经济一体化程度的加深，其研究背景也更为复杂，因此，我们认为，促使本轮热潮兴起的根源更为多元化，其中，既有特殊的原因存在，也有共性的原因在起作用，具体原因可以归结为以下几点：

（一）发达国家受到全球金融危机的冲击，亟须制造业回归

20世纪80年代，随着英国首相撒切尔夫人和美国总统里根上台执政，以英美为代表的发达国家为医治20世纪70年代凯恩斯主义或国家干预主义所导致的前所未有的经济滞胀局面，在官方层面，纷纷宣称放弃国家干预主义，选择走新

自由主义道路。这股新自由主义风潮一直持续到20世纪末，才由于“华盛顿共识”在解决经济转型上的失败而日渐式微。自此发达国家的学术界才又开始重新关注产业政策理论的新发展，但是由于各国执政党对产业政策的重视程度不同，因此这些新的研究进展在不同国家各届政府的政策贯彻中所产生的实际影响程度并不相同。

美国建国初期的第一任财政部长亚历山大·汉密尔顿于1791年向国会提交了著名的《关于制造业的报告》，这之后，他的“工业建国之路”思想便成为美国学派发展的基础理论，而他本人也成为了该学派的先驱。[①] 在美国学派理论体系的影响下，美国政府构建了以制造业为基础的“美国体系”，从而彻底摆脱了英国的经济控制，并且逐步崛起成为新的世界霸主。在经济史学家看来，美国在建国最初的200年间，制定的经济政策是相当正确的，这些政策在制造繁荣方面发挥了相当重要的作用。但是从20世纪80年代开始，美国在经济政策上便走上了歧途，选择放弃原先的实用主义宗旨，不再遵循历史的经验规律，转而过度地依赖抽象的经济理论推断。这是美国经济政策史上首次摒弃汉密尔顿思想，在战略上开始轻视制造业、工程和出口，将重心转向金融、医疗保险索赔处理、房地产交易处理和进口。[②] 这是导致美国日后出现产业空心化和过度金融化现象的直接原因，2007年次贷危机的爆发迅速辐射全美乃至全球，促使美国政府意识到要想应对来自全球化的冲击和危机后的经济复苏重任，就必须尽快回归实体经济。美国奥巴马政府在2009年、2011年和2015年接连出台了《国家创新战略——推动可持续增长和高质量就业》《国家创新战略——确保美国的经济增长与繁荣》《国家创新战略》三个战略，围绕高质量就业和经济增长等目标来强调构建美国创新生态系统的重要性，并强调始终坚持制造业在创新经济中的重要地位。尤其是在2012年美国特别出台了《先进制造业国家战略计划》，明确提出要创建“国家制造业创新网络”的目标，通过推行以振兴制造业为核心的“再工业化”战略来确保美国在第三次工业革命中的领导者地位，以契合危机后美国所面临的“制造业危机”和“产业革命”两大时代主题。2017年1月，美国总统特朗普更是大刀阔斧地践行他在竞选期间打出的“制造业回流美国”旗号，制定由贸易保护、基础设施大建设（内部改善）和美元霸权这三大政策组成的“特朗普新政”，号召将制造业基地迁回美国，把就业机会留给本国人民，推行“购买国货”政策，加快推进制造业回归美国的步伐。

---

① 贾根良：《政治经济学的美国学派与大国崛起的经济学逻辑》，《政治经济学评论》2010年第3期。

② Cohen S and DeLong B, *Concrete Economics*: *The Hamilton Approach to Economic Growth and Policy*, Boston: Harvard Business Review Press, 2016, pp. 23-24.

在全球金融危机中饱受重创的英国同样意识到，长期的去工业化和金融自由化给本国制造业发展和就业带来了极大的负面影响。"历史上的英国自1840年工业革命基本完成之后，便开始向世界大力推销自由贸易政策，初衷在于想将其他国家都纳入到为英国服务的'工业品销售市场和原材料来源地'的版图之中，使它们成为经济上的'殖民地'。然而可惜的是，英国却因原本以劝说落后国家实行自由贸易为目的的诱导政策被过度实践，最终导致其世界工业力量领导权的旁落并被美国所超越。"① 自此英国的制造业开始走向衰落，至20世纪80年代撒切尔夫人执政时期，宽松的经济和金融管制使英国加速走上高度自由化道路。演化经济学家马祖卡托表示，早在2007年全球金融危机爆发之前的数十年内，"英国的金融市场就已经逐渐与实体经济处于'脱钩'状态，在这期间，金融不仅不为创新服务，而且更糟的是，创新开始反过来为金融服务，以至于损害了创新和经济增长"②。针对这种情况，前英国国会议员、英国大学与科学国务大臣大卫·威利茨（David Willetts）呼吁英国政府应该从以往的经历中吸取两类经验教训，以重新定位经济管理的方式。一类在于通过这次危机认识到实体经济的重要性，而另一类在于透过自由主义理论去考察美国的现实实践。他表示，美国政府在创新中发挥的积极作用远比欧洲多得多，比如美国国防部高级研究计划局（DARPA）资助的项目几乎涉足了美国所有的关键性科技领域，像DARPA这类机构的存在和高效运作，是支撑美国在科技研发方面保持战略领先地位的关键。威利茨强调，"不要按美国所说的去做，而应该按照美国所做的去做"③。英国前商务大臣文斯·凯布尔（Vince Cable）也发表了类似的看法，他认为全球一体化的加深使得英国受到来自发展中国家的威胁，英国需要以技术为导向的产业战略，而这些都是美国所做过的。④

同为发达国家的日本，在受到2007年全球金融危机以及2011年东日本大地震的双重冲击之后，经济大幅衰退，工业和能源系统疲软乏力，这促使日本政府开始考虑回归以制造业为重心的产业政策，重新调整经济战略方针。历史上的日本，自二战后到20世纪80年代中期，曾经采取过各种形式的产业、贸易和竞争政策，如出口补贴、提供研发投入、垄断管制等，这些措施有效地帮助日本在战

① 贾根良、沈梓鑫：《普雷维什—辛格新假说与新李斯特主义的政策建议》，《中国人民大学学报》2016年第4期。

②③ 沈梓鑫、李黎力：《融资创新与增长：改革一个功能失调性体制》，《演化与创新经济学评论》2012年第1期。

④ Cable V, "How to Read David Willetts' Second Big Speech on Industrial Policy", June 2012, http: //exquisite life. researchresearch. com/exquisite_life/2012/06/whats-the-good-of-government-the-simple-action-of-cutting-and-pasting-this-speech-into-my-browser-has-alerted-me-to-the-she. html.

后快速实现经济复苏和工业体系的建设。随着1989年日本泡沫经济的破灭，市场持续低迷，经济发展基本停滞，日本政府不得不将大部分精力投入到经济重振中来，开始选择减少对原始创新和基础研究的投入。并且，在20世纪90年代中期，明确将放松管制定为日本大政方针的主旋律，主张大幅削减产业政策支持。这一时期的日本经济产业省（METI）出台了第三个五年科技计划，其重心在于推动日本从“硬”经济向“软”经济转型，即更多地依靠服务业和数字化技术服务等。[①] 然而，此后日本制造业比重的下降和金融自由化的发展却使其在2007年全球金融危机中遭遇重创，日本政府通过对危机的反思，在2009年出台了“新增长战略”——一个综合性的产业政策配套方案，开始走上推动制造业回归和国家经济体系重构的道路。

（二）发展中国家陷入新国际分工陷阱，寻求经济结构的转型升级

自20世纪80年代以来，经济全球化进程步入新的阶段，随着国际分工的深化和生产分割的细化，由发达国家跨国公司主导的新国际分工格局日益发展成熟。在新的国际分工格局下，产品内分工取代产业间分工成为了国家间贸易分工的主要模式，垂直分工深入到产品生产链内部，中间产品贸易比重逐渐上升，这种经济全球化所带来的全球贸易体系一体化和生产体系非一体化已经成为世界经济发展的主要趋势。由于参与新国际分工的发展中国家从价值链低端融入“全球公司”所掌握的全球价值链并受其支配，因此，在过去的30多年间，即使是工业制成品和服务产品的贸易条件，发展中国家也呈现出长期恶化的趋势。“经济发展的出路在于工业化”这一传统意义上对发展中国家具有普适性的经济发展战略，已不再成立。[②] 在这一背景下，发展中国家亟须新型的产业政策，以帮助本国摆脱新国际分工下的低端锁定和发展困境，实现经济结构的转型升级。

中国自20世纪80年代至20世纪末，改革开放程度加深，进入到主动融入全球化的开放阶段，开始大力推进外向型经济，并以加工贸易的形式参与到由发达国家跨国公司主导的全球生产体系中，在实现经济快速增长的同时也获得了初级的国际分工地位。2001年，中国正式加入世界贸易组织，继续加快对外开放的步伐，更加积极地想要通过嵌入全球价值链参与到由发达国家主导的国际生产与分工体系中，但是随着全球生产的一系列新趋势出现，中国在国际分工中的矛盾日益加剧，在自主性、收益性和可持续性方面都面临着巨大的挑战。即便是在

---

① Noman A and Stiglitz J E, *Efficiency*, *Finance*, *and Varieties of Industrial Policy*, New York: Columbia University Press, 2017, p. 271.

② 贾根良、沈梓鑫：《普雷维什—辛格新假说与新李斯特主义的政策建议》，《中国人民大学学报》2016年第4期。

资本密集型和知识密集型的资本品工业以及战略性新兴产业中，也出现了产品生产环节上的价值链分解，部门内部进一步分解成具有报酬递增特征的高创新率、高水平进入壁垒、高附加值、高工资和高就业的高质量生产活动以及具有报酬递减特征的低创新率、低水平进入壁垒、低附加值、低工资和低就业的低质量生产活动。这期间，中国由于主要从事的是产品生产的低端环节，长期受到掌握垄断技术的外资压制，核心零部件和技术长年依赖进口，因此只能充当发达国家的高端产品组装和中低端产品加工基地。[①] 作为发展中大国的中国，如果不能建立本国独立自主的高端价值链，就无法从根本上扭转工业制成品和服务产品贸易条件恶化的趋势，并最终实现强国富民的战略目标。这种在新国际分工格局下中国产业转型升级所面临的困境，促使中国尽快探索出一条新的经济发展道路。在2006年中国公布的《国家中长期科学和技术发展规划纲要（2006—2020年）》中，政府明确了要在2020年将国家建设成为创新型国家的目标，正式将“自主创新”的产业政策作为核心内容纳入到中国的经济发展战略中来，这表明中国政府已经在产业政策层面对建立独立自主的高端价值链做了初步的政策设计。

同为发展中国家的巴西，作为拉美地区的主要国家，也陷入了新国际分工格局下的产业发展困境之中。自20世纪80年代以来，包括巴西在内的拉美国家受新自由主义的影响，放弃了原来对钢铁、石化、可再生能源等部门的支持以及包括采取从价税等贸易保护手段在内的各种政府主导型计划，又恢复了以往依靠外国资本推动的“出口低端产品、进口高端产品”的外向型经济发展模式，从而失去了对处在价值链高端的经济主导部门的控制权，也因此，巴西等拉美国家彻底沦为了发达国家的原材料产地和出口商品市场，在自由贸易困境中徘徊不前。[②] 直到2003年卢拉总统上台，巴西政府才开始出台新的一套政策组合方案——《产业、政策与外贸政策》，其主要目标在于：第一，通过加强关键部门（如资本品部门）的技术开发，提高整个国家产业的竞争力，促进高附加值产品的出口；第二，致力于完善科技体系与法律体系，从而为本国的产业获取更多的价值创造的机会。2008年，卢拉政府又陆续出台了《生产发展政策》《加速增长计划》，其中提出了包括促进技术投资与创新、重构产业体系并支持本国中小企业发展、升级和产品出口多样化等措施在内的具有长远战略眼光的产业政策方案，旨在帮助本国摆脱生产与贸易结构中的价值链低端锁定，从而实现国家经济

① 贾根良、沈梓鑫：《普雷维什—辛格新假说与新李斯特主义的政策建议》，《中国人民大学学报》2016年第4期。

② 杨威、贾根良：《拉丁美洲贸易保护主义的是与非——对拉美19世纪高关税低效益现象的分析》，《拉丁美洲研究》2011年第2期。

结构的转型升级。①

南非作为新兴的南方国家经历了1995~2007年的自由放任时期之后，也面临着经济结构转型升级的压力。于是在2007年推出了新的国家发展政策框架，其中，明确了四个主要的工业化目标：第一，给予高附加值的制造业以强大的支持；第二，努力向知识经济转型；第三，通过发展劳动密集型制造业来创造就业；第四，注重对边缘地区的工业化开发。此外，南非在2007年、2010年和2013年分别出台了三次为期三年的产业政策行动计划，其中规定了政策干预主要集中在八个领域：政府采购、竞争政策、创新与技术、经济技能、经济特区、区域一体化、贸易政策发展、产业金融化。可见，南非政府相当重视区域价值链的构建以及高附加值产品的出口，希望通过加强对本国制造业的政策支持，依托南南合作的区域价值链来寻求产业转型升级的机遇。②

（三）各国应对全人类共同面临的全球性难题

进入21世纪，随着全球一体化进程的加快，处于不同经济发展水平的国家在面对当前人类共同面临的世界性难题的时候，逐渐统一战线，开始将一些宏大的社会挑战纳入到新的产业政策框架中来。全球变暖、生态破坏与粮食危机等诸多新世纪人类难题开始逐渐进入到各个国家和组织联盟的政策视野中来，并被越来越多的国家和机构设定为长远的战略目标。

美国哈佛大学教授菲利普·阿吉翁（Philippe Aghion）等在总结当前产业政策实践的新趋势时表示，在气候变化的全球背景下，如果没有政府在绿色生产和绿色创新上实施的积极的政策干预，全球变暖的情况不仅会继续加剧，而且还将会在全球范围内产生负外部性。③ 为了应对气候变暖，越来越多的政府意识到需要通过政府干预去进行一场绿色创新革命，以解决环境外部性和知识外部性等问题，克服对传统技术的路径依赖。政府应引导如何开发新的清洁技术，尤其要在政策设计中将这一意向突出，并将其列为一个中长期的目标去实现。美国奥巴马政府在2009年出台的《国家创新战略——推动可持续增长和高质量就业》中提出，要促进国家在优先领域中取得突破，运用科学与技术解决21世纪的重大挑战，而这些领域中就包括要“推动一场清洁能源的革命”。这一重点也在2011年美国出台的《国家创新战略——确保美国的经济增长与繁荣》中继续强调，并

---

① Noman A and Stiglitz J E, *Efficiency, Finance, and Varieties of Industrial Policy*, New York: Columbia University Press, 2017, pp. 283-284.

② Noman A and Stiglitz J E, *Efficiency, Finance, and Varieties of Industrial Policy*, New York: Columbia University Press, 2017, pp. 292-296.

③ Aghion P, Mathias D, Luosha D, et al., *Industrial Policy and Competition*, NBER Working Paper No. 18048, May 2012, http://www.nber.org/papers/w18048.

进一步补充提出要加速推进生物技术、纳米技术和先进制造业的发展。2015 年美国推出的《国家创新战略》又进一步将“推动清洁能源开发，提高能源效率”列为国家优先突破的领域，主张通过绿色革命来应对全球变暖等重大挑战。除了气候变暖这样的生态问题以外，近年来粮食危机所引发的农业问题也成为多国所面临的社会挑战，这促使一些国家进行农业制度创新，如美国成立赠地学院体系、墨西哥设立特殊服务办公室进行农业基金运作以及菲律宾国际稻米研究机构研发出第一批高产多品种稻米等。[①] 这些由政府主导的产业政策在成功提高粮食产量的同时，也引发了一场全球性的农业绿色革命，是以社会挑战为导向的产业政策在尝试解决人类难题方面的一大突破。

（四）任务导向型计划的大范围兴起

美国作为一个领先型的技术创新强国，一直都是世界各国试图借鉴和模仿的对象。经济史学家发现，虽然美国在表面上是小政府和自由市场的倡导者，但是它在过去几十年却一直在技术和创新方面实施着大规模的公共投资计划，从互联网到生物技术，再到页岩气的开发，这些投资都是在任务导向型计划的推动下进行的。[②] 然而，美国政府对本国科技创新发展的积极作用却通常被忽视。历史上，肯尼迪政府曾经在 1961 年启动了阿波罗登月计划，历时 8 年成功将宇航员送上月球，基础科学也借助卫星和登月计划从 1958 年的 1.27 亿美元增加到了 1964 年的 5.64 亿美元，实现了 20%～40%的增长。但是，自 20 世纪 70 年代中期开始，在共和党保守势力的影响下，像阿波罗计划这样的任务导向型计划在过去几十年间并未被大力宣传。可见，受政治舆论的引导，美国政府在任务导向型计划中的积极作用被刻意隐藏了。[③] 另外，在实践行动上，美国自此以后的政府支持手段变得更为隐蔽和多样化，比如美国国防部高级研究计划局（DARPA）始终打着“国家安全”而不是“经济表现”的旗号直接从事着创新活动，美国能源部高级研究计划局（ARPA-E）也打着“能源安全”而不是利用国家力量占领科技制高点的旗号开展活动。

近些年，任务导向型计划在全球范围内逐渐兴起，主要表现为各国政府对国防、太空、农业、医疗保健、能源和工业技术等项目领域进行大规模的任务导向型投资。韩国、美国、英国、法国、加拿大、日本和德国在 2003～2004 年的任

---

① Wright B D, “Grand Missions of Agricultural Innovation”, *Research Policy*, Vol. 41, No. 10, 2012, pp. 1716-1728.

② 玛丽安娜·马祖卡托：《创新型政府：构建公共与私人部门共生共赢关系》，李磊、束东新、程单剑译，中信出版社 2019 年版。

③ 弗雷德·布洛克：《被隐形的美国政府在科技创新中的重大作用》，张蔚译，《国外理论动态》2010 年第 6 期。

务导向型研发支出占公共研发支出的比例都超过了60%。[①] 2007年全球金融危机后，迫于经济复苏的压力，各国纷纷开始重新探讨究竟是怎样的产业政策才能确保和鼓励本国技术创新的进步。一些演化经济学家在揭露美国是“企业家型国家”真相的前提下，发现美国在过去几十年间制定的创新政策都是任务导向型的，而这些任务导向型创新政策又都与国家干预密切相关，因此主张复兴“阿波罗计划”这类以人类挑战或国家竞争等重大课题为目标的任务导向型政策计划。[②] 这对于许多想要走创新驱动型经济发展道路的国家来说，既提供了政策设计上的启示，也推动了新一轮产业政策理论研究上的进步。

（五）针对“华盛顿共识”的集体性反思

“华盛顿共识”是20世纪末由以美国为首的几个发达国家作为拉美地区的主要债权国，联合世界银行、国际货币基金组织等国际性组织，针对拉美经济危机提出的一系列新自由主义对策方针，具体内容包括：“财政纪律、重新定位公共开支、税制改革、利率自由化、统一的和竞争的汇率制度、贸易自由化、对外直接投资开放、私有化、放松管制、保护产权。”[③] 但是，随着“华盛顿共识”在解决拉美经济危机以及苏东转型经济体的经济增长方面的无所作为，促使人们开始反思“华盛顿共识”的失误之处，并且重新思考产业政策在经济增长中的地位作用。

通过理论界对“华盛顿共识”的集体性反思，卡茨的研究作为一种代表性的观点表示，那些提出“华盛顿共识”的西方主流经济学家由于只关心基本的宏观经济变量和普遍适用的制度，而忽视了决定市场成败的关键因素：初始的技能、技术吸收能力、知识创造的规模报酬递增等。这种观点符合拉美经济委员会在1995年的报告中对“华盛顿共识”的批评立场，即西方主流经济学忽视了国家创新体系在国家兴衰中的重要性。[④] 经济史学家布洛克认为，美国国内的经济政策和它一直强加给世界其他地区的经济政策是严重脱节的。“华盛顿共识”不断传递的信息是其他国家应尽可能地减少对经济活动的政府干预。但是，真正的华盛顿政府却已经通过它的技术政策介入到商业经济的各个环节。此外，美国的对外经济政策始终坚持外国政府必须对外国和国内企业一视同仁。然而，在美国国内，美国政府却集中支持着美国本土的产业。[⑤] 类似地，张夏准也在研究中指

---

①② 玛丽安娜·马祖卡托：《创新型政府：构建公共与私人部门共生共赢关系》，李磊、束东新、程单剑译，中信出版社2019年版。

③④ 贾根良、于占东：《自主创新与国家体系：对拉美教训的理论分析》，《天津社会科学》2006年第6期。

⑤ 弗雷德·布洛克：《被隐形的美国政府在科技创新中的重大作用》，张蔚译，《国外理论动态》2010年第6期。

出，“华盛顿共识”否认了政府在诸如美国、德国、英国这样的工业化国家发展中所扮演的积极角色，因而它在发展问题上是有缺陷的。[①] 拉美的教训已经让许多发展中国家认识到“华盛顿共识”的缺陷所在，意识到发展中国家所需要的并非普遍适用的制度，而应该采取符合本国国情，能够抓住创新机会窗口的产业政策来实现工业化追赶目标。特别是在2007年全球金融危机之后，世界各国纷纷开始推行抵御危机影响、努力实现经济复苏的现代产业政策，在国际上逐渐形成了一种替代“华盛顿共识”，以演化经济学为主要基础发展出来的“新共识”[②]。这种“新共识”以企业能力建设和产业政策为核心内容，拓宽了现代产业政策的内涵和包括范围，主张围绕技术、学习和知识等基本创新要素来规制一国的战略性政策方案。

三、演化经济学中产业政策研究的新进展

上文对于新一轮产业政策研究在全球范围内兴起的原因做了分析和总结，从中不难发现本轮热潮的兴起实则是由世界各地处于不同经济发展水平的国家共同参与和推动的，研究基础和命题内容也由于起因根源的不同而变得更加丰富和多元化。此外，演化经济学关于产业政策以及国家作用的研究进展与现代产业政策的实际发展趋势是一致的，然而，国内学者尚未关注到这些新的理论动态。

自20世纪八九十年代以来，演化经济学在国际学界得到了迅速发展，并极有可能在21世纪发展成为与自由主义和凯恩斯主义相并列的第三大经济政策范式，而一种以演化经济学为主要基础的替代“华盛顿共识”的“新共识”也正在逐渐形成，这是一种以能力建设和产业政策为核心的发展的“新共识”。[③] 最近十几年，演化经济学的研究范围得到了扩展，正越来越多地尝试以现实问题为导向来进行理论创新和发展。特别是在2007年全球金融危机爆发之后，演化经济学便开始致力于在资源、环境、生态、循环经济和人类社会可持续发展等重大问题上做出广泛的政策贡献。

在过去的30多年中，经济理论界对产业问题的争论可以分为三个阶段的演变：第一阶段从20世纪80年代到90年代中期，产业政策的争论被研究发展型国家的学者主导；第二阶段从1998年亚洲金融危机爆发到2006年的沉寂，在这个时期学术主流对产业政策多持负面评价；第三阶段从2007年至今，演化经济学拓展了现代产业政策研究的视野。

---

① 玛丽安娜·马祖卡托：《创新型政府：构建公共与私人部门共生共赢关系》，李磊、束东新、程单剑译，中信出版社2019年版。

②③ 贾根良：《国际金融危机后演化经济学发展的新趋势》，《教学与研究》2012年第5期。

根据苏特的研究，在过去几十年，以模仿为目的的技术转移已经完成了向以创新为核心的技术变迁的范式转型。[①] 基于演化经济学的研究新进展，现代产业政策的概念主要以技术、学习和知识要素为核心，新的产业政策更适合于被定义为政府以技术溢出、选择性学习、知识创造为核心，通过将生产要素引向高质量经济活动部门，以创新驱动型经济发展模式带动全国整体经济水平提高的各项政策措施。显然，演化经济学框架下的现代产业政策概念内涵已经得到了进一步的拓展和延伸，而现实中的产业政策也正在各国的经济发展中发挥着越来越重要的作用。

本节选取历史与比较的视野对产业政策在全球范围内兴起的根源进行透视，认为亟须一种新的替代性观点能够将那些由政府主导的对特定产业部门的政策扶持性措施和创新引领性作用作为产业政策职能功能纳入到现代产业政策的框架体系中来。新李斯特主义经济学很好地弥补了这方面的缺陷，它通过引入新的演化经济学和制度经济学分析框架，对后进国家发展的政治经济学逻辑进行了重构，并根据这个逻辑对处于不同经济发展阶段的国家进行了具体的产业政策设计，高度重视产业政策在知识创新、扩散和发展中所发挥的重要作用，区分了技术创新的不同类型，认为只有“共谋型”的技术创新才能使一国各阶层实现普遍富裕，强调“国家在经济分析中是比个人和市场更为基本的分析单位”[②]，认识到由于经济活动具有异质性，因此一国要想实现富国裕民，就必须抓住高质量经济活动[③]，对特定的产业部门给予积极的政策扶持和保护。

第三节 全球产业政策经验对中国的启示

一、对中国产业政策研究的启示

基于上文的研究，我们认为国内有关产业政策的争论，其根本分歧在于国内学者对于产业政策的内涵和包括范围的界定存在着巨大的差异，多数学者尚未引

① Soete L, “From Science and Technology to Innovation for Development”, *African Technology Development Forum Journal*, Vol. 7, No. 3-4, 2010, pp. 9-14.

② 贾根良等:《新李斯特经济学在中国》，中国人民大学出版社 2015 年版，第 99 页。

③ 这些高质量经济活动具有熊彼特所说的历史性报酬递增（技术创新+规模报酬递增）和不完全竞争特点。新李斯特主义经济学认为，对于这类活动的正确选择是决定一国穷富的关键因素，因为高质量经济活动不仅能够通过历史性报酬递增产生生产率的增益，而且更重要的是，它所具有的不完全竞争特点为一国的资本家、劳工和政府分别以高利润、高工资和税收的形式“共谋式”地分享这种生产率增益提供了产业基础。

入国外有关产业政策的最新研究成果，而仍然继续沿用了传统的产业政策定义。

对于新古典主义经济学家来说，之所以会提出产业政策是没有必要的观点，其根源在于：第一，新古典经济学始终坚持市场机制是实现资源优化配置的最佳机制，那些能够带来正外部性的创新活动能否带动经济发展，主要取决于市场机制是否顺利将创新所需的生产要素导向最具利润空间的行业和领域，因此新古典主义经济学家认为是市场竞争而非产业政策催生了企业家精神。第二，这类经济学家仅仅将产业政策的作用界定为政府出于经济发展或其他目的，对私人产品领域所进行的选择性干预和歧视性对待，或者将产业政策理解为“在市场机制发生障碍的情况下，政府对特定产业间的资源配置进行介入或对特定产业内部的竞争进行限制的政策”①。对于第一点，经济学家斯蒂格利茨进行过有力的反驳，他指出只要将新古典模型中的完备信息假设用信息不充分和信息不对称条件进行替代，自由的竞争市场就不可能达到帕累托最优，正如萨缪尔森所说“知识本身是一个公共物品，市场在解决知识和信息方面存在着重要缺陷”②，因此在信息搜寻和扩散等具有公共物品性质的领域，市场失灵是会不断出现的，而政府只有施以适当的政策进行干预，才有可能帮助市场达到帕累托最优状态。至于第二点，国内以林毅夫为代表的经济学家已明确提出了不同的意见，即产业政策措施所包括的范围非常广泛，关税保护、贸易保护政策、税收优惠，各种补贴（比如土地补贴、信贷补贴），对工业园加工出口区的支持，一些对研发的补助，尤其是对研究的补助等，还有国家赋予某种产业的垄断权力或者是特许等都可以归为产业政策范畴。基于此，产业政策应该是指中央政府或者地方政府为了促进某种产业在该国或该地区的发展，而有意识采取的一些政策措施。

新李斯特主义经济学坚持产业政策的必要性，它承认并强调根本上的不确定性和集体知识在发展过程中的重要性，引入演化经济学和制度经济学分析框架，对产业政策进行了界定，其有关产业政策的研究是在吸收了国际学界新的学术进展的基础之上提出的，比如高度重视产业政策在知识创新、扩散和发展中所发挥的重要作用，区分了技术创新的不同类型，认为只有“共谋型”的技术创新才能使一国各阶层实现普遍富裕③，强调“国家是经济分析中比个人和市场更为基本的分析单位，它不仅塑造了国内生产力的发展和市场关系，而且也是世界经济秩序的基石”④，提出各国在制定产业政策的时候，必须考虑制度、国家经济发

① 宋磊：《追赶型工业战略的比较政治经济学》，北京大学出版社 2016 年版，第 3 页脚注。

② Noman A and Stiglitz J E, *Efficiency*, *Finance*, *and Varieties of Industrial Policy*, New York: Columbia University Press, 2017, p. 3.

③ 贾根良等：《新李斯特经济学在中国》，中国人民大学出版社 2015 年版，第 100 页。

④ 贾根良等：《新李斯特经济学在中国》，中国人民大学出版社 2015 年版，第 99 页。

展阶段和时空特定性等因素。

我们认为，要想厘清产业政策大辩论中的逻辑关系，进行更深层次的立场对话，就必须对产业政策的概念和包括范围进行重新界定，引进演化经济学中最新的研究成果，开始重视创新驱动型经济发展中产业政策所应发挥的功能作用，从根源上认清新古典经济学之所以会对产业政策的必要性长期产生误读，既有假设层面上缺陷，也有内涵界定上的混淆。新古典经济学在分析有关产业政策的问题上存在固有的缺陷，这就促使我们寻找一种替代性的经济范式来重新界定产业政策在我国经济发展中的职能功能。新李斯特主义经济学是在继承李斯特经济学传统的基础上，考虑世界经济结构的重大变化，做出修正和突破的新发展，它不仅视野宽广，能够将当今国内制度改革等问题纳入讨论，以产业政策为中心议题展开研究，而且不断吸收演化经济学的新的研究成果，承认创新政策在新兴产业政策中的核心地位，高度重视知识吸收、技能学习和创新扩散等问题，是一种能够为我国创新驱动型经济发展方式提供理论支撑和政策启示的新经济学范式。

二、对中国产业政策制定的启示

在全球范围内兴起的新一轮产业政策研究和实践热潮中，发达国家与发展中国家虽然起因各异，但是都在政策制定层面展现出了对国家产业政策必要性探讨的极大热忱，其中既有共性的因素在起作用，也有符合时空特定性的特殊原因存在。就当前中国来说，我国亟须设计一套积极有效的产业政策来帮助我国实现传统制造业的转型升级，摆脱当前的新国际分工陷阱，走出一条有中国特色的创新驱动型经济发展之路。新李斯特主义经济学提出了一种不同于市场经济理论的国家市场经济理论，从演化经济学角度阐述了国家经济学原理，即不同的经济活动创造财富的能力是不同的，只有高质量的经济活动才能富国裕民，这是一个到目前为止被世界反复证明为正确的原理。[①] 我们的前期研究[②]得出结论，即在新国际分工格局下，如果我国只是从价值链低端融入由全球公司掌控的全球价值链，那么即使是在制造业和服务业部门中，我国的出口贸易条件也会相对于发达国家呈现出长期恶化的趋势。当前，作为发展中大国的中国，在制定产业政策的时候，只有以建立本国独立自主的高端价值链为重心，抓住处于价值链高端的高质量经济活动，才能从根本上扭转我国贸易条件恶化的趋势，推动产业结构的转型升级，最终实现富国裕民的战略目标。

---

① 贾根良等：《新李斯特经济学在中国》，中国人民大学出版社 2015 年版，第 17-18 页。

② 贾根良、沈梓鑫：《普雷维什—辛格新假说与新李斯特主义的政策建议》，《中国人民大学学报》2016 年第 4 期。

本书认为，我国应该从新一轮的产业政策复兴经验中，吸取部分发达国家曾经由于过度去工业化和金融化，一度导致本国产业严重空心化、就业率下降和金融危机爆发的历史教训，牢牢抓住制造业的高端环节，充分发挥政府对创新市场的创建和塑造作用，将全人类所面临的新世纪挑战融入我国的中长期任务导向型计划目标中，以演化经济学为主要理论基础，在新李斯特主义经济学范式下，形成一种彻底颠覆“华盛顿共识”的“新共识”，制定出一套由政府积极主导的，以技术、学习和知识等基本要素为核心的现代产业政策配套措施，引导我国走出一条创新驱动型经济发展道路。

第七章　美国产业政策的真相

过去的80年间，在公共政策领域，有关美国是否实施过产业政策以及如何实施产业政策的争论始终持续不断，来自政界、学界和科技界的各方观点相互争鸣，激烈交锋。本书认为，只有从意识形态和学术观点层面上的认识分歧出发，在对围绕美国产业政策争论进行一次系统梳理的基础上，开展深入的历史透视和最新追踪，研究者们才能对二战以后的美国（以科技与创新政策为核心的）产业政策有一个全局式的掌握，从而进一步了解美国政府在科技产业创新领域的战略部署和真实意图。

第一节　关于美国产业政策的认识分歧

在二战结束以后，美国逐渐确立其世界霸主的地位，成为全球政治、经济和科技领域的绝对领先者和秩序规制者，聚集了万千目光，是各国政府决策圈和学术理论圈争先关注的焦点和研究的对象，而围绕美国在崛起过程以及经济领先阶段，是否实行过产业政策以及如何实行产业政策的议题一直经久不衰，热度不减。就目前来看，存在三种主要观点：第一种观点认为，美国没有实施产业政策，不仅在事实上没有实施过产业政策，而且在理论上也不承认产业政策的重要性和必要性。第二种观点认为，美国政府实施了产业政策，政府在外部性领域、公共领域所采取的措施或提供的服务，属于在自由市场框架内实施的积极行为。第三种观点认为，美国政府实施了产业政策，美国政府并不像它标榜的那样不干预经济，而是对于本国经济有着深刻的干预。这三种观点，反映出现实存在着在认识上有着根本分歧的政治势力和学术派别①。

过去的 80 年间，美国在多数情况下被标榜为“自由市场经济”的成功典范，政界以美国共和党为突出代表极力宣扬“自由”主张。例如，20 世纪 70 年代经济危机后上台的美国总统里根就坚持“新自由主义”理念，认为越是小的政府越能够给市场创造更多的自由，“自由市场可以实现资源的最优配置”，因此，他主张“小政府和更有限的政府”能够为市场主体提供宽松的环境和市场自由竞争的政策空间。在老布什执政时期担任要职的前白宫幕僚长约翰·萨努努（John Sununu）曾公开坚称“我们根本没有实施过产业政策”②。

在这种意识形态主导下，产业政策一度被主流经济学家视作“毒药”。诺贝尔经济学奖得主加里·贝克尔（Gary Becker）曾表示，“最好的产业政策就是没有产业政策”③。发展经济学家约翰·威廉姆森（John Williamson）坚称“几乎没有成功的产业政策记录证明政府善于‘挑选赢家’”④。作为在国际经济领域享有高知名度的威廉姆森正是基于这种观点，在 20 世纪 80 年代末针对处于转型阶段的拉美国家提出以“稳定性、私有化、自由化”为标志的“华盛顿共识”倡议。

这种观点在社会学界和政治学界也得到广泛响应，著名社会学家迈克尔·曼（Michael Mann）表示，“美国根本没有真正的产业政策，它在战后之所以能成为经济强国，是通过大企业来实现的”⑤。政治社会学者凯文·菲利普斯（Kevin Phillips）则认为，“在美国这种松散的政治结构中，实施有计划性的产业政策是无效的”⑥。

与此同时，另有一派研究者却持有与上述论调截然不同的观点，他们认为美国自建国以后的赶超崛起阶段直至二战结束以后的全球领先阶段，美国联邦政府始终是产业政策的忠实拥护者。剑桥大学学者张夏准基于对欧美经济史的长期研究指出，美国在经济发展初期充分运用了各种形式的产业、贸易和技术政策，如

① 围绕美国是否有产业政策的争论，还有一点值得关注的是，对于“产业政策”本身认识的不同，从传统的狭义概念来说，美国是否存在所谓的产业政策，从广义而言，美国是否存在产业政策，并且采取功能性的产业政策工具。

② Buigues P and Sekkat K, *Industrial Policy in Europe*, *Japan and the USA*: *Amounts*, *Mechanism and Effectiveness*, New York: Palgrave Macmillan, 2009.

③ Becker G, “The Best Industrial Policy is None at All”, *Business Week*, August 25, 1985.

④ Williamson J, “Is the ‘Beijing Consensus’ Now Dominant?”, *Asia Policy*, Vol. 13, No. 1, 2012, pp. 1-16.

⑤ Mann M, “Has Globalization Ended the Rise and Fall of the Nation State?”, *Review of International Political Economy*, Vol. , No. 3, 1997, pp. 472-496.

⑥ Phillips K, “U. S. Industrial Policy: Inevitable and Ineffective”, *Harvard Business Review*, Vol. 70, No. 4, 1992, pp. 104-112.

对国内幼稚产业进行扶持，对本国市场进行保护，通过行政手段鼓励特定产业发展，才建立起了相对完整的工业体系，政府在其中实际起到了发展型的和企业家式的作用[①]，而产业政策的内涵在历史实践的探索中得以不断演变、丰富和拓展。美国学者克里斯蒂安·科特尔斯（Christian Ketels）表示，如果狭义地界定产业政策概念，将其理解为“以促进产业发展为目标的市场干预”[②]，则很难识别美国政府的真实产业政策措施，而如果引入“产业政策”概念的广泛定义[③]，即包括在特定产业产生影响的经济政策，那么会发现美国政府实施产业政策的事例比比皆是。安·马库森（Ann Markusen）指出，在二战期间以及之后的冷战期内，美国政府所贯彻的配套产业政策包括了长期的采购合同、政府补贴、投资担保以及战略性的援助措施。[④] 除此以外，美国联邦政府还建立和发展了一套产业政策基本制度以支持基础研究和开发，并且为主要的产业行动计划和技术创新活动提供管理和融资渠道。[⑤]

科技史学界的主流观点认为，美国联邦政府在二战以后成为支持国家科学技术发展的主要角色，通过建立并完善国家现代科学技术体系，促使美国发展成为世界领先的科技强国[⑥]。战后美国将产业技术政策的支持重点放在基础研究和国防技术上，通过美国国家科学基金会（NSF）、美国国防部高级研究计划局（DARPA）、美国国立卫生研究院（NIH）、美国原子能委员会（当今美国能源部DOE 和核管理委员会 NRC 的前身）、小企业创新研究计划（SBIR）、美国国家纳

---

① Chang H J, Andreoni A, and Kuan M L, “International Industrial Policy Experiences and the Lessons for the UK”, in Hughes A, ed., *The Future of UK Manufacturing: Scenario Analysis, Financial Markets and Industrial Policy*, London: UK-IRC, 2013.

② Ketels H M, “Industrial policy in the United States”, *Journal of Industry Competition and Trade*, Vol. 7, No. 3, 2007, pp. 147-167.

③ 有关美国产业政策的更广泛定义，很多学者都曾在他们的重要著作中提及，本章认为从广义的产业政策角度来探究美国产业政策真相更为合适。此处列出几种笔者认为极有价值的观点：第一，西默里（Cimoli）等认为，广义的产业政策既包括那些扶持“幼稚工业”的多样性政策，还包括贸易政策、科技政策、公共采购、影响外商直接投资的政策、知识产权、财政分配政策等。第二，迪·马奥（Di Maio）提出，“产业政策”概念的更广泛定义，应该包括创新与科技政策、教育与技能形成政策、贸易政策、有目的的产业扶持措施、部门性竞争力政策以及竞争管制政策。第三，诺曼（Noman）和斯蒂格利茨（Stiglitz）的研究指出，通常意义上的产业政策是指那些旨在影响资源分配和累积、技术选择的公共政策措施。他们认为的产业政策重要部分应该包括那些致力于促进学习和技术升级的活动，所以现代“产业政策”更适合被称为学习、产业与技术（LIT）政策。

④ Markusen A, “Interaction between Regional and Industrial Policies: Evidence from Four Countries”, *International Regional Science Review*, Vol. 19, No. 1-2, 1996, pp. 49-77.

⑤ Mazzucato M, *The Entrepreneurial State: Debunking Public vs. Private Sector Myths*, London: Anthem Press, 2014.

⑥ 樊春良：《美国是怎样成为世界科技强国的》，《人民论坛·学术前沿》2016 年第 16 期。

米技术计划（NNI）等政府机构、基金会和国家计划所构成的高度分散且网络化的发展主义政府支撑机制，推动计算机、互联网、生物技术等领域开展科学技术活动。美国学者弗雷德·布洛克（Fred Block）做过总结，近代美国在技术创新领域所取得的瞩目成就与联邦政府对国内产业的集中支持密切相关，只是政府的这种重大作用在“市场原教旨主义”的舆论主导下被隐形了①。

持这类观点的学者，普遍认同美国在二战以后的产业政策逻辑与国防安全考虑息息相关，在这方面也着墨颇多。美国学者琳达·维斯（Linda Weiss）通过历史考察和现实案例分析发现，战后联邦政府长期致力于构建一套国家安全政府②机构主导的政府—私营部门创新模式，这种模式下，以国防军事部门为核心的国家安全政府机构在美国国家创新体系中发挥关键作用，为美国高新技术产业的发展创造了条件，为国家科技创新能力的提升做出了革命性的贡献。③ 迈克·夏普（Mike Sharpe）在《我们隐形的产业政策》一文中提供了更为具体的例证，指出如互联网、精简指令集运算（RISC）、全球定位系统（GPS）、无人机隐形技术、语音助手（Siri）、微电子机械系统（MEMS）等颠覆性技术均源自于美国国防部高级研究计划局（DARPA）项目的早期培育，像苹果智能手机中使用的许多通用技术的基础研究都受到过 DARPA 的资助，这是美国政府“隐形”产业政策的产物④。布格斯（Buigues）和塞卡特（Sekkat）在研究中援引了具体数据，指出美国由国防部规划的政策涉及产业政策的方方面面，包括对研发投入的承诺、长期的采购合同、投资担保、对破产企业的援助计划等。相比 OECD 国家的平均水平，美国政府在科技创新领域的投入非常多，其中，国防和军事支出又是美国产业技术政策支持措施的最主要资金来源。在 2005 年美国的研发总额中，有大约 1/3 投向联邦政府支持的研究机构，对企业的研究活动支持占比达到 50%，剩余的资金投向高校和非营利机构。在联邦政府预算中，美国国防部

---

① 弗雷德·布洛克：《被隐形的美国政府在科技创新中的重大作用》，张蔚译，《国外理论动态》2010 年第 6 期。

② 此处的国家安全政府（National Security State，或者翻译为国家安全国家）意指由那些以国家安全为目标，并且和私营部门保持紧密合作关系的联邦政府机构所共同构成的一种广泛政治组织，诸如以国防任务为核心的美国国防部（DOD），以及为保持国家科技优势做出过重大贡献的中央情报局（CIA）、能源部（DOE）、卫生部（NIH）、国家航空航天局（NASA）、国家科学基金会（NSF）等部门均属于国家安全政府机构。参见 Weiss L，*America Inc.？：Innovation and Enterprise in the National Security State*，New York：Cornell University Press，2014.

③ Weiss L，*America Inc.？：Innovation and Enterprise in the National Security State*，New York：Cornell University Press，2014.

④ Sharpe M，“Our Hidden Industrial Policy”，*Challenge*，Vol. 57，No. 3，2014，pp. 120–123.

（DOD）是50%研发费用的直接或间接出资方。[①]

然而，即便是肯定美国政府在科学研究与国防技术方面的努力和重要贡献，持后一种论点的传统派学者也表示，国家在创新过程中的作用仍然非常有限。他们认为，美国国防部虽然支持了一些后来在产业中具有重要价值的技术并产生重大影响，但这仅仅只是在市场失灵的前提下，政府对公共物品投资的副产品。在传统经济学的框架内，市场失灵是国家干预的必要条件，但不是充分条件，只有当市场无法有效配置资源的时候，主张政府介入市场以矫正失灵才是合理的。这种市场失灵理论暗示，政府的作用是通过投资公共物品（如科学研究和防务），或者设计市场机制内化外部成本（如污染）或外部收益（如牲畜免疫）来“纠正”或者“补救”市场。[②] 简言之，政府对科学研究和国防技术的支持措施属于政府弥补市场失灵的必要干预，而美国国防部早期支持的大量对于国防技术可能有价值的技术研究，后来对产业产生的影响只是副产品。

以马祖卡托（Mazzucato）为代表的演化经济学派却对传统派观点表示异议，她在对西方经济学市场失灵进行批判性分析的基础上，提出国家可以在生产和创新中发挥企业家、风险承担者和市场创造者的“企业家型国家”的重要作用，而美国恰恰是最典型的案例，联邦政府除了对基础科学研究进行支持以外，还深入到应用研究和技术创新成果的商业化阶段，其产业政策不再局限于纠正市场失灵的“有限政府”，而是像投资人一样，通过下注于多样化的“投资组合”挑选赢家，主动承担起生产性投资和创新活动中的不确定性和高风险，起着塑造和创造新市场的作用。

上述观点的交锋凸显出两个层面的争议：第一个层面，美国究竟有没有实施过产业政策？第二个层面，在肯定美国实施产业政策的前提下，如何界定美国政府与市场的关系？美国政府的产业政策行为究竟有没有超越主流经济学有限政府的框架范畴？在二战以后的产业创新领域中，美国政府实际发挥了怎样的功能和作用？在这一系列探求真相的拷问之下，我们认为有必要对美国战后的产业政策措施进行一次系统性的梳理，重构美国在二战以后的产业政策图景，研究内容将涉及政府出台了哪些产业政策计划，如何制定和实施这些政策措施，以及具体使用了哪些政策工具等，并在此基础上，试图厘清美国政府在二战以后的产业政策逻辑。

---

① Buigues P-A and Sekkat K, *Industrial Policy in Europe*, *Japan and the USA*: *Amounts*, *Mechanism and Effectiveness*, New York: Palgrave Macmillan Press, 2009.

② 迈克尔·雅各布斯、玛丽安娜·马祖卡托：《重思资本主义：实现持续性、包容性增长的经济与政策》，李磊等译，中信出版集团2017年版。

第二节　美国产业政策的历史透视

在纷繁复杂的流派争辩与道路迷思笼罩之下，寻求美国产业政策的真相，显得尤为重要，这不仅有助于探索历史上美国经济崛起并实现战略赶超的强国奥秘，而且有利于阐释理论演进和政策设计层面的内在关系与基本逻辑。

在产业政策的一般认识中，美国通常被标签化为奉行自由主义市场经济的典型国家，并据此得出推论，美国没有实施产业政策。本章认为，只有摒弃这种标签化的先验性看法，转而将研究的起点往前推移，从经济思想史和政策史的角度出发，回溯美国政府产业政策的思想源头和具体做法，才能够看到一幅完全不同的图景。

回顾历史，美国早在建国以后不久就形成了明确的"产业政策"思想，后来经政治经济学的美国学派传承与发展，成为美国产业政策与隐性发展主义的指导思想。1776 年，美国宣布独立，成立美利坚合众国，独立战争爆发前后，英国将大批制造品销往新成立的美国，给处于经济发展初期的美国制造业造成了巨大冲击，国内企业纷纷破产，贸易逆差持续增加。正是在这种内忧外患的困境之下，美国第一任财政部长汉密尔顿于 1791 年向国会提交了《关于制造业的报告》，该报告抨击了农业立国的传统思想，强调制造业在经济体系中的重要作用，针对当时美国国内制造业劳动力短缺、工资高昂、资金匮乏，面临来自国外的激烈竞争，而无法发展起独立自主的工业体系等现状，提出了关税保护、出口限制、对目标产业提供直接的政府补贴、对制造业投入进行免税、提供公共基础设施等 11 条基本政策原则。[①] 这些思想在若干年后，由美国学派继承并发扬光大，形成以"生产效率—内部改善—关税保护"为核心的工业化战略思想。这是美国历史上第一次真正意义上提出产业政策思想，也是产业政策理论诞生的重要标志。可见，在美国 240 余年的历史中，实施产业政策并非某届政府短期内选择存废的政治工具，而是有着长久历史传统的国家战略思想，长期贯穿并且指导着美国的制造业强国之路。

---

① 汉密尔顿在《关于制造业的报告》中提出的 11 条基本原则中，对美国产业政策产生过实际影响的主要是关税保护（对本国制造业的高关税贸易保护）和提供公共基础设施（铁路建设等内部改善），其他的基本原则在政策落实层面，并没有确实的经济史料或政策文本作为支撑依据，证明这些原则主张曾经产生过哪些实质性的政策影响。根据笔者的观察，美国在二战前的经济政策史上，曾经采取过（有史料可查）的产业政策措施主要包括采取高关税贸易保护、优化移民政策吸引全球高技能人才、加强基础设施建设。

第二次世界大战是全球竞争格局产生巨变的重要转折点，也是美国政治地位开始确立并谋求世界科技领先优势的分水岭。战争结束以后，世界银行（WB）、国际货币基金组织（IMF）等国际组织先后成立，经济全球化与区域一体化成为新的历史潮流，贸易自由化和金融自由化成为各国参与世界经济所要遵循的新秩序，传统的贸易保护政策面临来自世界各合作国家的反倾销指控、反补贴指控或者技术壁垒等报复性手段的施压①。随着时代的变迁，世界经济秩序重塑，战后美国的产业政策措施变得更为隐蔽化和多样化，产业政策设计也融入了新的使命与内涵。

下文分三个重要历史阶段来系统梳理美国二战以后至2007年全球金融危机爆发前的产业政策体系变迁史，以展示美国的产业政策图景：

一、二战以后至20世纪70年代末（1945~1979年）：国家安全与基础研究

二战结束以后，国际形势上美苏关系持续恶化，美国政府迫于国家军事安全威胁，加快了国防科技体系的建设步伐，采取“先军后民，以军带民”的产业发展战略。时任总统高级顾问、美国科学研究与发展办公室主任的万内瓦尔·布什（Vannevar Bush）于1945年提交了《科学——没有止境的前沿》（Science: The Endless Frontier）报告，强调基础研究对知识创造、技术进步和经济增长的重要性。在该报告的引导下，战后美国政府将公共财政资助的重心转移到对国家有巨大潜在价值的基础科学研究工作上，开始重视对科技产业的战略布局与政策规划。

杜鲁门执政期间，美国在1947年颁布《国家安全法案》（National Security Act），先后成立国防部（DOD）、中央情报局（CIA）、国家安全委员会（NSC）、国家安全局（NSA）、国家科学基金会（NSF）、原子能委员会（ACE）和国立卫生研究院（NIH）等机构，美国国会则以国防为名义为这些政府机构注入大量资金用以扶持国内的科技产业创新活动。

这一阶段，美国主要基于国家安全的考虑来架构和拓展国内的产业创新体系，联邦政府的产业政策支持重点集中在与国防相关的基础研究上，不断加大对基础科学研究、基础技术与通用技术的公共政策支持力度。特别是1957年苏联发射人类历史上第一颗人造卫星“斯普特尼克号”（又译“伴侣号”）后的十年

① 有学者认为，二战以后，以美国为首的发达国家之所以开始提出要警惕产业政策，是这些国家从政治、军事、经济领域对战前政策和制度进行反思之后，认为国家干预主义的过度推行容易造成新一轮政治冲突、军事对抗和经济问题。在政治领域，由联合国牵头，推动殖民主义的废除，在经济领域，以美国为主导，倡导经济全球化下的国际分工和贸易体系。参见文贯中：《重新审视产业政策》，FT中文网，http://www.ftchinese.com/story/001081081? archive，2019年1月。

内，美国国家研发投资占 GDP 的比重从之前的 1.5%上升到 3%以上，其中联邦政府投资占比从原先的 50%上升到 70%左右。① 1961 年肯尼迪政府启动“阿波罗登月计划”，历时 8 年成功将宇航员送上月球，基础科学借助卫星和登月计划从 1958 年的 1.27 亿美元增加到 1964 年的 5.64 亿美元，实现了 20%~40%的增长速度。② 各政府机构下属也成立多所国家实验室，如美国原子能委员会下属 39 家国家实验室，通称为联邦政府资助的研发中心（Federally Funded Research and Development Centers，FFRDCs），主要负责国家任务导向的产业创新活动，业务范围从支持基础研究到申请和授权发明专利，后期还涉及生物化学、裂变和放射性材料等基础技术和通用技术的开发。

二、20 世纪 80 年代初至 20 世纪末（1980~1999 年）：产业创新与技术扩散

20 世纪 80 年代，美国面对来自日本和德国迅速崛起的强大制造力和技术赶超威胁，彻底反思本国在产业竞争力上增速放缓的原因，认识到基础科研成果无法实现商业化转化是其主要原因，从而开始大力推行一系列产业技术政策措施，旨在加强创新网络建设，将科研与生产相结合，促进应用性技术的开发与推广。

1980 年，美国的知识产权制度改革达到顶峰，美国政府出台《大学与小企业专利程序法》（俗称《拜杜法案》），授权小企业和大学可以保留政府资助研发成果的知识产权，同年通过的《史蒂文森—威德勒技术创新法案》以及后续的修正法案明确授命国家实验室可以将技术成果转移给私营部门，这些专利改革为国家实验室的基础研究商业化提供了制度保障。从 20 世纪 80 年代开始，美国政府通过一系列的科技立法来支持国内科技产业的共性技术研究，为各创新主体之间的协调与合作提供良好的法律保障和政策环境，促进产业内的技术转移与扩散，例如，1980 年出台的《技术创新法》和《大学与小企业专利程序法》，1982 年的《小企业创新发展法》，1984 年的《国家合作研究法》，1986 年的《联邦技术转移法》，1988 年的《综合贸易与竞争法》，1992 年的《再投资法》和《加强小企业研究与发展法》。

为提高创新主体从事技术创新活动的积极性，美国政府在这一阶段的产业政策以创新政策为主，致力于推进创新要素的市场化改革，构建有利于创新发展的市场制度体系，为创新主体营造公平的竞争环境和良好的合作环境。1981 年，

---

① Weiss L, *America Inc.?: Innovation and Enterprise in the National Security State*, New York: Cornell University Press, 2014.

② 弗雷德·布洛克：《被隐形的美国政府在科技创新中的重大作用》，张蔚译，《国外理论动态》2010 年第 6 期。

里根政府颁布《经济复兴税收法》，推行25%的研究开发税收减免，放宽《反托拉斯法》对企业间研发合作活动的限制。在1982年启动的“小企业创新研究计划”（SBIR）和1992年启动的“小企业技术转移计划”（STTR）中，向小企业技术创新活动提供财政援助，为从事基础技术和竞争前技术研发的小企业提供早期支持，通过加强小企业与非营利性研究机构之间的创新合作，来提高基础研究的商业化转化效率[①]。1988年美国国家标准与技术研究院（NIST）设立并实施制造业扩展伙伴计划（MEP）和先进技术计划（ATP），前者侧重于通过建立区域性制造业技术服务与转移中心，将联邦实验室、高校和企业中产生的新技术与方法，以技术服务的方式，直接转移到中小型制造企业中[②]，后者致力于由政府机构联合高校和独立研究机构共同承担风险，为那些具有潜在商业价值的竞争前共性技术开发提供早期的资金匹配和支持，以加速重大科学研究和竞争前技术的商业化。1987年，美国国防部高级研究计划局（DARPA）和半导体行业协会共同创建半导体制造技术战略联盟（SEMATECH），支持联盟内企业进行共性技术的合作研发，并鼓励它们将这些竞争前技术应用到企业后期的技术和产品开发中，继而再通过企业之间的市场竞争，在其国内市场上实现优胜劣汰，使得少数企业能够凭借优胜技术形成竞争性集中，以提高美国半导体企业的国际竞争力。[③]

三、21世纪初至2007年全球金融危机爆发前（2000~2007年）：社会挑战与人才培养

21世纪初，在全球一体化趋势下，全球变暖、生态破坏、能源危机和恐怖主义等世界性问题逐渐凸显，成为美国面临的宏大社会挑战，而美国国内在经历过十年的繁荣期后也陷入经济衰退期，财政赤字扩大给新兴产业造成巨大冲击，

---

① 沈梓鑫、贾根良：《美国小企业创新风险投资系列计划及其产业政策——兼论军民融合对我国的启示》，《学术与探索》2018年第1期。

② 汪琦、钟昌标：《美国中小制造业创新政策体系构建、运作机制及其启示》，《经济社会体制比较》2018年第1期。

③ 有关SEMATECH是否在20世纪80~90年代发挥了实质性的积极作用，推动美国半导体行业飞速发展，从而助力美国重新占据全球半导体行业中的领先地位，事实上并没有一个统一的定论，有文献表示SEMATECH对半导体行业的产业扶持效果有限，其积极作用可能被高估了，如早期的SEMATECH由于只关心联盟内成员企业的生存问题，并不能充分满足美国推动半导体行业发展的国家安全利益，长期的考虑驱使国防部支持SEMATECH不重视的研究领域（参见：Van Atta R and Slusarczuk M M G，“The Tunnel at the End of the Light：The Future of the U. S. Semiconductor Industry”，*Issues in Science & Technology*，Vol. 28，No. 3，2012，pp. 53-60.）。还有一些文献认为SEMATECH不仅没有对美国半导体产业起到积极作用，反而产生了负面影响，认为并没有实例证明SEMATECH是促成美国半导体行业转变的主要原因，因此主张美国应该停止后期对于SEMATECH的联邦政府资助（参见：Byron R M，SEMATECH，A Case Study：Analysis of a Government-Industry Partnership，Monterey，California，Naval Postgraduate School，September 1993.）。

经济萧条所带来的就业问题成为美国国内日益突出的社会矛盾。美国的这些国内外挑战被逐步纳入新的产业政策框架，成为21世纪美国的国家战略目标。

美国在这一阶段的产业政策不仅在宏大社会挑战的驱使下，开始注重对战略性新兴产业优先领域的培育和支持，而且重视人力资本培养以适应新兴产业对于高技能劳动力的需要，即通过优先领域的扶持和创新人才的培养来提高国家竞争力。2000年，美国率先启动国家纳米技术计划，并于2001年发布《国家能源政策报告》和《国家氢燃料研究计划》，将纳米和新能源列为战略性新兴产业的优先领域；2004年的《创新美国》计划、2005年的《超越风暴》、2006年的《美国竞争力计划》和2007年的《美国竞争法》作为美国创新能力建设的行动议程，明确基础研究和人才培养是美国国家竞争力提升的核心内涵，而支持基础科学研究和构建多层次的产业技术创新人才培养体系成为提升美国国家竞争力的重要产业政策工具。

在第二次世界大战以后的60多年间，美国政府在不同历史阶段，实施产业政策的主要目的从国家安全导向下的基础研究，转变为产业创新与技术扩散，再到社会挑战和人才培养（如图7-1所示），不断加强产业创新力的培养和竞争力的提升。美国联邦政府通过出台一系列创新法案，初步构筑起以创新政策为核心的产业政策体系，整个产业政策框架条件以尊重市场机制和公平竞争基本原则为前提，政府发挥作用，创造良好的制度环境，促使创新主体之间形成更为良好的竞争与合作关系，在产业政策工具选择上主要采用的是功能性、服务性政策工具，如完善市场经济制度体系，创造良好的营商环境，对于基础科学研究与基础、通用技术研究开发的支持，重视产业技术人才的培养与劳动者技能的提升等。①

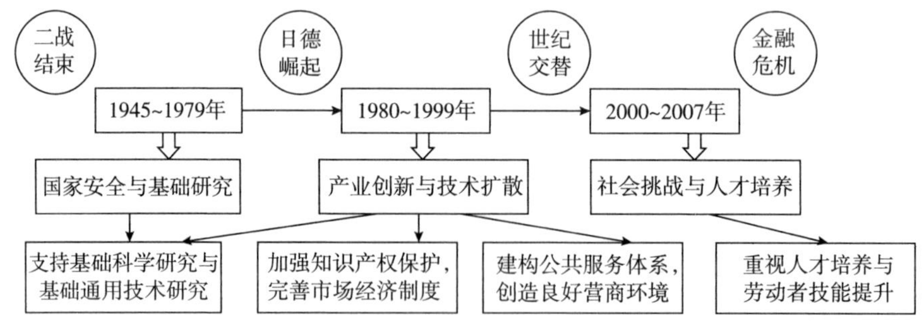

图7-1　二战后至2007年美国产业政策核心演变

资料来源：笔者绘制。

① 江飞涛、李晓萍：《产业政策中的市场与政府——从林毅夫与张维迎产业政策之争说起》，《财经问题研究》2018年第1期。

第三节　金融危机后美国产业政策的追踪

2007年美国爆发次贷危机，很快蔓延全世界变成了全球金融危机，并引发了全球性的经济衰退，危机之下，美国国内由于产业空心化和过度金融化而陷入经济停滞和高失业率的困境。2009年，美国总统奥巴马上任之后，美国政府刚从紧急"救市"的状态中缓和过来，就肩负起应对全球化冲击和危机后的经济复苏重任。奥巴马政府以扭转"脱实向虚"的困境为突破口，开始重新强调"振兴制造业"的基础理念，通过出台一系列"再工业化战略"，来引导美国向实体经济回归。

一、金融危机后美国国家创新战略的重要部署及演变趋势

2009年，美国政府为刺激经济，出台了复苏经济的一揽子计划方案——《2009美国复苏与再投资法案》（ARRA），该法案将7870亿美元拨付给能够加速国家经济复苏的特定部门和产业[①]，其中与国家创新相关方面的投资额超过1000亿美元[②]，旨在加强科技研发、人才培养和基础设施建设投入，激发国家的创新潜力，促进美国的经济复苏与可持续发展。从这一年开始，美国总统行政办公室联合国家经济委员会和科技政策办公室接连在2009年、2011年、2015年发布《国家创新战略——推动可持续增长和高质量就业》《国家创新战略——确保美国的经济增长与繁荣》和《国家创新战略》三个创新战略，对金融危机后美国科技创新产业的支撑框架和发展方向做了战略性部署（如表7-1所示）。

总体来看，这一系列战略的整体部署及演变趋势呈现以下特点：第一，在以实现高质量就业和可持续增长的经济复苏目标为导向下，政府尤其重视先进技术的创新与新技术的扩散，通过隐性的产业政策介入，为市场主体创造良好的制度环境。战略部署中创新的基石是政府投资创新生态的基础要素，不仅涉及传统物质基础设施的修缮，还包括新一代创新基础设施的建设，旨在加速新技术的创新与扩散。为激发创新活力，美国政府通过税收减免政策（研发和试验抵税）、知识产权政策和金融政策（向开放性资本市场配置资源）等产业政策工具，为企业打造开放有序的竞争性市场，鼓励基于市场机制的创新活动。第二，强化突出

① Di Tommaso M R and Schweitzer S O, *Industrial Policy in America: Breaking the Taboo*, Cheltenham, UK: Edward Elgar Publishing Limited, 2013.

② 中国电子信息产业发展研究院：《美国制造创新研究院解读》，电子工业出版社2018年版。

表 7-1 美国三大创新战略的主要目标与战略部署

战略出台时间及名称	创新基石	促进基于市场的创新	优先技术领域突破	最终目标
2009 年：《国家创新战略——推动可持续增长和高质量就业》	（1）恢复美国在基础研究中的全球领先地位；（2）以 21 世纪的知识和技能教育下一代，培养世界级的劳动力人才；（3）建立领先的物质基础设施；（4）开发先进的信息技术生态系统	（1）促进美国出口；（2）支持将资源分配给有前景的开放性资本市场；（3）鼓励高增长和创新型企业家活动；（4）提高公共部门的创新活动和支持社区创新	（1）推动一场清洁能源的革命；（2）支持先进车辆技术；（3）引导医疗先进技术的突破；（4）解决 21 世纪的“重大挑战”	确保可持续增长和高质量就业，催化国家优先技术的突破，建设一个创新型政府
2011 年：《国家创新战略——确保美国的经济增长与繁荣》	（1）以 21 世纪的知识和技能教育下一代，培养世界级的劳动力人才；（2）加强和扩大美国在基础研究中的领先地位；（3）建立领先的物质基础设施；（4）开发先进的信息技术生态系统	（1）依靠研发和试验抵税政策来加速商业创新；（2）通过有效的知识产权政策来促进在创造力上的投资；（3）鼓励高增长和创新型企业家活动；（4）促进创新的、开放的竞争性市场	（1）推动一场清洁能源的革命；（2）加速生物技术、纳米技术和先进制造业技术的进步；（3）空间技术运用实现突破；（4）引导医疗技术的突破；（5）促进创新的、开放的竞争性市场	确保可持续增长和高质量就业，催化国家优先技术的突破，建设一个创新型政府
2015 年：《国家创新战略》	（1）在基础研究中进行世界领先的投资；（2）鼓励推行高质量的 STEM 教育；（3）清晰化引入移民推动创新经济的道路；（4）建立领先的 21 世纪物质基础设施；（5）建立新一代的数字基础设施	（1）增强私人部门的创新动力：加强研发和试验抵税政策；支持创新型企业家活动；确保创新的正确框架；授权创新者以开放的联邦数据；从实验室到市场：联邦资助研究的商业化；支持区域创新生态系统的发展；助力创新的美国企业在国外竞争；（2）为国家创新者助力：通过激励和奖励开发美国人民的创造力；通过制造、众包和公民科学挖掘创新者的才能；（3）创造高质量就业和持续经济增长：加强美国在先进制造业中的优势；投资未来的产业；建立包容性的创新经济	（1）应对重大挑战；（2）用精准医疗靶向疾病；（3）通过“推进创新神经技术脑研究计划”（BRAIN 计划）加速新神经技术的发展；（4）推动医疗保健领域的突破性创新；（5）使用先进车辆技术降低死亡率；（6）建设智慧城市；（7）促进清洁能源技术和提高能源效率；（8）实现教育软件技术革命；（9）发展突破性空间能力；（10）追求计算的新前沿；（11）利用创新结束 2030 年全球极端贫困	创造高质量就业和持续的经济增长，催化国家优先技术领域突破，打造一个以民为本的创新型政府

资料来源：笔者绘制。

先进制造业在创新经济中的重要地位，领先布局先进制造业的优先技术突破领域，配套高技能创新人才的培育计划，意在抢占未来产业竞争的制高点。战略规划的优先技术领域主要集中在先进制造业，如生物技术、纳米技术、清洁能源技术、先进车辆技术、精准医疗技术等，意在重塑美国实体经济的创新实力，以创新政策推动美国制造业复兴。

二、以推动先进制造业为核心的现代产业政策框架

为适应金融危机后美国所面临的“制造业危机”和“产业革命”两大时代挑战，从奥巴马政府延续到特朗普政府①，都一以贯之地推行以“振兴制造业”为核心的“再工业化”战略，美国政府接连出台一系列推动先进制造业发展的产业政策②，意在确保美国在第三次工业革命中的领导者地位。

奥巴马时期，美国总统科技顾问委员会（PCAST）在2011年提交的《确保美国在先进制造业的领导地位》报告中，提出确保美国全球制造业领先地位的创新政策、路径和行动建议，宣布成立“先进制造伙伴”（AMP）计划，创造条件鼓励产业界联合学术界和联邦政府识别并拓展合作机会，激发先进制造业的创新潜力。2012年2月，美国国家科学与技术委员会（NSTC）发布《先进制造业国家战略计划》，依据三大原则五大目标，从顶层的战略设计层面提出实施美国先进制造业的创新政策方向，建议要建立健全制造业合作伙伴关系。2012年7月，先进制造伙伴（AMP）指导小组发布《抓住国内先进制造业竞争优势》（AMP1.0报告），提出从三大支柱③16条建议着手打造支持先进制造业的创新系统，正式提出创建国家制造业创新网络（NNMI）的设想。在2014年10月发布的《加快美国先进制造业发展》（AMP2.0报告）中，不仅强调要加快推进先进制造业合作伙伴步伐，而且细化了具体方案，提出了更具操作性的NNMI组织、运行和评估细则。2014年12月，美国国会通过《振兴美国制造业和创新法案》（RAMI），正式授权国家标准与技术研究院（NIST）成立国家制造创新网络

① 特朗普政府在2018年10月发布的《美国先进制造业领先者战略》肯定了美国制造业计划框架下，14个美国制造业创新研究所（中心）成立后在促进技术发展、与中小企业合作、培训制造业劳动力等方面取得的成绩。

② 这方面的政府文件包括：美国总统科技顾问委员会（PCAST）在2011年6月提交的《确保美国在先进制造业的领导地位》；先进制造伙伴（AMP）指导小组在2012年7月发布的《抓住国内先进制造业竞争优势》（AMP1.0报告）；美国总统行政办公室、国家科学技术委员会和高端制造业国家项目办公室在2013年1月联合发布的《国家制造业创新网络：一个初步设计》；美国总统科技顾问委员会在2014年10月发布的《加快美国先进制造业发展》（AMP2.0报告）；美国总统科技顾问委员会联合先进制造业国家项目办公室在2016年2月发布的《国家制造业创新网络计划战略规划》。

③ 行动建议中的三大支柱分别是扶持创新、确保人才输送和改善商业环境。

（NNMI），作为在全国范围内建设的促进产学研合作的技术服务网络，以支撑国家先进制造业的发展。

美国政府在金融危机过后的制造业复兴过程中，在战略部署上逐渐将政策重点聚焦到发展先进制造业以确保全球范围内的产业竞争优势这条主线之上，以创新政策为核心的现代功能性产业政策框架呈现出如下特点：第一，从税收减免、知识产权立法、基础设施改善等多方面入手，为先进制造业创造有利的外部环境，让企业能够基于完善的市场机制对先进技术进行分散试错、优胜劣汰。第二，注重人才培养体系的建设，以适应先进制造业发展对高技能人才的需求，随着先进制造业的推进，政策目标从简单地提供就业机会转向创造高质量的就业机会。第三，以建构制造业合作伙伴关系为抓手，探索技术创新领域公私资本合作的新模式，完善制造业创新公共服务体系和研发平台，旨在解决基础研究商业化过程中的市场失灵问题，促进各研发主体之间的合作与交流。

三、美国产业政策的最新追踪和基本特征

2017 年 1 月，特朗普上任美国总统之后，随即延续其竞选时期打出的口号——“让美国再次伟大”（Make America Great Again），践行“美国优先”的“特朗普新政”。对内经济政策方面，特朗普政府积极推动减税、加大基础设施投资、放松金融监管、发展传统能源等，以促使“制造业回流美国”，创造就业岗位，提振美国经济增长。对外经济政策方面，宣布退出或重谈多边贸易协定、采取多样化的贸易保护措施、推行严苛的移民政策，以改善对外贸易逆差，重新定位美国在全球贸易与生产体系中的责任与权利。在新一轮科技革命和产业变革的大背景下，特朗普政府为维护美国的全球领先地位，大刀阔斧地推行经济改革，在贸易、科技和产业领域频频推出新政策①，这些政策也呈现出新的特点：

① 特朗普上任后的产业政策及措施包括：第一，贸易方面：2017 年 1 月 30 日，美国正式退出《跨太平洋伙伴关系协定》（TPP）；2017 年 3 月 30 日，特朗普政府向国会提交草案，着手更新完善《北美自由贸易协定》（NAFTA）；2017 年 4 月 24 日，美国推进《跨大西洋贸易和投资伙伴关系协定》（TTIP）谈判。2017 年 4 月，美国根据《1962 年贸易扩展法》第 232 条款对钢铁和铝的进口开展新调查；4 月 26 日，美国《贸易法》第 201 条重启，规定若美国贸易委员会发现进口产品对美国国内工业造成严重损害时，有权决定采取行动。2018 年 3 月 8 日，特朗普宣布对钢铁和铝进口分别征收 25%和 10%的关税；3 月 22 日，特朗普宣称，依据对华“301 调查”结果，将对中国进口的商品征收大规模关税，并限制中国对美的投资并购。第二，科技方面：2018 年 11 月，美国制定《出口管制改革法案》（ECRA），强化对华技术产品出口管制；2018 年 11 月中旬，美国商务部制定了针对最新的 14 大类关键技术与产品的出口管制框架。第三，产业方面：2017 年 6 月 5 日，特朗普启动“基建周”，提出“亿万基建计划”；2018 年 10 月，特朗普政府发布《美国先进制造业领导力战略》，肯定美国当前的制造业计划框架；2019 年 2 月，特朗普宣布启动“美国人工智能倡议”，国防部随后发布《国防部人工智能战略》概要；2019 年 4 月 3 日，美国国防部国防创新委员会发布《5G 生态系统：对美国国防部的风险与机遇》报告，同年 4 月 13 日，特朗普和联邦通信委员会（FCC）宣布了几项加速 5G 在美国部署的计划，宣称“5G 竞赛已经开始，美国必须赢”。

第一，特朗普时期的政策设计与奥巴马时期的“再工业化”战略高度一致，只是更加聚焦短期的利益。特朗普在竞选时期就打出“制造业回归”的旗号，从本质上延续了奥巴马时期政府在后危机时代的产业政策核心，即在奥巴马时期定下的三大创新战略大框架下推行以“振兴制造业”为核心的一系列产业政策。不同的是，奥巴马政府更关注从长远战略上，如何通过创新促进制造业的高质量发展，巩固美国在科技创新领域内的领先地位，而特朗普政府更关注如何通过再工业化短期内迅速带动制造业就业机会的回归，以缓解本国产业空心化和工薪阶层大量失业的困境与压力。

第二，特朗普时期的产业政策更加重视产业安全，采取多样化的手段加强对关键性技术的保护。特朗普在2017年发布的《国家安全战略报告》（National Security Strategy）和2019年发布的《国家情报战略报告》（National Intelligence Strategy）中明确提到中俄等国是美国的战略竞争对手，认为它们的科技进步对美国的产业安全造成威胁，特别是在战略性新兴产业领域。因此，特朗普出台的许多科技政策、税收政策以及移民政策都是以维护本国产业安全为目标而制定的，比如针对关键性技术与产品出台《出口管制改革法案》（ECRA），向中国发起“301调查”，意在对后进国家制造业进行技术封杀；大幅降低企业所得税和个人所得税以刺激美国高新技术企业加大研发投入；反对低技术移民，推行“限穆令”，设防工业间谍行为，主张“买美国货，雇美国人”。

第三，特朗普时期的贸易保护措施，致力于撇清美国在全球贸易体系中的责任，且手段更为强硬。全球经济一体化进程中，作为领先者的美国在多边贸易关系中占据主导地位，与此同时，美国也曾经承诺为后进国家提供贸易政策上的优惠条件。这些早期承诺在特朗普看来，是造成美国近年贸易损失的一大原因。2017年，特朗普签署行政令，相继宣布退出《跨太平洋伙伴关系协定》（TPP）；重商《北美自由贸易协定》（NAFTA）；推进《跨大西洋贸易与投资伙伴关系协定》（TTIP）的谈判，意在重新界定美国在多边贸易关系中的责任与义务。特朗普政府推行的这些贸易保护措施，手段较为强硬，但个别措施的持续性仍有待观察，其主要目的包括提升美国在全球贸易体系中的主导权，扩大美国商品和服务的出口，完善美国的贸易法，加强对美国知识产权的保护等。

拜登就任美国总统以后，持续加强对产业链供应链安全的关注。2021年2月24日，拜登签署了第14017号行政命令《美国供应链行政令》，文件中将增强美国供应链韧性定为政府政策，指出有韧性的美国供应链将重振和重建国内制造能力，保持美国在研发方面的竞争优势。同年6月，美国白宫联合商务部、能源部、国防部和卫生与公众服务部4个部门发布了供应链百日评估报告《建立弹性供应链，重振美国制造业及促进广泛增长》。时隔一年，2022年2月24日，拜登—哈里斯政府在“振兴供应链计划”[①]中，再次发布一份顶层报告《美国供应链行政命令：一年行动和成就》，概述了过去一年中美国加强关键领域供应链安全的主要做法和强化措施，其中由 7 个部门针对 6 个专项的供应链安全进行评估。基于报告中的结论，美国政府宣布将采取更多具体行动，建立关键供应链的长期韧性，并在整个联邦政府中正式将供应链韧性制度化。

作为美国产业安全政策的延续，2022 年 8 月拜登签署的《芯片与科学法案》中对于半导体芯片产业领域的历史性投资和巨额产业补贴，以及对科学研究和 STEM（科学、技术、工程和数学）教育的支持性资金增加，都将围绕增强美国供应链、发展国内制造业目标展开。英特尔 CEO 帕特·基辛格评价称，《芯片与科学法案》“可能是二战以来美国出台的最重要的产业政策”[②]。这个具有里程碑意义的法案标志着之前美国推动的重建“制造业回流”和重组国际产业链供应链的逻辑从模糊向清晰转变[③]，也加速了美国半导体等关键产业的国内化生产，以及产业链供应链的集团化、友岸化和近岸化发展。

四、后经济危机时代美国产业政策的具体措施、特点与评价

后经济危机时代，美国政府在战略部署上以推动先进制造业为主要目标，落实到具体层面，就是在功能性产业政策的框架下，采取多样化的手段措施支持先进制造领域的创新研发活动，这类措施不仅在尊重市场机制的基础上产生良好的技术创新与扩散效果，而且能够巧妙地规避掉 WTO 补贴与反补贴协议的约束，以一种“隐形”的方式支持产业创新。

本节基于美国国家科学委员会（National Science Board，NSB）公布的《科学与工程指标》（Science & Engineering Indicators）数据，较为细致地分析美国联邦政府在后危机时代落实产业政策的具体措施及主要特点，内容涉及扶持阶段、资助力度、利益分配等方面，并据此观察美国政府在产业创新领域中实际发挥的功能与作用，进一步探讨美国政府在产业政策实施过程中是否存在对市场机制干扰，从而导致不公平竞争的行为。

2008 年金融危机以后，美国对创新活动的研发投入不断加大，然而，美国联邦政府的研发支出却没有出现明确的增长趋势（如图 7-2 所示），但这并不表明美国联邦政府在创新研发方面的补贴行为没有规律可循。具体到创新链上不同

---

① 王栋、李安迪：《论百年变局下全球化与区域化的新发展趋势》，《当代世界与社会主义》2022 年第 4 期。

② 刘建丽：《美国〈芯片与科学法案〉的可能影响及中国的应对之策》，《中国发展观察》2022 年第 12 期。

③ 徐坡岭：《俄乌冲突下全球经济秩序面临调整》，《经济日报》2023 年 2 月 17 日。

环节、创新活动的不同执行部门、公私部门之间的联合研发比例程度，就能够总结出如下趋势特点：

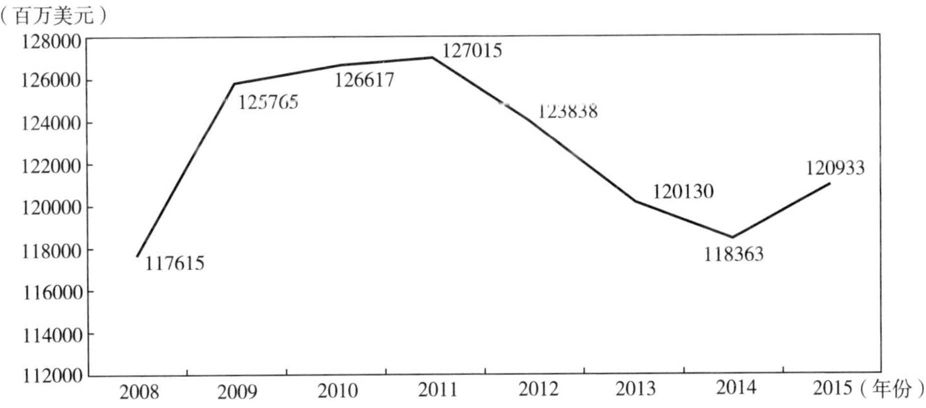

图 7-2 2008~2015 年美国联邦政府研发支出

资料来源：National Science Board，Science & Engineering Indicators（2018）。

第一，联邦政府对创新链前端基础研究①的贡献度要高于对后期应用研究和试验开发阶段的贡献度，美国政府对研发的补贴最多地体现在对基础科学研究、基础技术和通用技术研发的支持。2008 年以后美国在研发方面的投入逐年增长，如果不区分资金来源，美国在创新链上不同环节的研发投入总额从高到低依次为试验开发、应用研究、基础研究②，但是，就研发资金总额来说，其资金来源包括企业、各级政府、高等院校和非营利机构等私人和公共部门，并不能单纯反映出公共政策的扶持力度。只有对资金来源、执行部门和创新类型进行划分，将联邦政府对创新链不同阶段的资助拆分出来解读，才能得出较为准确的结论，以 2015 年为例，联邦政府对创新链前端基础研究的贡献度（44.3%）要高于应用研究（35.5%）和试验开发（15.7%）（如图 7-3、表 7-2 所示），也就是说基础研究阶段的创新活动对联邦政府的创新补贴依赖程度最高，这个阶段是接受政府

① R&D 活动一般包括基础研究、应用研究和试验开发三类，这三类研发活动也依次代表创新链上的不同环节，其中，基础研究指的是没有特定商业目的，以创新探索知识为目标的研究；应用研究指的是运用基础研究成果和有关知识为创造新产品、新方法、新技术、新材料的技术基础所进行的研究；试验开发指的是利用基础研究、应用研究成果和现有知识创造新产品、新方法、新技术、新材料，以生产产品或完成工程任务为内容而进行的技术研究活动。

② 如果做中美比较，美国在基础研发和应用阶段的投入比例都要高于中国，而在试验开发阶段的投入比例则要低于中国。

政策扶持力度最大的创新环节。政府对这个阶段的扶持，属于对竞争前技术研发环节的支持，不仅没有对技术间竞争产生干预，而且为后期市场机制下技术路线的分散试错、自发协调创造了更多的可能性。

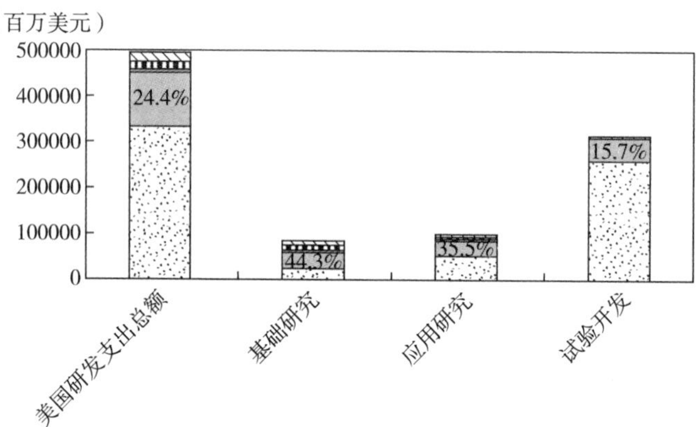

图 7-3 美国创新生产环节资金来源中联邦政府出资比率

资料来源：National Science Board，Science & Engineering Indicators（2018）。

表 7-2 美国创新生产环节资金来源各出资机构分布比率

出资机构	总额	企业	联邦政府	非联邦政府机构	高等院校	非营利组织
美国研发支出总额（百万美元）	495144	333207	120933	4280	17334	19390
按资金来源的百分比分配（%）	100	67.3	24.4	0.9	3.5	3.9
基础研究（百万美元）	83462	22717	36946	2354	10880	10565
按资金来源的百分比分配（%）	100	27.2	44.3	2.8	13	12.7
应用研究（百万美元）	97150	51738	34511	1419	4567	4917
按资金来源的百分比分配（%）	100	53.3	35.5	1.5	4.7	5.1
试验开发（百万美元）	314532	258753	49476	507	1888	3908
按资金来源的百分比分配（%）	100	82.3	15.7	0.2	0.6	1.2

资料来源：National Science Board，Science & Engineering Indicators（2018）。

第二，联邦政府的研发支出中，对高等院校、国立研发中心、非营利组织以及各级政府等公共部门研发的资助力度要高于对私人部门研发的资助力度。美国政府的创新补贴并不倾向于对私人企业创新活动进行直接补贴，而是选择通过加强科技创新公共服务体系建设间接性地助力国内创新研发活动。2008 年以后，无论是从创新研发活动的执行主体还是出资主体来看，企业作为出资主体的资助额都是当之无愧的第一顺位，占比高达 50%以上（如图 7-4 所示）。以 2015 年为例，企业研发费用中的 92.1%来自于企业自身的研发资金，联邦政府对企业的直接资助只占企业研发总投入的 7.6%，联邦政府较少地采用对企业直接补贴的方式支持创新，这也是美国在 WTO 等国际规制下能够有效规避反补贴诉讼的重要原因之一。就美国联邦政府的研发支出比例来看（如图 7-5 所示），美国联邦政府用于支持企业研发活动的比例为 22.32%，而将更多的资金用于扶持国立研发中心、高等院校、非营利组织等科技创新公共服务体系的研发活动，其中还有很大一部分资金经由联邦内部的政府机构（如国防部、能源部、美国航空航天局、国土安全部等）通过立项或者创新计划[①]间接性地支持创新研发活动。这种资助结构和方式不仅促进了各创新主体之间的交流与合作，而且不会对市场主体之间的公平竞争产生不利影响，因为政府对于创新与研发活动的补贴，主要是经由政府机构联合国立研发中心和高等院校建构的科技服务公共体系或全国性的技术转移平台对创新主体以普惠的形式发放。

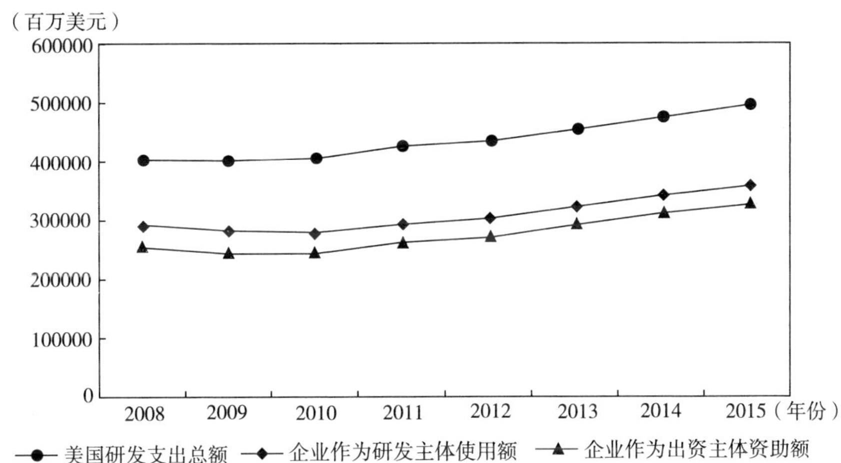

图 7-4　2008~2015 年美国企业作为研发主体和出资主体在创新研发总额中的情况

资料来源：National Science Board，Science & Engineering Indicators（2018）。

① 例如小企业创新研究计划/小企业技术转移计划（SBIR/STTR）、美国国家创新网络计划（NMMI）、制造业拓展伙伴（MEP）计划等，都是美国国防部、能源部、商务部等联邦政府机构共同出资支持的，这类创新计划中，更多地选择以公私合营的 PPP 模式运行，公共部门和私人部门在运行机制中实现紧密的共生关系，风险共摊，创新收益社会化。

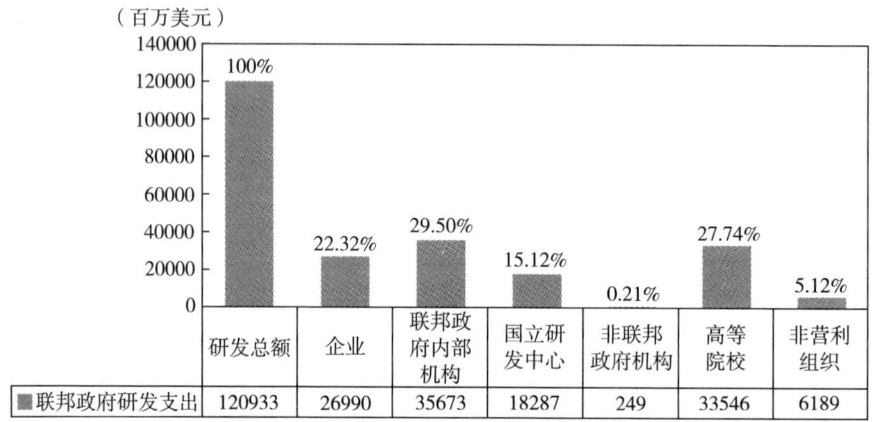

	研发总额	企业	联邦政府内部机构	国立研发中心	非联邦政府机构	高等院校	非营利组织
■联邦政府研发支出	120933	26990	35673	18287	249	33546	6189

图 7-5　2015 年美国联邦政府研发资金支出分布

资料来源：National Science Board，Science & Engineering Indicators（2018）。

第三，联邦政府对创新部门研发的公共资金投入比例，配套完善的知识产权管理制度作为支撑，决定了公私合作关系下技术创新发明与专利的公开化程度。由于联邦政府对公共资金参与的创新研发活动以及由此形成的知识产权，享有一定的支配权，因而会对其提出公益化和共享性要求。政府对创新部门研发的资金投入，从本质上是一种对创新活动的公共政策支持，作为报偿，美国政府在知识产权共享机制上为这些在公共资金支持下形成的知识产权设计了便利化的公开条件，正是通过这种较为隐蔽的方式，美国政府不仅有效地促进了新技术在私人企业之间的转移与扩散，而且为市场主体创造了普惠性的政策福利。自 1980 年以后，美国政府开始重视并且不断完善在知识产权方面的制度基础，接连出台一系列促进产业内技术转移与扩散的专利法案①，之后在 2012 年的《先进制造业国家战略计划》中明确提出要加强“产业公地”建设，促进知识资产的共享，旨在让公共部门和私人部门在基础研究和共性技术平台上的合作投资能够创造更高

① 上文中已经提到，如 1980 年的《拜杜法案》允许大学和小企业能够获得授权小企业和大学可以保留政府资助研发成果的知识产权；1980 年的《史蒂文森—威德勒技术创新法案》要求联邦实验室建立技术转移办公室，单独设置资金用于技术转移；1986 年《联邦技术转移法案》（公法 99-502）授权国家实验室可以加入与私人企业之间的合作研发协议（CRADAs）并有权商定专利使用权转让协议；1991 年的《美国技术优先法》（公法 102-510）规定在 CRADAs 内部扩展知识产权交易关系；1995 年《国家技术转让改进法》（公法 104-113）通过提供知识产权方面的便利条件促进 CRADAs 的商业化转化；1998 年《技术管理法》（公法 105-309）批准对先进制造业合作伙伴关系（MEP）提供持续性的联邦政府支持；1999 年《美国发明者保护法》（公法 108-153）规定专利应用的申请和公开条件；2007 年《美国竞争法案》（公法 110-69）加大对自然科学领域机构的研发资助，为科学、技术、工程和数学（STEM）提供更多的机会。

的市场经济效益。这些战略规划在国家重大创新计划中得到进一步落实，以国家制造创新网络（NNMI）为例，联邦政府承诺在5~7年的创新网络建设期间，向每一个创新研究所提供7000万美元到1.2亿美元的资助（政府与私人资金占比一般为1∶1），与此同时，在NNMI内部设计了一套知识产权利益分配机制：规定成员单位之间可以直接签署商业化知识产权合作协议；成员单位基于项目共同开发的知识产权，按投资比例多少享受成果，即"多劳多得"[①]。这套机制为成员单位中的中小企业降低了知识产权方面的使用壁垒，让它们能够以一种较低的价格获得知识产权的优先共享权。

第四节　二战后美国产业政策的经验总结

本章从产业政策争论所引起的真相探寻出发，回顾了二战以后美国的产业政策史，分历史阶段对美国政府在不同时期所采取的主要政策措施进行梳理，随着不同时期主要目的的变化，美国产业政策不断融入新的时代内涵。从早期的以国家安全为目的，架构国家创新体系，注重基础研究，到20世纪80年代初，面临后起国家的国际竞争，以产业创新和技术扩散为主要目的，出台一系列完善知识产权保护和科技创新服务体系的政策法规，至21世纪初以社会挑战和就业创造为目的，建立健全产业技术人才培养体系，美国的产业政策重点虽然不断发生转变，但是对技术创新的政策支持意图却始终贯穿其中，逐渐发展出以创新政策为核心的现代产业政策框架。

在新的产业政策框架体系下，美国产业政策主要具有以下几个特征：第一，美国联邦政府在产业政策的实施和演进过程中发挥着相当积极的作用，如政府积极建构国家创新体系并且促进产业技术的创新与扩散，在具体做法上主要选取功能性、服务性政策工具，美国的这些政策行为始终以市场机制为前提，通过产业政策的设计与实践为国内的创新主体创造公平良好的竞争环境，以更好地促进经济主体之间的协调与合作，从本质上并没有超越有限政府的框架范畴。第二，美国的现代产业政策体系以创新政策为核心，着力于支持新技术的研发与扩散，联邦政府对于技术创新的资助主要集中在创新链前端的基础研究和通用技术开发环节，政府对竞争前阶段的扶持不仅没有对技术间竞争产生干预，而且为后期技术路线的分散试错创造了更多的可能性。第三，高度重视公共服务体系的建设，为

① 中国电子信息产业发展研究院：《美国制造创新研究院解读》，电子工业出版社2018年版。

科技产业的发展提供良好的创新基础设施，包括建立国家实验室、共性技术研究公共平台、公共技术扩散（转移）平台、综合性的中小企业公共服务体系、科技信息交流与共享公共服务体系，并优化公共服务机构的治理模式与营运机制，政府对创新研发的资助通过公共服务体系对创新主体以普惠的形式发放。第四，注重创新人才的培养和对高技术人才的吸收，对内完善高技术产业人才的培养体系，以适应先进制造业创新网络建设对高技能劳动力的需求，意在打造创新人才高地，吸引更多的高素质创新人才为美国效力，短期内特朗普政府更倾向于培养和雇佣本国的创新人才。

在金融危机过后的美国制造业复兴过程中，从奥巴马时期开始到特朗普时期再延续到拜登时期都一以贯之地推行“再工业化”战略，美国联邦政府在战略部署上逐渐将政策重点聚焦到发展先进制造业以确保全球范围内的产业竞争优势这条主线之上，特朗普政府对制造业带来的短期就业创造效应给予高度关注，而拜登政府则着力于通过增强美国供应链的长期韧性以重建国内制造能力，但是，在具体的操作过程中，始终遵循的是一种通过产业政策介入，给市场主体创造更好的制度环境，解决市场失灵的思路，市场及市场机制仍然居于主导地位，这并没有超越有限政府的框架范畴。政府只是在拓展功能性产业政策内涵的基础上，充当更为关键的角色，并且将产业政策和竞争政策视作新时代促进产业发展与竞争力提升的重要政策工具。通过选取合适的产业政策工具以及政策组合，营造良好的制度环境，纠正市场失灵中的问题，让创新主体能够在市场机制下通过分散试错与竞争选择来引导出“正确”的产业、技术路线或产品以及最有效率的企业，从而确立并扩大美国在先进制造业中的全球领先优势。

通过分析梳理跟踪全球产业政策的演进方向，对中国在新发展格局下制定现代产业政策措施，引导创新驱动经济发展的战略转型，具有重要的启示意义。

第八章　美国的颠覆性技术创新对中国的启示

第一节　美国颠覆式创新如何跨越“死亡之谷”

2017 年 10 月，在党的十九大报告中，习近平总书记系统阐述了新时代中国特色社会主义思想和基本方略，特别是从战略高度强调了创新是引领发展的第一动力，是建设现代化经济体系的战略支撑，肯定了创新驱动发展战略在我国经济建设中的重要推动作用。此处提到的创新驱动发展战略，其核心内容在 2016 年 5 月中共中央、国务院印发的《国家创新驱动发展战略纲要》中得到了明确阐述，党的十九大报告强调要“瞄准世界科技前沿，强化前瞻性基础研究，发展引领产业变革的颠覆性技术，不断催生新兴产业领域，增强本国的原始创新力”，这表明围绕颠覆式创新展开的经济活动将成为我国未来创新战略的重点。纵观全球，美国自二战以后便雄踞世界科技强国之首，长年致力于发挥政府风投的资金引导和支持作用，催生大量有突破性进展的重大科技成果，在颠覆性原始创新领域已取得相当瞩目的成就，是进行国际经验研究的首选。而且，就既有的研究来看，美国创新模式特别是美国政府在科技创新领域投融资方面的体制机制设计相当完善，走在世界前列，其经验能够为我国创新型国家的金融体制建设提供极为有益的政策启示，具有进一步研究的重要意义。围绕这个主题，本节计划分六个部分展开讨论，第一部分就颠覆式创新、死亡之谷和政府作用之间的概念关系进行阐述，第二部分至第五部分分别梳理和研究美国政府风投参与颠覆性创新项目的四种具体组织形式，第六部分总结分析美国的成功经验对我国的启示和借鉴。

一、颠覆式创新、“死亡之谷”与政府的关键性作用

二战结束后至今，美国之所以能够长期维持世界科技领先国的地位，其主要原因在于美国政府长期重视培养本国颠覆式创新的能力。在过去的半个多世纪内，美国在高新技术领域中创造过许多突破性的重大创新成果，如互联网、单芯片微处理器、计算机乃至近年来生物制药和新能源汽车的出现，均代表了整个行业前沿技术的重大进展，抑或带动了某个战略性新兴产业的兴起。在各创新主体从事着高风险、高收益的颠覆式创新活动过程中，美国政府或者说公共部门除了是创新战略的方向制定者之外，也是支撑企业跨越“死亡之谷”的关键性角色，实际上扮演着国家基础研究向商业化转化的重要推动者和主要风险承担者。

“颠覆式创新”（Disruptive Innovation）这一概念最早是由哈佛商学院教授克莱顿·克里斯坦森（Clayton Christensen）于 1997 年在《创新者的窘境：大公司面对突破性技术时引发的失败》一书中明确提出来的，用于强调对既有主流技术、产品市场和商业模式有颠覆性突破和超越的创新活动，这是对美国长期致力于从事前沿领域原始性创新以维持其世界科技领先强国创新模式的概念化总结。根据克里斯坦森的理论，他认为颠覆式创新是相对于持续性创新（Sustaining Innovation）而言的，持续性技术创新最大的特征是指基于主流消费者市场早已形成的产品价值维度来界定的产品性能能够在创新中得以提高，而这种在既定产业内的技术进步往往是渐进的、持续性的。相对地，颠覆性创新破坏性很强且方向具有不确定性，有可能会导致产品性能在主流市场的价值评估中出现短期的坏的结果，但是一旦技术创新成功则可以革命性地开辟一片新的市场，创造出意想不到的高额市场利润，同时打破既有的竞争关系格局。[①] 美国的这种颠覆式创新，不仅包括技术层面上的创新，还包括商业模式上的创新。美国政府在这个过程中发挥着“企业家型国家”的作用，由政府所制定的产业政策通过塑造和创造新技术、新部门和新市场来推动经济结构的转变，该国长期的战略性投资和公共政策更多地致力于创造和塑造新市场而不是仅仅局限于弥补市场失败或者校正系统失灵[②]。

颠覆式创新属于高风险、高收益类型的创新活动，在这个过程中，基础研究能否实现商业化转化是决定科研创新成果能否最终为国家带来巨额市场化利润的

① Christensen C, *The Innovator's Dilemma: When New Technologies Cause Great Firms to Fail*, Boston: Harvard Business School Press, 1997.

② Mazzucato M, "From Market Fixing to Market-Creating: A New Framework for Innovation Policy", *Industry and Innovation*, Vol. 23, No. 2, 2016, pp. 140-156.

关键因素。二战结束后至20世纪70年代末期，美国政府在万内瓦尔·布什著名的报告《科学——没有止境的前沿》（1945年）的引导下，意识到基础研究对知识创造、技术进步和经济增长的重要性，因而积极从公共财政上支持联邦实验室从事关乎国家战略前途的基础性研究工作，然而，对于企业所从事的应用性技术开发活动却未施以援手。直至进入20世纪80年代，日本凭借在汽车、钢铁、半导体行业的崛起，对美国形成了技术追赶上的威胁，才促使美国反思本国之所以在产业竞争力上增速放缓，其主要原因在于难以“将研究成果转化为商业优势”①，即基础研究与商业化产品开发之间严重脱节。这种存在于联邦政府所资助的基础研究与产业界资助的应用性研发之间的一条沟壑，正是导致大量科研成果无法实现市场转化的失败根源，经研究被认为长期存在，且有愈加扩大的趋势，这一发现在将近20年后，被时任美国众议院科学委员会副委员长的弗农·埃勒斯（Vernon Ehlers）在1998年向国会所提交的报告中首次命名为“死亡之谷”（Valley of Death）②。

学界认为，科技创新领域之所以会出现“死亡之谷”现象，主要是因为国家公共部门支持本国科学研发的目的与私人部门风险投资者的利益诉求之间存在着巨大的分歧。就美国的情况来看，公共部门或者说政府机构遴选和设立一些基础研究项目，其主要目的在于通过启动一些具有颠覆性创新潜质的长期项目，来满足国家公共部门的战略性需求。而私人部门风险投资者则主要基于市场消费者的即时需求取向，积极追求低风险、高收益的利润最大化目标，倾向于将资金投向已有明确商业前景的产业化后期项目。③ 这表明，处于种子期和初创期的创新企业实则面临着最高额的融资需求和失败风险，而以利润为导向的私人部门不愿意也不可能肩负起帮助这些颠覆性创新项目跨越过“死亡之谷”的重大责任，这种存在于基础研究和科研成果早期市场化之间的融资空白只能靠政府给予的公共部门财政支持来进行弥补。综观美国二战以后的科技政策发展史，美国联邦政府似乎很早就洞察了这个缺口，曾“有意识”地向一系列具有颠覆性创新潜力的高风险创新科技型企业提供早期的金融支持，帮助有潜力的初创企业在没有能力吸引到私人风投的时候，建立桥梁跨越“死亡之谷”，直到研发产品具备市场化潜力之后，才助推企业进行融资方式的转型，吸引和刺激更多的私人资本参与股权投资，与此同时，政府资金逐渐退出。因此，美国政府除了是创新战略的方

①② Wessner C W, *An Assessment of the SBIR Program*, Washington: The National Academies Press, 2008.

③ Murphy L M and Edwards P L, *Bridging the Valley of Death: Transitioning from Public to Private Sector Financing*, Colorado: National Renewable Energy Laboratory, 2003.

向制定者之外，实质上还充当了国家颠覆性创新最大和最早的风险资本投资商。

在具体做法上，美国联邦政府参与或从事风险投资事业的模式是多样化的，如在政府支持下设立混合公私资源的营利性风投基金，或者是向遴选审核通过的项目提供直接的财政拨款资助，或者是支持国家安全政府机构成立混合杂交式公私合作组织并参与股权投资，又或者是设立机构作为信息中介充当初创型企业和潜在风投之间的嫁接桥梁。下面我们就简明扼要地讨论美国政府主导的四种公私合作式风险投资模式，并探讨它们如何助推美国跨越颠覆式创新的“死亡之谷”。

二、小企业投资公司计划——混合了公私资源的营利性风投基金

美国于1958年出台的小企业投资公司计划（SBIC）是美国历史上首个联邦政府投资基金，在国会通过的《小企业投资法案》中，美国小企业管理局（SBA）被授命为管理机构，启动实施小企业投资公司计划，负责向那些支持小企业发展的风险投资公司颁发许可证并且提供政府资助，以弥补当时小企业融资在长期股权和债权投资上的缺口。

小企业投资公司计划的组织架构主要由三部分组成：第一，总统、国会和作为实际管理部门的美国小企业管理局；第二，充当政府支持型风险投资基金的小企业投资公司；第三，符合条件的小企业。其中，得到小企业投资公司计划支持的风险投资公司的资金来源主要包括：其一，由私人投资者、州立发展基金、商业银行组成的常规资本；其二，由担保债券杠杆资金和参与式证券杠杆资金构成的杠杆融资；其三，政府基于杠杆机制提供的优惠贷款。[①] 可见，小企业投资公司计划中的小企业投资公司实际上是一种混合了公私资源，执行独立法人制度的营利性风险投资公司。小企业投资公司计划的投融资模式流程如图8-1所示。

在这些经由小企业投资公司计划投向创新型小企业的资金中有1/2到3/4的份额直接或间接地来自于联邦政府的资金支持，而政府注资主要采取低利率贷款担保、公司债券持有或股权投资的方式。在小企业投资公司计划的执行过程中，反映的是一种公共部门与私人部门的合作关系与治理模式，政府资本所起的作用是撬动和激励更多私人资本投向具有颠覆性创新潜力、处于高风险阶段的初创型企业，以此来填补“死亡之谷”阶段市场投资环境的真空地带。这一政策倾向，在小企业投资公司计划的投融资机制中明确地表现出来：首先，如图8-1所示，小企业投资公司的成员企业只有在筹措到1美元私人资本的前提下，才能经由小企业投资公司计划的支持，间接从SBA处获得4美元的低利率贷款或者股权投资（此处的融资杠杆为1∶4），即政府有意识地通过小企业投资公司计划将私人资

① 陈希、褚保金：《美国“小企业投资公司计划”运作机制研究》，《商业研究》2006年第11期。

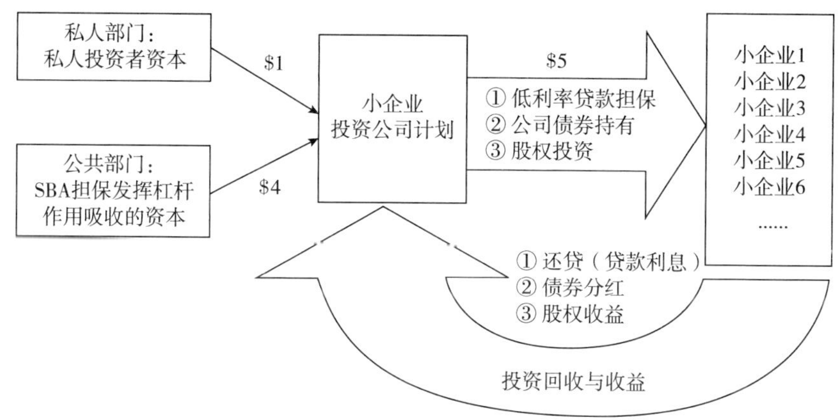

图 8-1　小企业投资公司计划的投融资模式流程

资料来源：笔者绘制。

本引入颠覆式创新领域，并且在事实上分担了私人资本的投资成本和风险。其次，小企业投资公司在遴选投资对象的时候，遵循 SBA 的计划指导，将尽量多的资金投向成立不足 3 年的小企业[①]，倾向于扶持更多处于种子期和初创期的创新型小企业。最后，小企业投资公司通过贷款利息、债券和股票分红以及股权收益等方式回收投资成本和扩大投资收益，激励公共和私人部门能够更长久地投身于小企业投资公司计划，共同为初创型小企业提供创新资本支持。

小企业投资公司计划中的风险投资公司作为美国政府创立的首个杂交式风险投资机构，已经为推动美国技术创新领域的颠覆性创新事业做出了重大贡献。一方面，小企业投资公司计划早在 20 世纪 50 年代末就先于 20 世纪六七十年代兴起的私人风投基金培育了一批联邦政府授权的小企业风险投资公司，作为种子基金，专门投向那些高风险的初创型小企业，充当了美国二战后首批重大科技创新的“造浪者”。另一方面，该计划也通过创造优沃的风险投资环境催生了许多具有创新潜力的高新技术企业和战略性新兴领域，继而助力美国凭借一系列颠覆性创新成果的出现巩固了科技领先国的地位。比如英特尔公司就是在小企业投资公司计划支持的富国投资公司的资助下逐渐发展起来的，公司于 1971 年研制出全球首个单芯片微处理器，从而奠定了其跻身世界 500 强的科技实力，也引领了以信息和远程通信为标志的全球第五次信息技术革命浪潮。

---

① 据统计，小企业投资公司计划中有 60%的资金投入成立 3 年以下的小企业，20%左右的资金投入成立 3~6 年的小企业，10%的资金投入成立 6~10 年的小企业，只有约 10%的资金投给了超过 10 年的小企业。资料来源：SBA，*The Small Business Investment Company Program*（*SBIC*）*Annual Report*，2014.

三、小企业创新研究计划/小企业技术转移计划——全球最大的联邦政府种子基金

小企业创新研究计划（SBIR）是美国国会在1982年通过的《小企业创新发展法》中规定启动的一个旨在直接向小企业技术创新活动提供财政援助、全力推动国家实验室基础研究商业化的计划。自执行以来，小企业创新研究计划已经引导了数百项新技术完成从实验室到市场的商业化过程，成为美国最大规模培育高新技术小企业的种子基金和风险投资基金。1992年，美国国会通过了《加强小企业研究与发展法》，启动小企业技术转移计划（STTR），作为小企业创新研究计划的延续和补充，着力于通过加强小企业与非营利性研究机构之间的创新合作，进一步提高基础研究的商业化转化效率。

小企业创新研究计划的资金全部来源于联邦政府机构部门的预算，根据法案规定，但凡年度研发经费超过1亿美元的政府机构，都必须从它们的研发经费预算中，依照固定比例预留出一部分款项（现在为3.2%[①]）[②]，形成一个"资金池"，归小企业管理局统一协调管理，用于资助小企业创新研究计划的遴选对象。美国现有11个联邦政府机构参与这个计划，多为国家安全政府机构。小企业创新研究计划作为政府支持的风险基金在这种融资运作机制下，采取的是跨部门的整体治理模式，各政府机构之间存在着联合筹资、风险共担和协调统一的关联。小企业创新研究计划的投融资模式流程如图8-2所示。

不同于私人风投基金将大部分资金投向具有明确商业前景的企业营销和规模扩大化阶段[③]，小企业创新研究计划作为政府支持的种子基金，将全部的资金投向了尚处于概念发明至产品原型生产之间的企业初创阶段，这是风险最高且最具创新不确定性的阶段，也是决定基础科研成果能否跨越"死亡之谷"实现商业化转化的关键时期，直接决定了颠覆式创新活动的最终成败。小企业技术转移计划更是明确表明政府需主动承担起弥合基础研究与商业化脱节之间鸿沟的政策意图，强调申请必须由小企业与非营利性合作机构（高校和科研机构）共同提出，

---

① 这个比例为最低份额比例，从1982年开始规定的0.2%，逐年增长，1992年为1.25%，1997~2011年为2.5%，2012年为2.6%，2013年为2.7%，2014年为2.8%，2015年为2.9%，2016年为3%，2017年以后增至3.2%。资料来源：SBA，*Small Business Innovation Research*（*SBIR*）*Program Policy Directive*，2014.

② SBA，*Small Business Innovation Research*（*SBIR*）*Program Policy Directive*，Office of Investment and Innovation，February 2014，https：//wenku. baidu. com/view/636a78470912a21614792982. html.

③ 据统计，私人风险投资只占处于种子期和初创期小企业投资总额的5.3%，而在处于规模扩大化的后期阶段投资中占到76%以上。资料来源：Weiss L，*America Inc.?：Innovation and Enterprise in the National Security State*，New York：Cornell University Press，2014.

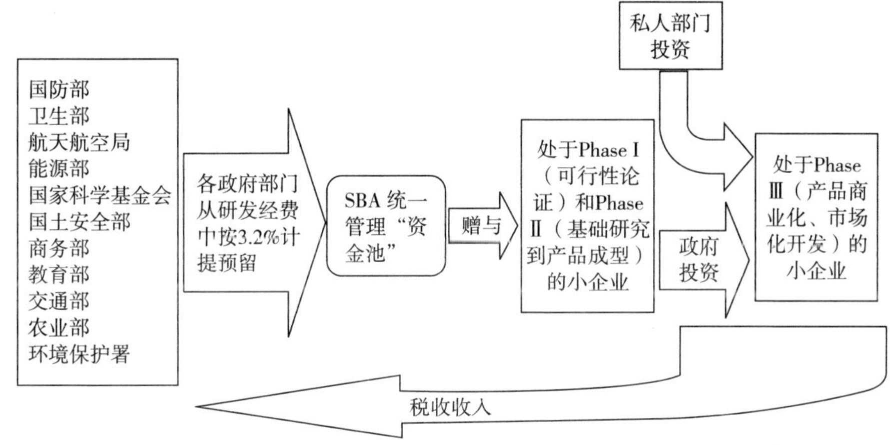

图 8-2　小企业创新研究计划的投融资模式流程

资料来源：笔者绘制。

只有加强整个创新链条上各创新主体之间的人才、知识和业务融合，才能提高科研成果的市场化效率。迄今为止，小企业创新研究计划/小企业技术转移计划已经发展成为了美国乃至全球最大规模的联邦政府种子基金，自启动以来，向将近 14 万个从事高风险技术创新的早期项目提供过资助，总额高达 340 多亿美元，在这些受资助的小企业中，有许多后来成长为知名的跨国企业，引导了多个战略新兴领域的技术前沿方向，比如著名的微软、戴尔、康柏、英特尔、联邦快递等。

小企业创新研究计划/小企业技术转移计划通过直接赠与的方式向获选的小企业提供资助，这既是对初创型小企业的一种高度扶持，也反映出计划执行过程中的一定缺陷，即没有完善的收益评估和投资—回馈机制。在政府退出资助环节之后，仅仅依靠小企业创新驱动下国家经济增长所带动的税收收入提高这种长期间接收益回馈机制，并无法真正激励参与计划的政府机构积极且持续性地投身项目的甄选与运行，致使计划在投资过程中存在着一些漏洞，如项目遴选过程不严谨、政府官员存在被“游说”的空间、私人部门可能过度转移风险等。

四、In-Q-Tel——政府股权投资的非营利性混合杂交创新组织

In-Q-Tel 是美国中央情报局（CIA）在 1999 年设立的政府支持型风险投资

基金公司，其本质上是一个由政府出资、私人运营的独立性非营利混合杂交机构①。CIA 作为负责国际情报与侦察工作的国家安全政府机构，它将 In-Q-Tel 视为一个能够吸引私人部门一起开展研发合作的平台，每年由 CIA 向 In-Q-Tel 提供约 3500 万美元的财政拨款作为政府注资。In-Q-Tel 公司利用这笔资金对那些能够为政府情报机构带来前沿信息技术，特别是有助于突破情报技术瓶颈的初创型企业进行股权投资，或者为那些能够从国家实验室基础研究中分离出来的研发成果提供种子基金，支持其进一步创立衍生企业。

In-Q-Tel 运行的基本流程大致分为以下几个步骤：第一步，CIA 每年向 In-Q-Tel 提供非涉密的技术需求信息，由 In-Q-Tel 的“界面管理中心”（QIC）按照 CIA 需求的紧急性和可行性对问题进行分类和排序，将其在 In-Q-Tel 网站上公示，接受符合要求的公司提交各种企划方案，并组织专家对这些方案进行遴选。第二步，In-Q-Tel 对提交企划方案的公司进行风险评估、合同议价和讨论，以股权投资方式给予支持。第三步，完成合同的签署，In-Q-Tel 联合被投资公司对企划方案进行初步测试，将测试结果演示和共享，在激励私人资本加入的同时，也防止额外的资金投入错误的方向。第四步，进行主体研发，引入新技术，由 In-Q-Tel 和被投资公司共同决定技术调整和改进的方案。第五步，技术的商业化阶段，市场推广应用性技术成果，部分技术和产品被 CIA 采购。In-Q-Tel 的投融资模式流程如图 8-3 所示。

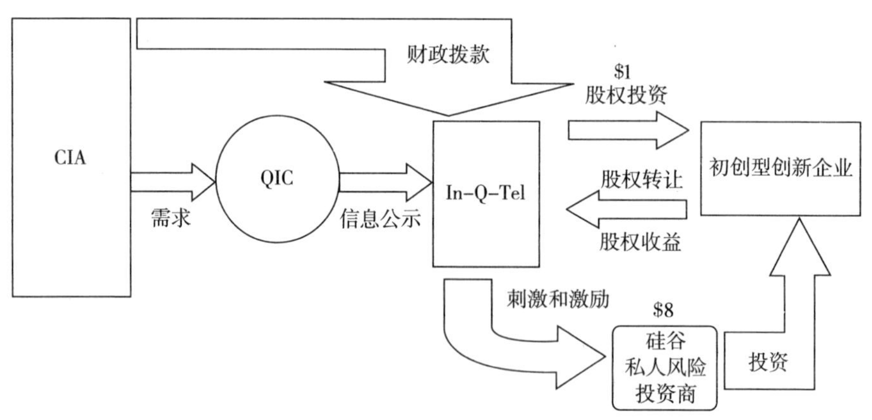

图 8-3 In-Q-Tel 的投融资模式流程

资料来源：笔者绘制。

① Weiss L, *America Inc.?: Innovation and Enterprise in the National Security State*, New York: Cornell University Press, 2014.

值得注意的是，In-Q-Tel 所支持的项目虽然从根本上考虑的是优先满足 CIA 在技术层面上的需求，但是在项目甄选的时候也会考察其是否具有民用市场的商业化潜力。因为只有具备商业化潜力的项目技术，才有可能吸收到高额的民间资本（如硅谷的私人风险投资商）参与股权投资，从而降低 CIA 的投资成本。In-Q-Tel 的投资涉及的范围非常之广，从 IT 软件到信息通信基础设施，再到医学材料开发领域，自 2006 年 8 月至 2012 年，已经负责审核评估了 5800 多项商业企划书，向 90 多个项目投资了 1.5 亿多美元的资本，为 CIA 提供了 130 多个技术解决方案。[①] 由于 In-Q-Tel 作为有政府支持的风险投资公司，相比其他风投公司更具有权威性，代表着行业前沿的风向标，因此，受其青睐的项目通常很容易获得私人资金的支持，据官方统计，“In-Q-Tel 每投资 1 美元用于技术商业化，便可以通过股权投资机制中的金融杠杆作用，撬动 8 美元的私人风险资本参与”[②]。

In-Q-Tel 除了每年从 CIA 获得一定量的财政拨款，它本身作为独立的风险投资公司也设有自负盈亏的投资回收机制。具体做法为 In-Q-Tel 对于自身投资控股的成功企业，会通过出售股权所获得的股权收益，来部分回收早期投入的风险资本。例如，In-Q-Tel 在 2005 年 12 月出售了 Google 的 5636 股股份，获得了 2200 万美元的股权收益，这些股份主要源自于 2004 年 Google 公司收购的 Keyhole（锁眼）公司，而 Keyhole 公司实则是一个在 2003 年受 In-Q-Tel 风险资本孵化而发展出来的高新技术种子公司。其中，由 Keyhole 公司开发的卫星测图软件（受 In-Q-Tel 项目资助）就是后来闻名世界的谷歌地球（Google Earth）的雏形。

五、国防风险投资促进计划——不涉及资金投入的信息中介机构

国防风险投资促进（DeVenCI）计划，是美国国防部在 2006 年成立的政府风险投资公司，在这之前曾经以非政府组织的形式存在过 4 年，致力于在五角大楼和与国防部有政治关系的私人创投公司之间传递国家安全情报，将国防部最新的非正式意见向潜在的创业投资者进行输送，实则充当信息中介机构，为初创企业和潜在风险投资公司搭建桥梁，如今已成为隶属于国防部的官方分支机构。

国防风险投资促进计划之所以区别于其他几类政府支持型风险投资，其最大的特点在于它只负责将政府风投的信息进行推广，而不直接对新兴的科技型创新

---

① 《In-Q-Tel——给中情局做风投》，http://www.ifanr.com/214916? repeat = w3tc，2012 年 12 月 12 日。

② Weiss L, *America Inc.?: Innovation and Enterprise in the National Security State*, New York: Cornell University Press, 2014.

企业进行股权投资，主要发挥将国防部、创新型小企业和私人风险投资界连接起来的信息网络的枢纽功能①，以使早期的技术研发需求和机会能够更有效地在公共与私人部门之间传递。国防风险投资促进计划的运行机制大致为：第一，将国防部的技术需求传递给风险投资公司，充当私人风险投资公司的项目投资的“搜索引擎”；第二，对符合国防军事要求的企业技术发明进行评估和识别，将相关产品信息和测试结果回馈给国防部；第三，帮助有潜力的企业获得政府采购合同，让更多的新兴企业成为国防部的产品供应商。在这个过程中，国防部创造需求，即由政府机构创造和塑造新的市场，国防风险投资促进计划作为信息传递者和风险担保者将私人部门的资金引向最有潜力的颠覆式创新型企业中，由私人风投公司对具有商业前景的创新型小企业进行直接的股权投资，帮助其跨越“死亡之谷”，最后再通过政府采购的方式将技术的需求方和潜在的供应商联系起来。国防风险投资促进计划的投融资模式流程如图 8-4 所示。

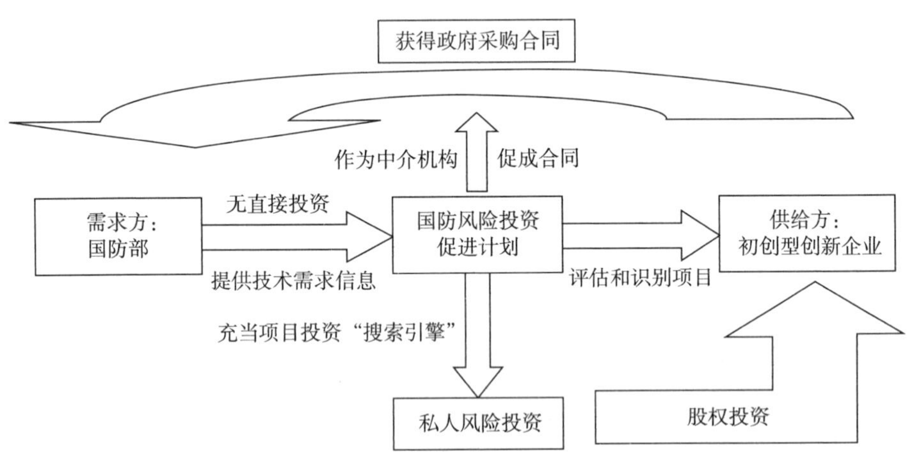

图 8-4 国防风险投资促进计划的投融资模式流程

资料来源：笔者绘制。

国防风险投资促进计划虽然没有给予初创型企业创新研发以直接的资金支持，并且也没有允许私人风险资本投资商通过国防风险投资促进计划对已经识别的技术或产品进行股权投资，但它却是促成国防部与潜在投资者和创新型小企业

① Aberman J, *Department of Defense Laboratories*: *Engaging Entrepreneurs in Technology Commercialization*, Washington: Tandem NSI and Amplifier Ventures, October 2012.

进行经济协商的重要中介机构。[①] 这是一个运用了很少的资金[②]，就产生了巨额经济效益的混合式杂交创新组织，一方面，它促成了国防部需求方与有潜力的创新型企业供应商之间大量的政府采购合同，降低了私人部门的投资成本和风险；另一方面，它激励了更多的私人风险投资公司为从事颠覆式创新前沿技术的初创型企业提供必要的研发和市场化资金支持，助推企业跨越“死亡之谷”，有效地提高了创新型企业的科研成果转化效率。而且，国防风险投资促进计划涉及的领域很广，截至 2011 年 9 月已经覆盖超过 80 个技术领域[③]。

六、美国“企业家型国家”对中国的启示

在美国颠覆式创新活动中，政府在生产和创新过程中发挥了企业家、风险承担者和市场创造者的“企业家型国家”的作用。美国政府除了对基础科学研究进行支持以外，还深入到应用研究和技术创新成果的商业化阶段，也就是说，其产业政策不仅仅局限于纠正市场失灵的“有限政府”，而是直接介入到生产活动中去，开拓技术创新，在生产性投资和创新活动中充当创新不确定性和风险的承担者，塑造和创造新市场，引领私人企业参与创新浪潮，在制度上通过组织创新来帮助大批创新型高新技术企业跨越“死亡之谷”。

二战结束以后，美国作为科技强国，先后受到苏联和日本等后起国家的追赶威胁，在维护本国科技创新领先优势的目的驱使下，鼓励各创新主体从事原始性创新。在融资领域，通过创建如小企业投资公司计划、小企业创新研究计划/小企业技术转移计划、In-Q-Tel 和国防风险投资促进计划等多种形式的杂交型创新组织（如表 8-1 所示），成立政府支持型风险投资基金，致力于为处于高风险初创期和早期发展阶段的企业提供资金。在这个过程中，美国政府实际充当了最大和最早的风险投资商，是一系列重大科技创新成果的“造浪者”[④]。相比之下，被认为最具创新精神的私人风险投资基金，则更贴近于“冲浪者”的角色，它们倾向于将资本投向具有明确商业前景的企业和创新项目，或者在政府基金的引导下以股权投资等方式参与跟投。

---

① Aberman J, *Department of Defense Laboratories*: *Engaging Entrepreneurs in Technology Commercialization*, Washington: Tandem NSI and Amplifier Ventures, October 2012.

② 此处的资金主要是指国防风险投资促进计划在对产品识别和评估环节中所耗费的实验测试成本，而非针对创新型小企业的股权投资。

③ 袁军：《我国国防科技工业引入风险投资研究》，国防科学技术大学硕士学位论文，2012 年。

④ 贾根良：《开创大变革时代国家经济作用大讨论的新纲领——评马祖卡托的〈企业家型国家：破除公共与私人部门神话〉》，载孟捷、龚刚主编：《政治经济学报：第 8 卷》，经济科学出版社 2017 年版。

表 8-1　美国政府支持型风投基金的投融资模式概览

风险投资类型	创立时间	资助机构	资金来源	资助形式	主要特征
小企业投资公司计划	1958 年	美国小企业管理局	公私部门之间以 4∶1 的融资杠杆注资	以低利率贷款担保、公司债券持有或股权投资方式提供资金	混合公私资源、执行独立法人制度的营利性风险投资公司
小企业创新研究计划/技术转移计划	1982 年	美国联邦政府机构	国家安全政府机构科研预算开支进行预留拨付	对获选的企业分阶段提供赠与拨款	跨部门联合筹资、风险共担的种子基金和风险投资基金
In-Q-Tel	1999 年	美国中央情报局	中央情报局财政拨款	直接投资	政府出资、私人运营的独立性非营利混合式杂交机构
国防风险投资促进计划	2006 年	美国国防部	主要来自私人风险投资公司	发挥信息推广和中介作用，不涉及直接投资	初创企业与潜在风险投资公司之间的信息中介机构

反观我国的科技创新现状，当前我国的战略纲要已明确强调要重视和加强原始性创新领域的基础研究，以推进创新驱动型经济发展进程，然而，现实建设过程中却存在着诸多问题，最突出的要数在我国普遍存在的基础科研与生产相互脱节的现象。以我国的纳米科技为例，中国目前在纳米领域贡献了全球超过 1/3 的科研论文，几乎是美国的两倍，然而这些前沿的纳米科技理论成果转化能力却比较差①。《中国纳米科学与技术发展白皮书》调查显示，如何加强纳米科研成果的应用被认为是中国纳米科学发展所面临的最大挑战之一。如何平衡基础研究与应用研究，如何让产业界更多地参与到基础研究中来，将是中国未来需要着力解决的问题。② 在这方面，美国政府通过创建多种混合公私资源的杂交型创新机构在基础研究与应用研究之间搭建桥梁，助推颠覆式创新实现商业化，其成功经验值得我国借鉴和创新。

基于美国的创新经验，我国政府应该意识到政府风投在激发国内原始性创新活力方面的重要作用，产业政策的作用不应该只局限于纠正市场失灵和支持基础研究的概念范围，而是应该直接介入到生产过程中去，发挥塑造和创造新市场的“企业家型国家”作用。在制度层面，由中央政府领导改革，通过组织创新来推进金融体制建设，设计一系列利于各部委主动提供风险资本投资的机制，来为我国初创型企业营造良好的国内融资环境。基于本节对美国支持初创型企业从事颠覆式创新活动成功经验的研究，我们提出以下几点改革建议：

①② 齐芳：《中国已成为纳米科技领域重要贡献者——来自 2017 中国国际纳米科学技术会议的报道》，《光明日报》2017 年 8 月 30 日。

第一，可以考虑从多个政府部门科研经费预算中拨出固定比例的资金形成资金池，由第三方政府机构统一管理投资拨款，构建风险共担机制，解决项目资金的协调问题。这种跨部门整体治理模式能够实现各政府部门之间的风险共担、资金协调和动态监管，一方面，集中力量对那些具有创新潜力的项目提供更大力度的资金支持，同时避免各部委之间由于条块分割而产生的重复投资；另一方面，作为大规模的联合公共融资，能够对冲风险，从而更具决心和耐心地处理颠覆式创新领域中所出现的高度“不确定性”，切实提高政府基金的投资效率和战略胆识，也方便政府部门在项目运行过程中为投资企业提供跨学科和跨领域的专业咨询与建议。

第二，鼓励各种形式的混合杂交型组织模式创新，加强公共部门与私人部门之间的投资合作关系，由政府风险投资充当行业先导和信息传递者，激励和吸引更多的私人资本进入基础研究与商业化生产之间的融资真空地带。政府风险投资的组织模式创新将有利于促成公共部门和私人部门在运行机制中实现紧密的共生关系，从而有针对性地协力解决由于资金链断裂所导致的战略性新兴领域基础研究和商业化生产之间严重脱节的问题。政府部门可以考虑通过它所支持的风险投资公司深入贯彻 PPP 模式来对初创型企业进行股权投资，或者利用金融杠杆由政府基金给予私人部门贷款的利率优惠，同时吸引更多的私人资本投向具有颠覆式创新潜力的高风险科技企业和创新项目。

第三，应注重政府基金投资—回馈机制的健全，设计更为直接的补偿方式来为政府机构参与风险投资活动提供长久的动力。在企业扩张期和市场化后期，政府支持的风险投资通常会选择逐渐退出资助环节，仅仅依靠税收这种间接方式获取初期投资的收益回报，极容易导致“风险社会化而收益私人化”的现象出现。这种现象对政府支持颠覆式创新的视野造成了不利影响：一方面，政府部门很难维持从事风险投资活动的积极性和可持续性；另一方面，极容易为私人部门过度转移投资风险制造可乘之机。政府应当考虑设计更为直接和全面的投资回收机制，如 In-Q-Tel 的股权转让行为，小企业投资公司计划中的债券分红等途径都是可以借鉴的多样化形式，而不应局限于单一地采取赠与和拨款这类传统的资助方式。

第四，认识到具有战略性眼光的政府支持型风投相比“短视”的私人风投更适合于向高新技术领域的实体企业提供持久的资本支持，这有助于扭转我国目前“脱实向虚”的过度金融化趋势。高风险、高收益型的颠覆式创新活动具有高度的不确定性，且极有可能在很长的时间内无法看见成效，公共融资的政府风险投资相比私人风险投资更具有决心和“耐心”，能够保证处于初创期的实体企业有充足的时间战胜研发活动的不确定性和高风险，直至企业顺利跨越“死亡之谷”。此外，在混合公私资源的杂交型创新组织的激励和引导下，更多的私人资本将会被吸引到创新领域中来为实体经济服务，而不至于过度集中于虚拟金融部门，参与短期的投机炒作活动。

第二节　美国创新型组织模式研究

近年来，颠覆性技术创新能力已经成为世界各大国之间进行战略博弈的重要抓手，而能否抢占颠覆性技术创新先机的历史性机遇，将决定我国是否在新一轮工业革命中赢得竞争优势。我国在 2016 年 3 月发布的“十三五”规划纲要中，首次提出“更加重视原始创新和颠覆性技术创新”的战略理念，继而在 2016 年 5 月发布的《国家创新驱动发展战略纲要》中对该战略进行进一步阐释，即“发展引领产业变革的颠覆性技术，不断催生新产业、创造新就业”。2017 年 10 月，党的十九大报告从战略高度明确创新是引领发展的第一动力，在肯定创新驱动发展战略对我国经济建设具有重要推动作用的基础上，强调应突出发展关键共性技术、前沿引领技术、现代工程技术、颠覆性技术。在 2019 年 10 月召开的党的十九届四中全会上，进一步强调完善科技创新体制机制的重要内涵，指出要加快建设创新型国家，强化国家战略科技力量，健全国家实验室体系，构建社会主义市场经济条件下关键核心技术攻关新型举国体制。

历史上的美国，为确立并巩固其世界级科技强国地位，早在 1958 年就成立了从事颠覆性技术开发的专门机构——美国国防部高级研究计划局（DARPA）①，初衷在于加强对高风险、高收益型原始创新项目的支持。凭借着国防部最高层的强力支持以及机构内部独特的研发战略，DARPA 迅速跻身为美国首席创新机构，长年积极参与捕获颠覆性技术发展的开创性机遇，优先资助那些能够产生颠覆性影响的重大科技项目，始终处在二战后美国乃至世界史上重大科技突破的前沿位置，引导了互联网、半导体、全球卫星定位系统（GPS）、激光、无人系统等前沿技术的开创与发展，助力美国在科技研发方面巩固并扩大领先优势，从而遏制世界其他国家在科技创新实力上的赶超，被认为是美国颠覆性技术创新的发源地。

区别于等级森严的军事部门以及庞杂冗余的研究单位，DARPA 组织精简灵

① 当时的名称是“高等研究计划局”（ARPA），1972 年 3 月改名为 DARPA，但在 1993 年 2 月改为原名 ARPA，至 1996 年 3 月再次改名为 DARPA。

活且富有冒险开拓精神，不仅是一个肩负着国家颠覆式创新使命的科技研发机构，还是一种突破传统模式并形成一套独特制度体系的创新型组织模式典范，它的成功经验对处于颠覆式创新能力建设初期的我国，具有极强的借鉴意义。本节安排如下：第一部分对DARPA诞生的历史动因以及背后的政策逻辑进行回顾和梳理；第二部分在引入创新模式分类的基础上，对以DARPA为代表的创新型组织模式进行理论述评；第三部分总结提炼DARPA模式的组织特征和运行机制；第四部分是结论建议。

一、DARPA诞生的历史动因与政策逻辑

回顾美国的科技体系发展史，DARPA的诞生不仅受二战以后全球政治、军事和经济新格局所影响，而且与美国国内创新活动所面临的现实挑战有着密切关联。第二次世界大战是全球竞争格局产生巨变的重要转折点，也是美国政治地位开始确立并谋求世界科技领先优势的分水岭。战争期间，美国在本土遭遇的几次侵袭促使美国加快了国防领域颠覆性技术研发体系的建设步伐。1940年，美国总统罗斯福批准成立了国防研究委员会（National Defense Research Committee, NDRC），一年之后又将其合并扩建为科学研究与发展局（Office of Scientific Research and Development, OSRD），任命万内瓦尔·布什为局长，由该机构负责协调与支持各个领域的军事科学研究计划，以解决战时美国在国防军事防御上的紧迫需求。

罗斯福执政时期，布什成为战时美国的最高科技顾问，一度引导美国形成一种在联邦政府强势主导下，产业界、政府和高校研究机构之间紧密合作、互动协同的高度融合的国家创新体系。在布什的建议下，许多以战时重大技术挑战为目标的任务导向型研究计划被安排在了一些组织架构相对灵活的国家实验室中，比如麻省理工学院的辐射实验室（The MIT Radiation Laboratory）和从事核武器研发的洛斯阿拉莫斯国家实验室（Los Alamos National Laboratory），这些实验室在组织结构上实行的是扁平化管理，机构内部倡导非官僚化作风，实验室的历任负责人为科学家型管理者，团队成员由大批跨学科人才组成。这种组织模式促使战时国家实验室在基础研发阶段所实现的技术突破能够迅速转化进入同样受政府支持的应用性研发阶段，如原型生产、试验台测试和初始生产环节。在这个时期，由政府支持引导从基础研究阶段到应用性开发阶段的所有创新环节，并且鼓励政府机构、产业界和高校研究所等创新主体能够紧密协同、积极参与到创新活动中来，这一方面使得创新链条上的前端基础科学研究环节和后端应用性技术开发环节得以紧密关联，另一方面促使各创新主体之间也形成了高效的互动协同关系。也就是说，美国在二战后期形成的是一种以战时重大“技术挑战”任务为导向

的关联型科研组织模式①。

然而，随着战争结束以后的和平时期到来，这种组织模式的广泛采纳状态被彻底打破和颠覆了。二战结束以后，身居总统高级顾问要职的布什在深刻思考美国政府应如何延续其对科技研发事业的主导作用等问题之后，于 1945 年提交了一篇在美国科技界产生历史性重大影响的报告，即《科学——没有止境的前沿》。在该报告中，布什强调了基础研究对知识创造、技术进步和经济增长的重要性，并且主张战后美国政府应该将公共财政资助的重心转移到关乎经济可持续性增长以及国家安全等战略性前途的基础研究工作上来，该报告对未来美国政府在科技研发上的战略支持重点做了重新的调整与规划。在该报告的引导下，美国政府自二战结束以后，就开始将支持的重心集中在了创新链前端的基础研究环节上，也就是说二战后美国国内的主要创新组织模式从战时围绕重大技术挑战而组织的科技研发关联型创新模式转向了政府单一支持基础研究环节的非关联型创新模式②。

布什之所以建议战后美国联邦政府应该将科研资助的重心倾注在创新链前端的基础研究阶段上，其主要原因在于，他认为基础研究是颠覆性技术创新的源头，且有必要警惕国防军事与科技研发之间形成永久性的紧密联系，从而威胁到联邦政府在科研体系中的绝对主导地位。③ 在布什的战略规划中，一是建议战后由政府成立专门的机构如国家科学基金委员会（NSF），来统筹管理和协调负责国内的基础科学研究项目；二是强调联邦政府在加强基础研究资助的同时，将创新链中后期的技术开发、原型设计等环节移交给产业界来承担。

从二战以后至 20 世纪 70 年代末的美国科技发展情况来看，战时构建的关联型创新模式所带来的科技繁荣景象不复存在，战后美国形成的非关联型创新模式不断暴露出其在创新活动组织方面的内在固有缺陷，致使美国在战后面临着来自国外竞争对手和国内现实挑战的双重冲击。就美国国内现实来看，1945 年战争结束以后，美国国内流行的非关联型创新模式忽视了创新链后端的应用性技术开发环节，当联邦政府资助的基础研究项目在实验室完成了从研发到原型的重大突破之后，便失去了进一步进行商业化转化的动力和方向。这种组织模式上的缺陷使得二战以后美国的科学研究与应用性技术开发之间出现了一条鸿沟，表现为这一阶段的基础研究成果多数停留在实验室阶段，大批颠覆性科学研究成果由于无

① Bonvillian W B，“The New Model Innovation Agencies：An Overview”，*Science and Public Policy*，Vol. 41，No. 4，2014，pp. 425-437.

②③ Bonvillian W B，“The Once and Future DARPA”，*How to Anticipate Forcing Events and Wild Cards in Global Politics*，Washington D. C.：Brooking Institution Press，2007，pp. 57-70.

法进行后期的应用性开发和市场化转化而被迫“胎死腹中”，这种困境在多年后被命名为“死亡之谷”现象。从国际形势来看，随着1957年苏联先于美国成功发射两颗人造卫星的消息传来，苏联在航天领域的重大科技突破使得美国警醒地意识到自身作为全球科技领先国的地位岌岌可危，该事件在给美国民众和军队造成了极大心理冲击的同时，也迫使美国政府开始认真反思当下创新模式的局限性。

正是在国内外巨大挑战的共同驱使下，美国政府开始考虑在国防部设立一个特殊机构——DARPA。1958年，在艾森豪威尔的主持下，DARPA应运而生，该机构的成立初衷在于要帮助美国实现颠覆性技术创新上的突破，以保证美国能够继续维持全球科技领先者的地位。因此，DARPA从一开始就将投资目标聚焦在具有长远战略价值的高风险高收益型颠覆式创新项目上，直接瞄准人造地球卫星和太空探索领域等前沿空间技术，不仅在科研投入和战略布局上为避免由于海陆空三军内斗所导致的各自为政、重复投资、不成体系等问题，转而从事一些跨军种、高难度并且关乎国家安全利益的重大项目，而且在组织模式上，尝试突破战后形成的非关联型创新模式，通过组织结构和运行机制上的创新，加强了基础研究与应用性研发环节之间的技术融合。

从比较经济学的角度出发，分五个历史阶段来重新审视DARPA诞生的前因后果（见表8-2），将有助于厘清美国产业政策史的演进逻辑。美国在二战期间采取的是一种关联型创新模式，即以战时重大“技术挑战”为任务导向的关联型科研组织模式。这种科研体系随着战争的结束，以及布什在《科学——没有止境的前沿》报告中强调基础研究的观点提出后，被彻底打破了。随着美苏冷战开始，美国在之后经历了一段倡导以基础研究为重心的管道型创新模式时期，科研体系逐渐呈现非关联性。1957年苏联发射第一颗人造卫星“伴侣号”的消息传来，作为战略反思后的政策行为，美国政府在1958年成立DARPA的初期就提出要在这类机构中重拾二战时期关联型创新模式的传统，并且进行组织创新，使其能够肩负起从事颠覆式创新活动的使命。可见，DARPA的设立除了是一种应对苏联军事威胁的防御措施以外，还是一种在制度层面上跳脱出非关联型创新模式框架的先锋尝试；不仅是对战时关联型创新模式传统的一种回归，也是基于战后创新活动所面临的现实挑战而进行的一次前所未有的组织模式创新。

表8-2 美国科技创新体系的演化发展史（1939~2018年）

历史时期	1939~1945年	1946~1979年	1980~1999年	2000~2010年	2011~2018年
国际形势	第二次世界大战	二战结束 冷战开始	全球竞争新格局	能源危机和 气候变化	制造业复兴

续表

历史时期	1939~1945年	1946~1979年	1980~1999年	2000~2010年	2011~2018年
重要事件	曼哈顿计划（1942年）	布什的报告（1945年）	德日迅速崛起（20世纪80年代初）	能源技术转化（21世纪初）	先进制造业计划（2011年）
创新活动	以战时重大技术挑战任务为导向	将重点导向基础研究	应对“死亡之谷”困境	重视研发和后期创新阶段	更加重视研发和后期创新阶段
组织特点	关联型创新模式（Connected）	非关联型创新模式（Disconnected）	关联型创新模式（Connected）	关联型创新模式强化（Connected+）	关联型创新模式继续强化（Connected++）
政策措施	NDRC（1940年）OSRD（1941年）	苏联“伴侣号”上天（1957年）；DARPA成立（1958年）	《拜杜法案》（1980年）、SBIR（1982年）、SEMATECH（1987年）、MEP（1988年）、ATP（1988年）	ARPA-E（2007年）	NNMI（2012年）

资料来源：笔者在吸收Bonvillian[①]观点的基础上，整理绘制而成。

20世纪80年代，面对来自日本和德国迅速崛起的强大制造力和技术赶超威胁，更是迫使美国彻底反思本国在产业竞争力上增速放缓的原因，主要归结为科研体系上的非关联型组织模式缺陷所导致的大量科研成果遭遇“死亡之谷”困境。至此，美国开始在战略主张上正式宣示向关联型创新模式回归，而敢于在制度层面上进行先锋尝试，并且在颠覆式创新领域内获得瞩目成就的DARPA模式则成为了一批被迫进行组织革新的传统部门争先研究和模仿的对象。例如，21世纪以后，伴随全球变暖和能源安全问题成为新的挑战，美国能源部能源高级研究计划局（ARPA-E）就是在借鉴DARPA模式的基础上，提出建立的一个组织融合程度更高的创新机构。2011年，美国先进制造业计划（AMP）中提出的美国国家制造业创新网络（NNMI）布局，更是明确了美国将继续在关联型的科研创新体系下，研究并推广以DARPA为代表的创新型组织模式。这实质上是一种通过推动组织模式创新、应用与升级来巩固和扩大国家科技领先优势的产业政策设计。

二、创新模式的分类与创新型组织模式的理论述评

基于不同历史时期国际政治、军事和经济格局的变迁与重构，以及国内政治环境和科技能力的演变发展，美国政府适时采取各种有针对性的产业政策，对产

① Bonvillian W B, "The New Model Innovation Agencies: An Overview", *Science and Public Policy*, Vol. 41, No. 4, 2014, pp. 425-437.

业链上的不同创新环节进行阶段性的重点布局。正是在这一系列政策的引导下，美国在各个时期的创新活动呈现出不同的组织形态和模式特点，因此，在这些创新模式的组织变迁背后实则存在着特定的理论逻辑和战略指向。

根据创新经济学者威廉姆·鲍维利安（William Bonvillian）[①] 的最新研究，美国在不同历史阶段的创新活动有其特定的组织模式，按技术的动态变化方式来进行分类，传统的创新组织模式可以分为四类[②]。本节认为，这四类创新模式对应着不同的创新方式，相互之间或有着层递关系，或有着互补关系，可谓各有利弊。而 DARPA 模式正是在融合这四种传统创新模式优势的基础上，进行制度改革与重建之后，形成的第五种创新型组织模式。如果将包括 DARPA 模式在内的几种创新活动组织模式进行分类，则可分为以下五类：

（一）管道型创新模式：以基础研究为重心的创新模式

管道型模式（The Pipeline Model）是美国自二战结束以后至 20 世纪 70 年代末期间力主推广的一种主导性创新模式。这种模式的主要特点在于强调政府只需对创新链上的基础研究环节进行重点资助，认为基础研究是创新的源头，随着创新主体在基础知识层面实现前沿性的突破，这些创新成果就会“自动定位”并寻找到市场应用的范围和方向，以推动技术发明产品的功能性拓展。这种模式认为基础研究阶段的成果能够产生一种内生性的“技术推动”力，来将这些基础研究成果进一步转化为具有市场前景的产品或者是能够产生利润收益的发明创造，从而促进国民经济的增长。

在这种模式下，美国政府通过美国国家科学基金会（NSF）、美国国立卫生研究院（NIH）和美国能源部（DOE）等机构资助了大量由高校和科研院所承担的尚处于基础研究阶段的研发活动，比如搜索引擎开发、页岩气水力压裂和核磁共振成像等项目，这为后来形成颠覆性影响的技术革命浪潮做了前期研究上的铺垫。[③] 然而，这种模式的最大缺陷在于其忽视了基础研究与生产相脱节的问题，即“在颠覆式创新过程中，联邦政府资助的基础研究与产业界资助的应用性研发之间存在着一条真空带所导致的‘死亡之谷’，这使得大量基础性研发成果无法实现商业化”[④]。

---

①② Bonvillian W B and Weiss C，“Innovation Dynamics，Change Agents，and Innovation Organizaiton”，*Technological Innovation in Legacy Sectors*，Oxford Scholarship Online，2015，pp. 181-196.

③ Singer P L，*Federally Supported Innovation*：*22 Examples of Major Technology Advances That Stem from Federal Research*，Information Technology and Innovation Foundation Report，February 2014，http：//www.itif.org/2014-federally-supported-innovations.pdf.

④ 沈梓鑫、贾根良：《美国在颠覆式创新中如何跨越“死亡之谷”?》，《财经问题研究》2018 年第 5 期。

（二）诱致型技术变迁模式：受利基市场需求驱动的创新模式

诱致型模式（The Induced Model）是一种以渐进式创新为主要内容的创新模式，即引导企业在既定的产业内通过提升产品性能来实现渐进的、持续性的技术创新以满足新的市场需求。在这个过程中，产业界的创新者能够发现和定位那些会对新技术做出敏感反应的利基市场，从而在这些利基市场潜在需求的拉动下积极地从事技术改进或创新活动。这种创新模式是对以颠覆式创新为主要目标的几种创新组织模式的补充，它更多地强调沿着既有技术轨道逐步升级的创新活动。

然而，这种模式的缺陷在于它本身是一种不会对既有市场和传统部门产生革命性冲击进而开辟新市场的创新模式，且它前设性地假定利基市场的巨大需求必然会诱致新技术成功为市场所接受。这表明该模式的研究不仅忽视了大量在“死亡之谷”阶段覆灭的基础研究成果，而且排除了那些在市场规模化阶段由于市场失灵所导致的产品创新失败案例。

（三）拓展的管道型模式：在政府引导下从研发到商业化实施的创新模式

拓展的管道型模式（The Extended Pipeline Model）是一种高度凸显政府在整个创新体系中强势主导作用的创新模式，它认为政府不仅重视对创新链前端基础研究环节的资助，而且在后续的开发、原型、产品设计、示范、测试和执行阶段也起着重要的技术推动作用①。它在肯定政府部门主导前期基础研发环节的传统理念基础上，指出在高风险、高收益的颠覆性技术创新领域，相比产业界私人企业的短视和风险规避倾向，以美国国防部为代表的政府机构②更适合充当创新推动者和风险投资者角色，政府的战略性投资和公共政策作用不仅仅局限于弥补市场失灵或者校正系统失灵，还包括对新市场的创造与塑造。

这种模式超越了布什在二战以后单纯强调基础研究重要性的观点③，将政府的资助范围拓展到包括基础研究商业化阶段在内的整个创新链，是一种对管道型

---

① Bonvillian W B，“All That DARPA Can Be”，*Policy Shop*，August 2015，pp. 53-61.

② 有关这类美国政府机构，在历史上，如何通过创建多种混合公私资源的杂交型创新机构，以政府支持型风投基金的形式，充当最早的风险投资商，引导了美国的颠覆式创新事业。详见笔者的前期研究《美国在颠覆式创新中如何跨越“死亡之谷”?》，《财经问题研究》2018 年第 5 期。

③ 1945 年，时任科学发展局主任的万内瓦尔·布什在向杜鲁门总统呈交的报告《科学——没有止境的前沿》中，最主要的着重点就是讨论基础研究的重要性。布什在该报告中曾写道：“基础研究将导致出新的知识。它提供科学上的资本。它创造了这样一种储备，而知识的实际应用必须从中提取。……今天，基础研究已成为技术进步的带路人，这比以往任何时候都更加明确了。……一个在新的基础科学知识方面依靠别国的国家，其工业发展将是缓慢的，在世界贸易竞争中所处的地位将是虚弱的，而不管它的机械技术如何。”（摘自万内瓦尔·布什：《科学——没有止境的前沿》，范岱年、解道华等译，商务印书馆 2005 年版，第 12 页。）

模式进行改进、完善与拓展之后的创新模式。正是在这种组织模式的应用推广下，以 DARPA 为代表的国家安全政府机构在二战结束后所取得的一系列前沿突破如 GPS、因特网等技术，成功引领了 20 世纪末 21 世纪初在电子、计算机和生物医药等行业内兴起的技术革命浪潮。

（四）制造主导型模式：以产品升级为中心的创新模式

制造主导型模式（The Manufacturing-Led Model）着重强调创新链后端的制造环节对技术创新的拉动作用，这种模式认为创新不仅与前端的研发环节有关，而且也存在于后端的生产环节中，如在制造方面基于经验和专长而产生的新技术。这种模式认为，制造过程中的初始生产活动具有极高的创新性，即使产品的基础研发环节已经在制造阶段之前完成了，但是在产品的规模化生产阶段，厂商仍然要根据市场需求的变化对产品进行各方面完善，这包括以产品性能提高为目标的相关技术改进，以及为实现高效率、低成本规模生产而设计的新型管理体系，还有在实践中不断积累的“干中学”技能和实务经验等[①]。

在创新经济学中，以韩国为代表的东亚经济体属于创新追赶型国家，是贯彻这种创新模式的优秀典范。韩国引进发达国家的先进技术，在对这些技术资源努力消化、吸收的基础上，进行市场化转化和本土化改造，完成再创新，并且依托低成本和低工资等后发优势，迅速实现规模化生产，以此获得生产制造能力上的跃升。该模式是一种由市场需求驱动，且与创新链前端的基础研发环节相割裂的创新模式，它忽视了国家创新体系中以技术前沿突破和新市场创造为目标的原始性创新能力的培养，并不适用于领先型国家创新体系的建设。

（五）创新型组织模式：创新要素高度融合的创新模式

创新型组织模式（Innovation Organization Model）是一种在实现技术供给和市场需求双重目标的基础上，关注创新链前端到后端以及整个创新生态体系建设的制度融合型创新模式。这种模式超越了其他四种类型模式，它强调创新活动不仅要满足管道型模式和拓展的管道型模式所要求的技术供给，以及诱致型模式和制造主导型模式所关注的技术层面市场需求，而且还需要通过将创新链上各个层面的生产要素进行全新的系统整合和组织重构，来建设更为高效的创新生态体系。

这种创新模式强调在组织运行中各创新主体能够紧密合作、共同参与，特别是要加强公共部门与私人企业之间的互动协同关系；技术供给和市场需求双重驱动下的研发与生产活动能够创造更多的颠覆式创新和渐进式创新成果；通过技术层面的研究和发明创造，推动经济结构的转型升级，创造更高的社会价值；组建经历丰富和背景多样化的人才团队；打破传统部门内的既得利益格局，营造良好的创新

① Bonvillian W B, “All That DARPA Can Be”, *Policy Shop*, August 2015, pp. 53-61.

环境；创建覆盖整个创新链的战略体系布局①。这些创新模式的关键要素在DARPA的组织特征中均有所体现，是针对DARPA模式进行概念性总结的前提。

本节认为，如果将上述五种创新模式的组织特点从国家体系维度到产业组织维度进行对比（见图8-5），将能够更加清晰地将这五种创新模式的类型及其所代表的创新方式进行关联性分析。基于这种模式分类，不仅能够看出美国在主要创新方式上的演进脉络，而且还能够更加深刻地理解美国国家创新体系发展背后的战略意图。

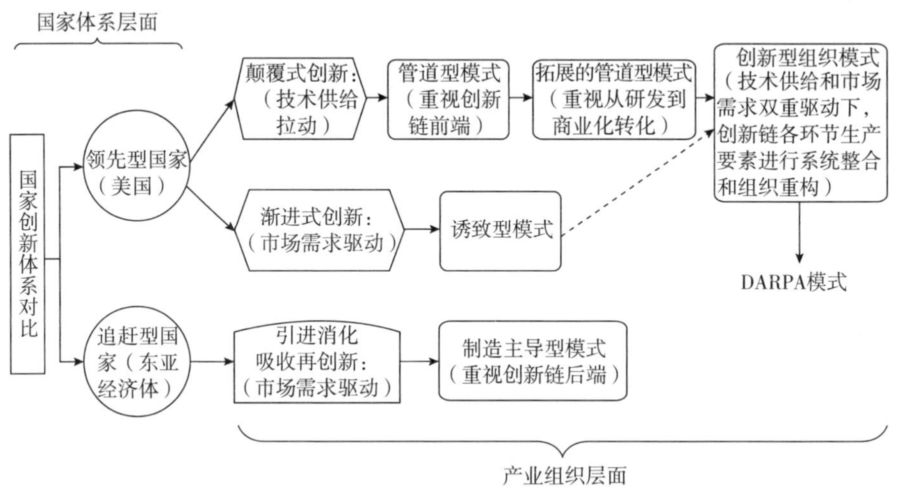

图8-5 基于创新模式分类的关联性分析

资料来源：笔者绘制。

美国是技术领先型国家创新体系的典型代表，美国国内的整个科研创新体系不仅发展成熟而且相对完善，在颠覆式创新和渐进式创新两种创新方式下的创新活动均创造了令人瞩目的科技创新成就。前者涉及技术轨道的变更，以引领科技前沿的颠覆性技术创新突破为主要目标，而后者致力于沿着既有的技术轨道进行连续性的创新，以不断提高和改善产品的性能。这两种创新方式分别对应不同类型的组织创新模式，管道型模式、拓展的管道型模式和创新型组织模式主要致力于促进颠覆式创新，而诱致型模式则以渐进式创新为主。美国在二战以后为了维持和巩固自身的技术领先优势，长期注重本国颠覆式创新能力的培养，从管道型

① Bonvillian W B, Weiss C, and Weiss C, "Innovation Dynamics, Change Agents, and Innovation Organizaiton", *Technological Innovation in Legacy Sectors*, Oxford Scholarship Online, 2015, pp. 181-196.

模式到拓展的管道型模式直至创新型组织模式，首先都对创新链前端的基础研究环节非常重视，始终强调前沿的基础性探索是颠覆性技术创新的源头；其次随着现实挑战的出现进行战略调整，改进后的产业组织创新模式除了强调基础研究重要性之外，还更加注重创新链前端到后端的技术转化效率与组织融合程度，这也正是当前美国国家创新体系的核心竞争优势。

三、DARPA 作为创新模式的组织特征

DARPA 作为一种新型创新组织模式的典型示范，它不仅具备拓展的管道型模式的优势特点，能够在政府的引导下有效地推动创新成果从基础研发走向生产和应用环节，而且还凸显了创新型组织模式的关键性要素，在人员和机构层面上均构建了高效的互动协同机制，致力于在体制僵化的传统部门内打破既得利益格局，在此基础上充分有效地推动颠覆式创新成果转化。DARPA 在组织架构和运行机制上呈现出的优势特点，表现为在项目管理、人才聘任以及资金调配等多个方面都有其独特的制度安排。

（一）DARPA 营造的创新环境特征：组织架构的灵活性

DARPA 是一个“小核心、大外围”的扁平化组织，机构内的专业人数仅仅控制在 240 人左右，大量启用非固定性的技术外包人员，自上而下仅仅包括局长—办公室主管—项目经理三个层级的管理体系，而组织机构则采取只有一个局长办公室和多个业务办公室在内的两层机构。DARPA 自成立之初就以“精简而灵活”著称，组织管理模式呈现扁平化特征，在这个环境内，由于人数较少，以至于根本建立不起严密的等级制度和层级关系，从 DARPA 局长到负责具体项目的经理人之间只有两个级差，这不仅大幅缩短了决策流程，而且最大限度地规避了官僚体系对创新的效率影响，营造了自由宽松的创新环境。

以解决“高风险、高收益”型重大军事技术难题为导向的 DARPA，在组织内营造的是一种敢于冒险的创新氛围，在团队文化上建立“强调信任”和“允许失败”的容错机制，在人事管理上借鉴现代企业管理方式，首创短期的项目经理负责制。项目经理人在经费管理和成员安排上，被赋予极大的自主权，这种灵活宽松的制度环境允许他们将有限的精力集中在更为重要的创新任务上：一是了解现在或者即将到来的军事挑战；二是识别能够解决这些挑战的潜在新技术；三是组建以这些新技术为核心的研究者共同体；四是将技术的应用性开发与商业化转化任务交接给军事服务方或者对口的商业部门①。

① Fuchs E R H, “Cloning DARPA Successfully”, *Issues in Science and Technology*, Vol. 14, No. 1, 2009, pp. 65-70.

（二）DARPA 组建的创新团队特征：卓越人才的多样性

DARPA 坚持以一种不拘一格的态度挑选出具有战略眼光的项目经理人才，采取以任务为导向的项目经理短期聘任制（通常为3~5 年），将全球顶级的技术人才汇聚于此，组成一个多元化背景的创新团队。这些项目经理人才来自企业、高校、国家实验室、政府机构等部门，具有从事理论探索、实验操作或者政策实施等多方面的丰富经历和知识储备，这些多元化背景的杰出人才共同组成 DARPA 的精英智囊团。在 DARPA 内部的创新网络中，来自各个环节的专家以及具有不同学科背景的创新者能够进行面对面的沟通交流，通过项目之间的团队协作和人才流动，实现创意、研究、天赋、资源之间的碰撞。特别是当具有理论背景的高校研究者和掌握实用开发经验的企业技术专家同时受雇于 DARPA 项目，为国防部政府采购订单提供技术服务的时候，创新链前端的基础研发环节和后端的应用开发环节之间实现了人才、知识和资源的创造性融合。

（三）DARPA 建构的创新机构特征：公私部门的融合性

DARPA 自成立之初就将眼光定位于高风险、高难度的颠覆式创新领域上，承担的是以重大技术挑战为目标的任务导向型研究计划。DARPA 模式不仅沿袭了拓展的管道型模式所强调的注重创新链前后端关联性的特点，而且在机构层面上还凸现出创新型组织模式推行的公共部门与私人部门相融合的机制特点。

DARPA 每年的政府预算经费在 30 亿美元左右，这笔经费将通过 DARPA 的项目管理机制被合理有效地划拨给从事颠覆性技术研发的具体研究机构。DARPA 主要分四个步骤对项目进行阶段性控制：第一步，对具有明确军事应用目标的基础性研究工作进行先期资助；第二步，与初创型企业签署技术开发合作协议，对基础研究成果进行应用性技术开发；第三步，经由 DARPA 将技术转移给相关军种，由军种通过招标方式进行原型机试生产；第四步，待原型机成熟后，经由政府采购率先将产品提供给军方使用，在保证军方订单能够维持研发单位和生产企业基本运营的前提下，尝试引入私人资本支持，再逐渐推向民用市场。①

在颠覆性技术的应用培育过程中，DARPA 的作用不仅包括对基础科学的资助，还包括几个方面的功能：集中资源投入特定领域和特定方向；随时准备打开新机遇之窗；在科技开发方面调节公共机构与私人机构的交互合作，包括私人风险资本与公共风险资本直接的交互，以及帮助商业化②。DARPA 作为美国国家创新体系中的先锋机构，实际发挥了“企业家型国家”的作用，在生产性投资和

① 蔡军霞、王静远、马子健等：《从美国 DARPA 看我国军民融合科技创新体系建设》，《中国经贸导刊》2017 年第 8 期。

② 沈尤佳：《美国科技革命的隐蔽基础：一个理论经济学的分析框架》，《天府新论》2017 年第 1 期。

创新活动中充当创新不确定性和风险的主要承担者，塑造和创造新市场，通过公共部门和私人部门形成的混合杂交型创新网络去引导私人资本进入颠覆式创新领域中，直接或间接地促进任务导向型国防科技目标的实现。

（四）DARPA 引导的创新扩散特征：内部结构的自主性

DARPA 模式成功的一大要素在于 DARPA 内部形成了一种“岛屿—桥梁模型”（Island-Bridge Model）结构，在这种结构之下，创新团队被放置于一个受保护的“岛屿”环境，与那些可以摧毁它的官僚影响相隔离，让团队成员能够专注地集中于创新过程①。这种“岛屿—桥梁模型”是一种先进的制度安排典范，它帮助组织内部实现“嵌入式自主性”（Embedded Autonomy），一方面在团队核心成员与总统内阁成员之间建立较为直接的长效沟通“桥梁”，创新团队既可以通过局长跟政府或者总统内阁维持联系，保证了信息传递的可靠性；另一方面在“岛屿”环境下形成的缓冲地带作为一种保护性制度屏障，将创新团队与自上而下的短期政治压力相隔离，让团队成员在允许失败的创新氛围下，自由地进行实验，以此保持机构内部的自主性（见图 8-6）。

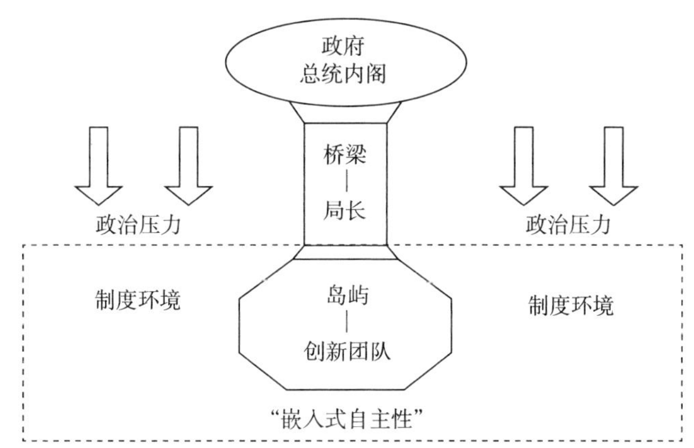

图 8-6　DARPA 内部的“岛屿—桥梁”结构

资料来源：笔者绘制。

在国防部这种体制僵化的传统部门中，DARPA 这种“岛屿—桥梁”结构打破了既有的利益格局，摆脱了官僚主义的政治阻碍，为创新成果的出现和扩散提供了灵活可靠的制度环境。

---

① Bonvillian W B，“All That DARPA Can Be”，*Policy Shop*，August 2015，pp. 53-61.

四、结语

本节首先对美国国防部高级研究计划局诞生的历史动因及其背后的产业政策逻辑进行剖析，认为 DARPA 是在二战结束后严峻的国际形势和国内挑战等多重因素驱动下成立的颠覆式创新机构，它除了是一种应对苏联军事威胁的防御措施以外，还是基于战后创新活动所面临的现实挑战而进行的一次组织模式创新。从比较经济学的视角来看，美国政府在不同的历史时期确立、复制和推广 DARPA 模式是一种通过推动组织模式创新、应用与升级来巩固和扩大国家科技领先优势的产业政策设计。

在二战结束以后美国之所以能够巩固并扩大在技术创新领域中的领先地位，一个主要原因在于以 DARPA 为代表的创新型组织模式在制度层面上的突破，制度上的革新、示范与引领促使美国在颠覆式创新领域内产生一批举世瞩目的成就，如互联网、智能义肢、全球定位系统（GPS）、机器人、半导体、微型无人机等，这些颠覆性技术的出现对美国乃至全球科技的发展产生相当深远的影响。正是由于美国国内存在一批 DARPA 这样的机构，着眼于高风险、高收益的颠覆式创新活动，加之有完善的创新体制机制支撑，这些颠覆式创新成果得以实现高效的应用化转化，美国企业在几乎所有科技领域的全球产业链上逐步掌握关键核心技术的主导权。随着全球一体化的深入，美国创新型企业凭借其在科技领域的先发优势加快建构跨国生产网络，注重全球产业链的整体布局，进一步扩大领先优势。

本节在引入创新经济学家威廉姆·鲍维利安的创新模式分类框架基础上，将五种类型的组织模式及其所代表的创新方式进行关联性分析，探讨美国作为领先型国家创新体系的优势与特点：一是科研创新体系发展完善，在颠覆式创新和渐进式创新两方面均获得瞩目成就；二是长期重视颠覆式创新能力的培养，强调前沿的基础性探索是颠覆性技术创新的源头；三是重视基础研究的商业化转化，通过组织模式创新来提高创新链前端到后端的技术转化效率。本节认为，DARPA 模式是一种创新型组织模式的典型示范，在制度安排上体现出独特的组织特征：其一，组织架构精简，营造了宽松自由的创新环境；其二，人才引进多样化，组建了多元背景的创新团队；其三，公私部门融合度高，建立了高效的创新机构运行机制；其四，内部结构灵活自主，有助于创新成果的涌现与扩散。

当前恰逢新一轮科技革命和产业变革的机遇期，我国科技部门以瞄准世界科技前沿为主要方向，肩负着打造世界科技强国的历史使命。研究美国 DARPA 模式的创新经验将有助于我国推进科技创新体制机制的改革，对我国颠覆性技术创新的激发、识别和评估具有重要的启示意义。基于本节的研究，我们提出以下几

点政策建议：第一，尝试成立类似于 DARPA 的科研管理协调机构，对不同市场的需求信息进行收集、汇总、研究，为创新战略的制定和统筹提供支撑，促进颠覆性技术的协同开发。第二，发挥政府风险投资的先导作用，加强公共部门与私人部门之间的投资合作关系，由政府风险投资充当行业先导和信息传递者，激励和吸引更多的私人资本进入基础研究与商业化生产之间的融资真空地带，促进颠覆性技术的商业化转化。第三，在对颠覆性技术项目的资助和管理方面，考虑同时资助多个机构，在项目进展过程中，尝试搭建一种公开透明的良性竞争平台，采取平行竞争和阶段性评估、筛选与淘汰的方式，确保项目资金的有效运作。

第三节　美国小企业创新风险投资系列计划的启示

包括小企业投资公司计划（SBIC）、小企业创新研究计划（SBIR）以及小企业技术转移计划（STTR）在内的美国小企业创新风险投资系列计划，是美国政府在不同历史阶段支持小企业创新活动的代表性举措。美国政府在这三个计划的启动和执行过程中始终充当重要的主导者角色，在这些计划的制定背后隐藏着美国政府在国家科技创新方面的制度设计和战略意图。本节将这三个计划作为研究对象，在对这些计划实施的历史动因进行分析之后，试图阐明这些计划制定背后的产业政策逻辑，然后，依次对这三个计划的运作机制和制度设计进行梳理和研究，认为政府才是小企业创新的最大风险承担者，通过投融资机制上的制度创新，激励和引导了大量私人资本进入最新的产业扶持领域，从而以一种隐蔽的方式决定着国家产业结构演变的方向。最后，结合我国基础研究商业化、科技型小企业发展以及就业机会创造等现实问题，探讨小企业创新风险投资计划在美国科技创新中所发挥的重要作用及其对我国的启示。

一、历史动因及其政策逻辑

就美国小企业创新风险投资系列计划的历史起源来说，可以追溯至 20 世纪 50 年代的美苏冷战时期。1957 年，随着苏联两颗人造卫星发射上天的消息传来，美国上下可谓举国震惊。一方面，苏联“伴侣号”人造卫星的成功发射让美国在军事上面临着前所未有的国家安全威胁；另一方面，苏联在航天领域的重大科技突破使得美国猛醒到自身作为全球科技领先国的地位正岌岌可危。正是在美苏争霸的国际形势催化下，美国联邦政府开始将发展重心转移到国内创新型企业的投资与扶持上面，同时委托美联储开展了一项针对其国内企业投融资环境的评估和调研，了解到美国国内小企业普遍面临融资难的问题，从而在科技发展之路上阻力重重的困境。针对这种情况，美国国会在 1958 年通过了《小企业投资法案》，授命美国小企业管理局（Small Business Administration，SBA）作为管理机构，启动并实施小企业投资公司计划（SBIC），向那些支持小企业发展的风险投资公司颁发许可证并且提供政府资助，以弥补当时小企业融资在长期股权和债权投资上的缺口。

小企业投资公司计划作为“一种替代性方案致力于帮助小企业获得原先无法从银行与信用社等传统路径取得的金融资本”①，其本质上仍然属于当时美国政府启动的“一种涉及国家安全的应对措施，其背后的主要激励因素，归根结底是对苏联科技发展的极端政治关切”②。从国家安全角度来看，小企业投资公司计划属于美苏冷战高峰期间为实现国家安全使命的应对措施，是美国国家安全政府机构施行的科技与创新政策的重要组成部分。美国政府实施这个计划的初衷就在于试图通过鼓励小企业从事颠覆式创新活动，参与军事科技领先地位的创新活动，增强本国原始创新力，进而维护和巩固其国际领先地位。为了支持国内创新型小企业的发展，美国政府在小企业投资公司计划中，规定由政府机构积极投身风险投资领域，主动承担项目失败风险，发挥“企业家型国家”的作用，向小企业申请的高风险的高技术项目提供早期的资金支持和政策扶持。至 20 世纪 60 年代，受小企业投资公司计划授权的小企业投资公司已经将近 700 家，控制了美国经济的绝大部分风险资本。③

20 世纪 70 年代，美国接连遭遇两次石油危机的冲击，同时面临对外贸易赤字上升和国内生产率下降等困境，国内许多大企业开始失去绝对的垄断优势，缺乏创新活力；与此同时，越来越多的证据表明，小企业从 20 世纪 70 年代末开始崭露头角，到 20 世纪 80 年代开始加速增长，逐渐在技术创新与就业创造方面担任越来越重要的角色④，伴随其重要性的不断提高，科技型小企业已经成为推动美国快速发展的新的创新引擎和经济增长点。进入 20 世纪 80 年代，大洋彼岸的日本凭借着在汽车、钢铁、半导体行业的强大制造力和创新能力而迅速崛起，对

① SBA, *Measuring the Role of the SBIC Program in Small Business Job Creation*, Washington: Federal Research Division, Library of Congress, January 2017.

② Weiss L, *America Inc.?: Innovation and Enterprise in the National Security State*, New York: Cornell University Press, 2014.

③ Gompers P, "The Rise and Fall of Venture Capital", *Business and Economic History*, Vol. 23, No. 2, 1994, pp. 1-26.

④ Wessner C W, *An Assessment of the SBIR Program*, Washington: The National Academies Press, 2008.

美国形成技术赶超上的威胁，这促使美国开始反思自己在产业竞争力上增速放缓的原因，最后认识到难以“将研究成果转化为商业优势”是其主要原因①，而小企业作为潜在的创新之源和商业化主体，受制于政府对那些从事高风险技术探索的小企业所持有的谨慎投资态度，严重影响了新技术的市场转化率。

正是在上述背景下，美国政府为了维持本国的科技领先地位，大力扶持小企业，推动基础研究商业化，通过将基础研究从国家实验室中分立出来，支持科研人员自主创业，成立私人运营的高新技术小企业，来为颠覆式创新领域的开拓注入活力。1980 年美国政府出台《拜杜法案》，授权小企业和大学可以保留政府资助研发成果的知识产权，同年通过的《史蒂文森-威德勒技术创新法案》以及一系列相关法案也明确授命国家实验室可以将技术成果转移给私营部门，这些专利改革初步为国家实验室的基础研究商业化奠定了制度方面的基础：一方面，创新型小企业得以从政府支持的国家实验室中分立出来；另一方面，风险资本开始基于专利的数量和质量对小企业的商业价值进行判定并追加投资。1982 年，美国国会正式通过了《小企业创新发展法》，该法案明确要求启动小企业创新研究计划，授权小企业管理局统一管理，这是一个旨在直接向小企业技术创新活动提供财政援助、全力推动国家实验室基础研究商业化的计划，它专注于由政府出资、向从事颠覆式创新活动的小企业提供关键性的早期支持。

至 20 世纪 90 年代，鉴于小企业创新研究计划在过去十年间作为美国支持小企业发展的最大规模的创新计划发挥了相当重要的作用，特别是为私营小企业提供了优越的财政资助条件以支持其进行创新技术的开发与商业化，并且引导数百项新技术完成从实验室到市场的商业化过程。美国政府为了进一步加强对小企业的支持力度，提高中小企业创新研发成果的投资回报率，美国国会于 1992 年通过《加强小企业研究与发展法》，授权政府设立小企业技术转移计划，归小企业管理局管理，自 1994 年启动运行。小企业技术转移计划从某种程度上可以说是在小企业已经获得初步发展的新阶段，对小企业创新研究计划的延续和补充，该计划最大的特点是通过加强小企业与研究机构的合作，助推基础科学完成向创新成果商业化的转化。

进入 21 世纪，小企业在解决就业问题上的能力愈加凸显②，逐渐成为美国政府用于缓解经济萧条时所带来的社会挑战的重要手段。美国政府部门在新时期视

---

① Wessner C W, *An Assessment of the SBIR Program*, Washington: The National Academies Press, 2008.

② 根据美国小企业管理局（SBA）的数据，从 1995 年 10 月到 2014 年 12 月，统计出由小企业投资公司计划资助的仅 11681 家企业就创造了 300 万个就业机会。资料来源：SBA，*Measuring the Role of the SBIC Program in Small Business Job Creation*, 2017.

小企业为创造就业、提升竞争力和经济增长的核心引擎，通过延长小企业投资公司计划、小企业创新研究计划和小企业技术转移计划的有效期限、部分调整计划实施的内容，来延续和加大对小企业的投资力度，并且将计划资助的小企业对就业机会的创造成效列为重要指标纳入计划实施收益的整体评价机制。

包括小企业投资公司计划、小企业创新研究计划和小企业技术转移计划在内的美国小企业创新风险投资系列计划在美国经济政策史上已经贯彻了60多年的时间，在这些计划的启动和执行过程中，美国政府特别是国家安全政府机构，始终充当了重要的主导者角色，因此，在这些计划的制定背后实则隐藏了美国政府在国家科技创新方面的制度设计和战略意图，而深入分析这些计划内容的变迁过程，也将有助于厘清美国政府在二战以后的产业政策逻辑。

总体上来说，从二战结束以后至今，历史背景的转换直接影响并导致了美国小企业创新风险投资计划在实施目的上的变化，并使处于不同时期的计划重点和内容发生了微调和更新。这主要是因为在美国的不同经济发展阶段，风险投资计划对各行业的资助重点在很大程度上受当时政府产业政策的影响，比如从早期的国防军事领域到后来的传统制造业、信息业，再到战略性新兴产业，这种资助重点的变迁反映出现代产业政策的内涵随着形势的发展在不断拓展，知识、技术与创新逐渐成为了新式产业政策的核心。二战以后，美国经历过一段应对苏联军事威胁的严峻时期，从20世纪50年代末启动的小企业投资公司计划来看，在设立初期，获选的小企业投资公司主要在美国国防部等国家安全机构的资助和引导下进行项目投资，集中于具有军用潜力和国家安全影响的科技领域。自20世纪70年代初开始，美国乃至全球进入以信息和远程通信为标志的第五次信息技术革命浪潮时期，受小企业投资公司计划资助的英特尔公司正是在这段时期研制出全球第一个单芯片微处理器。小企业投资公司计划投资的范围虽然比较广，涉及农林业、采矿业、建筑业、物流运输业、服务业等行业，但是，直到20世纪末21世纪初，传统制造业和信息产业仍然都在该计划的资助中占据主要地位①。而20世纪80年代和90年代开启的小企业创新研究计划和小企业技术转移计划在美国国防部、卫生部和能源部等国家安全政府出资机构的引导下，主要项目则涉足生物制药、新能源、新材料等战略性新兴产业，更多地关注颠覆式创新的可能性。美国政府通过这些计划的项目遴选和早期资助，利用融资杠杆，吸引了更多的私人资本进入最新的产业扶持领域，发挥着长期而深远的引导作用，以一种隐蔽的国家干预方式决定着国家产业结构演变的方向。

① 在1999~2003财年小企业投资企业计划的资助分布中，传统制造业领域占比约30%，信息业占比约20%，科技服务业占15%~20%，运输业占5%，其余产业均不超过5%。

此外，就二战以后美国军民融合的发展脉络进行回顾，主要分为两个历史时期，即从二战后至20世纪70年代的“采办时代”，以及从20世纪80年代至今的“商业化时代”。前一个时期，美国为保持全球军事霸主地位，强化国防力量，在冷战开始之后推行了“先军后民，以军带民”的政策和军民分离的国防采办制度，形成了军工与民用两个几乎完全分离的市场；后一个时期，随着20世纪80年代新技术革命的兴起，美国联邦政府感受到军民两大产业分割的成本越来越高，开始推行“军民一体化”政策，旨在将军工领域的尖端前沿技术民用化，并形成一个同时满足军用和民用市场需求的工业基础。

美国的小企业创新风险投资系列计划通过构建各种形式的政府支持型风险投资基金网络，在不同时期均起到了深化军民融合的重要历史作用。具体来说，自20世纪50年代末启动的小企业投资公司计划，其本质上是在国家“军工优先”的产业政策引导下，基于战时形成的政府—军事—工业复合体所发展出来的一种以国家安全为主要目标的创新政策。依托该计划，美国国家安全政府机构通过资助小企业投资公司，成立了国内首批实现公私资源融合的杂交式创新风险投资组织，旨在“播种”和扶持大批初创型高新技术企业。然而，在“采办时代”，由于美国政府主要着眼于军事优势的保持，并且一度“坚信‘市场’会自发地将军事研发成果或多或少地用于民用领域的商业创新之中”[①]，却未意识到政府在推动基础研究商业化以及引导军工技术民用化过程中的关键性作用，致使这一时期军工系统与民用市场处于分离状态，多数科研成果无法转化为商业优势，大量潜在产品“胎死腹中”。

直到20世纪80年代，美国遭遇日本和德国在科技创新上的追赶威胁，才警醒地意识到离开政府作用和产业政策的引导，军工研究是无法单纯依靠市场机制“自发地”溢出到民用领域内的。正是在这种背景下，美国开始注重从政策层面引导和加强国家安全政府机构、私营企业与商业市场之间的紧密融合，以“军民一体化”为战略导向，配套出台《拜杜法案》、小企业创新研究计划和小企业技术转移计划等一系列创新政策，意在建立一种由国家安全政府机构主导，以培育企业核心技术和组织能力为重心，超越“军转民”（spin-off）（国防知识、技术和产品偶尔地向民用市场溢出）和“民转军”（spin-on）（民用知识、技术和产品流向国防军事需求方）两种传统方式的更具战略规划性的政府—私营部门创新

① Wade R H，“The American Paradox：Ideology of Free Markets and the Hidden Practice of Directional Thrust”，*Cambridge Journal of Economics*，Vol. 41，No. 3，2017，pp. 859-880.

模式①。这种创新模式首次将技术商业化以及商业利益回报的考量纳入国防科技的投融资机制，旨在吸引和激励更多的私人资本进入到颠覆式创新领域的融资真空地带以支持初创型高新技术企业跨越“死亡之谷”，其本质上是一种尝试通过推动具有军民两用潜力的基础研究商业化来带动国家军民融合深化的产业政策。除了上述这些围绕军民融合目的而展开的制度创新活动注重将知识、技术和企业能力建设纳入到创新政策范围中来以外，进入21世纪以后，随着就业问题等社会挑战的矛盾日益突出，这类计划又着力于将颠覆性技术革命及其所带来的经济增长和社会转型发展成效相关联起来，形成一套评价创新政策的更为广泛的系统机制，而这也进一步拓展了以创新政策为核心的现代产业政策的内涵。

二、运作机制与制度设计

小企业投资公司计划、小企业创新研究计划和小企业技术转移计划在融资结构和投资模式的设置和规定上各有其特点，在某种层面上是对美国整体小企业创新风险投资系列计划运作机制的反映。

（一）小企业投资公司计划

小企业投资公司计划的资金来源，也可以说是受小企业投资公司计划资助的小企业所获得的资助主要由三个部分组成：常规资本、杠杆融资渠道和政府提供的贷款优惠。其中，常规资本主要来自私人投资者、州立发展基金、商业银行，因此，这些出资方也成为了多数小企业投资公司的所有者。杠杆融资渠道主要包括担保债券杠杆资金和参与式证券杠杆资金两类，前者适用于可转债投资的小企业投资公司，后者适用于对初创企业进行股权投资的小企业投资公司，这部分资金是小企业投资公司计划的补充资金，其来源是购买信托凭证的机构投资者，而小企业管理局作为计划负责机构依托美国国家信用做信托凭证担保。政府提供的贷款优惠是联邦政府基于杠杆机制（政府贷款额与私人资本的比例从2∶1到4∶1不等）提供的一种资助，这些资助主要采取低于市场利率的贷款、5年期无息贷款或者是股权投资的形式。

从1958年至2015年12月，小企业投资公司计划配置了805亿美元②的资本

---

① Weiss L, *America Inc.?: Innovation and Enterprise in the National Security State*, New York: Cornell University Press, 2014.

② 这些资金中有1/2到3/4可以归类为直接或间接来源于政府资助，政府主要起信用担保和资金诱导作用，采取的注资方式为政府担保低利率贷款、政府持有公司债券或股权投资等形式。资料来源：SBA, *Measuring the Role of the SBIC Program in Small Business Job Creation*, 2017.

给大约 172800 家受资助小企业。[①] 小企业投资公司计划资助的目标投资企业所具备的基本条件和特征包括：第一，小企业的雇佣员工数必须小于等于 500 人，企业净资产低于 600 万美元，净税后收入低于 200 万美元；第二，小企业的规模不得超过所申请项目的规模标准，在经营领域内不可具有支配或垄断地位；第三，主要投资于传统的制造业，高风险的高新技术小企业不是投资重点，房地产和金融服务业被列为禁止投资范围；第四，处于种子期和初创期（公司成立不足 3 年）的小企业更容易从该计划中获得贷款。

小企业管理局作为小企业投资公司计划的管辖机构，在整个计划流程中分前后三个步骤从事活动：一是授权：初步审查、私人资本筹集、最终许可；二是运营：杠杆作用下的资助、监督、注册审批、审查；三是资助决议：以杠杆比率分期偿还、对违约拖欠业务进行清算。

第一步骤：授权审批过程是一个三阶段过程，即初步审查—私人资本筹集—最终许可。在第一阶段被投资委员会批准认可的申请企业会被授予“许可”信（持续时间为 45 个工作日至 2 个月），然后在第二阶段（持续 18 个月）筹集够充足的资金后，才能够进入第三阶段（持续 6 个月），提交获得最终许可的申请书。

第二步骤：一旦某基金组织获得小企业投资公司计划的授权许可，小企业管理局会指派一名供职于投资与创新办公室（OII，隶属于小企业管理局的执行机构）的分析师作为小企业投资公司计划的主要联系人，回应相关咨询、监督基金业绩、操作杠杆请求和处理法规批复等。

第三步骤：对于大多数小企业投资公司计划基金组织来说，作为有限合伙企业在小企业投资公司偿还完由小企业管理局担保的杠杆资金后（通常是获得授权后 10~15 年）就会放弃许可。当这些小企业投资公司遇到一些无法解决的经营难题时，小企业管理局具有将这类小企业投资公司转移给小企业投资公司计划的清偿办公室的权限，清偿办公室的负责人员会着手收回小企业管理局的杠杆资金并且提出及时的止损方案。

小企业投资公司计划的运作机制，反映的是一种公共部门和私人部门的合作关系与治理模式。正是基于小企业投资公司计划，公共部门提供了一笔由小企业管理局担保的杠杆资金给那些私人所有并且有专业管理的风险投资公司，这些公司均持有小企业管理局颁发的授权许可。在这个过程中，小企业管理局不直接提供投资给小企业，而是由那些获得授权的风险投资公司给那些符合资格的小企业提供贷款和投资。在这种公私合作关系下，所有的股权持有者产生了共同的利益

---

① SBA, *Measuring the Role of the SBIC Program in Small Business Job Creation*, Washington: Federal Research Division, Library of Congress, January 2017.

趋向，即推动小企业风险投资公司计划成功，让小企业通过这个计划获得资金支持，实现经济增长。

（二）小企业创新研究计划

小企业创新研究计划的主要资金来源，在《小企业创新发展法》中有明确说明，该法案规定，美国的联邦政府部门机构中，须预留出一部分款项，统一由小企业管理局管理，用于资助小企业创新研究计划中的小企业。小企业创新研究计划在美国小企业管理局的统一协调下，采取的是跨部门协同的整体治理模式①。自该计划正式启动之后，从1983年至今，美国国内曾经共有过13个联邦政府机构②参与这个计划，其中，内务部和原子能管理委员会分别在1986年和1997年退出，因此，一般来说，有11个美国联邦政府机构（大多数为国家安全政府机构）构成长期参与并执行这个计划的主体。根据小企业管理局发布的SBIR年报所提供的数据，1983~2006年，小企业创新研究计划的融资结构主要呈现如下：国防部占资金总额的48%，为小企业创新研究计划最大的出资机构，卫生部出资占比为26%，为第二大出资机构，之后依次为国家航空航天局（9%）、能源部（7%）、国家科学基金会（5%）、国土安全部（3%），剩余的机构出资加总起来占2%的比例③。

小企业创新研究计划资助的小企业，或者说申请小企业创新研究计划资助的小企业需要符合基本的要求：第一，提出申请的小企业必须为美国境内的营利性组织；第二，小企业的雇佣人数必须小于等于500人，企业的所有者或者控股人（控股比例超过51%）必须是美国公民或者拥有永久居民权的外籍人士；第三，提出申请的项目负责人必须是企业的正式员工。

小企业创新研究计划的运行过程或者说拨款流程主要分为三个阶段：第一阶段，可行性论证阶段（持续6个月）；第二阶段，主要研发阶段（持续周期约为2年）；第三阶段，产品开发与市场商业化阶段。每个阶段的执行内容各有侧重点，且资金资助的力度也会发生变化。

第一阶段：主要负责各项目在科技层面的优缺点分析和可行性评估。各联邦政府机构的小企业创新研究计划研究室从企业资质、创新能力、技术水平和市场

---

① 朱春奎、李燕：《美国小企业创新研究计划的资助策略、申请资格和治理模式》，《科学发展》2016年第9期。

② 这13个机构分别为农业部、内务部、商务部、国防部、教育部、能源部、卫生部、交通部、环境保护署、国家航空航天局、国土安全部、国家科学基金会与原子能管理委员会，其中，国土安全部是从2003年才开始加入该计划。

③ Weiss L, *America Inc.?: Innovation and Enterprise in the National Security State*, New York: Cornell University Press, 2014.

化潜力等方面对项目申请书进行详细评议和遴选。申请企业一旦获得资助，需在6个月内完成基础研究，提出科学技术方案构想和商业化价值的预期，这个阶段最多可以获得15万美元的资助。

第二阶段：跨度从基础研究到产品成型，为主体研发阶段。这一阶段的项目为第一阶段的延伸项目，上阶段通过可行性研究论证的申请企业基于前期的基础研究成果，在这阶段继续从事科学研究活动，在更深入的研发过程中，扩大科技优势和研究成果的商业化潜力。相比上一阶段，本阶段的联邦政府拨款力度更大，执行周期不超过2年，项目申请者最高可获得100万美元的资助。

第三阶段：创新成果从实验室进入市场。为了使产品商业化，小企业期望从私人投资者、资本市场或者原资助机构寻找更多的资金支持。这个阶段最大的特征就是小企业创新研究计划不再向进入产品推广期的小企业提供直接资助，而是转为帮助企业寻找私人部门融资机会进一步助推技术成果市场化，或者充当媒介辅助成熟的技术发明直接获得原资助机构（通常是国家安全政府机构）的政府采购合同。进入这一阶段的企业不再受任何前置条件约束，也不再有任何时间限制。

小企业创新研究计划的三阶段流程展示了该计划是如何基于美国联邦政府对研发的大量投入，发挥杠杆作用，在支持小企业创新活动的同时，满足国家对科技进步的整体需求。成功的小企业除了创造就业机会之外，还通过上缴雇佣者的个人所得税和企业的营业税等间接渠道，来回馈其国家在小企业创新研究计划上的财政支出。

（三）小企业技术转移计划

小企业技术转移计划的资金来源在《小企业技术转移法》中有明确说明，即规定年度研发经费超过10亿美元的美国联邦政府机构[①]，应该按固定比例（现在为0.45%[②]）计提，单独拨出一部分研发经费用于支持小企业技术转移计划。

小企业技术转移计划的主要目的是要加强技术转移和创新，因此，申请小企业技术转移计划资助的小企业必须符合一些基本条件：第一，申请资助的小企业除了自身具备很强的研发能力之外，还必须与高校和科研机构展开直接的合作关系（比例要求为小企业至少完成40%，合作机构至少完成30%，其余30%可由

① 参与小企业技术转移计划的部门有5个，分别为国防部、卫生部、能源部、国家航空航天局和国家科学基金会。

② 1992年规定为0.15%，自此以后逐年增加，2004年提高到0.3%，2012年提高到0.35%，2014年提高到0.4%，2016年提高到0.45%。资料来源：NASEM and STTR, *An Assessment of the Small Business Technology Transfer Program*, 2016.

任一合作方或者转包商完成)；第二，项目申请应由小企业与合作机构共同提出，申请人既可以来自小企业，也可以来自合作的科研机构。

小企业技术转移计划的运行和拨款流程也主要分为三个阶段：可行性研究阶段（周期一般为1年）、主体科研拓展阶段（周期通常为2年）、商业化阶段。每个阶段的执行内容和资助额度各有不同，具体如下：

第一阶段：重点在于对科技成果的可行性和市场化价值进行评估，应该在1年之内完成基础研究和测评，通过这个阶段遴选的小企业最多可获得10万美元（2011年之后达到15万美元）的资助。

第二阶段：主要是为进一步的主体研发活动提供更大金额的资助，这个阶段开展的均是上个阶段的延伸项目，资助对象必须是第一阶段的申请成功者，获选者最多可获得来自美国联邦政府75万美元（2011年后提升到100万美元）的资助。

第三阶段：进入技术转移和商业化阶段，在这个阶段期间，小企业技术转移计划不再向小企业提供直接的资助，而是帮助这些企业寻求来自私人部门或其他联邦政府渠道的融资。进入这个阶段的企业，也不再受执行时间的限制。

小企业技术转移计划作为小企业创新研究计划的延续和补充，与其最大的区别和特征就是该计划要求小企业必须在第一阶段和第二阶段的基础研究和主体研究阶段，与非营利性研究机构（高校或科研院所）建立正式的合作关系。通过这种关系，从事高新技术产业的小企业可以将从小企业技术转移计划中获得的资助金额分拨给合作的研究机构去从事必要的研发活动，既解决了非营利研究机构的融资问题，又加强了各创新主体之间的系统协同效应。

三、重要作用及其对我国的借鉴启示

这三个计划作为美国政府在小企业创新风险投资领域的代表性举措，对于美国小企业的创新扶持以及整个经济社会的平衡发展来说，既产生了正向的积极影响和作用，也存在着负面的缺陷与不足之处。具体来说，这一系列计划在不同的历史阶段起到过促进美国基础研究商业化、科技型小企业发展以及就业机会创造等创新政策和产业政策的作用，而这些美国的成功经验对于我国未来的产业政策设计具有极其重要的启示与借鉴意义。

第一，政府采购和企业分立在美国自主创新中起了非常关键性的促进作用。作为国家安全政府机构的国防部、卫生部、国家航空航天局、能源部、国家科学基金会和国土安全部，是美国小企业创新风险投资系列计划的主要出资者（总占

比之和为98%），其中以国防部为最强的后盾[①]，因此，在整个计划运行中这些国家安全政府机构占据了绝对的主导地位，在遴选的项目研发上也更多地围绕国防军事与国家安全目的而展开。在计划实施的效果上，最主要的出资机构也成为了最大的受益者，据统计，在小企业创新研究计划的孵化下，有37.3%的市场化产品和服务最终被国防部所购买，而另有21.6%的成果则被国防部主要承包商所采购[②]，这些被政府采购的项目成果均为美国的国家安全科技事业做出了重要的贡献。在政府战略需求的引导下，参与计划的各个政府部门每年公示各种研发课题向社会公开招标，获选的小企业获得资助，从事创新活动，在《拜杜法案》等一系列法律法规对企业专利持有权的保障下，小企业研发得以从国家实验室中彻底分离出来。

受小企业创新风险投资计划资助的基础研究成果（通常具有军民两用潜力）在前期的技术应用转化和商业化过程中逐渐分化为军工和民用两种用途。在军工领域的科研成果，通过小企业创新研究计划等的推动，大多能够顺利获得充足的政府采购订单[③]，尤其是国防部资助的项目，其技术研发从最初设立开始就高度贴合军事需求，就2014年的数据来看，小企业创新研究计划资助的项目经市场化后的产品和服务，37.3%受到国防部认购，21.6%被国防部主要承包商所采购，只有21.4%进入国内私人市场[④]。而民用领域的技术成果，在获得小企业创新研究计划等的授权、资助的情况下，顺利完成前两个阶段的孵化和培育，得以吸引更多的私人风险资本加入与认购，在商业化成熟（跨越“死亡之谷”）之后，逐渐受到民用市场的高度认可，在颠覆式创新领域创造占领性优势，产生高额利润。由此可见，一方面，受小企业投资公司计划、小企业创新研究计划和小企业技术转移计划资助的小企业，通过政府的国防采购机制直接回馈了国家的战略需求；另一方面，在企业分立之后通过参与市场竞争机制满足消费者需求，实现基础研究的商业化转化目标，最终在军工和民用市场达成需求方和供给方的旋转对应关系。

第二，这一系列小企业创新风险投资计划是美国公私合作关系的一种体现，它反映出政府才是美国解决科研与生产脱节，主动承担企业科研成果转化风险的最关键角色。政府在小企业投资公司计划、小企业创新研究计划和小企业技术转

---

① 1983~2006年，国防部出资比例年均高达48%，每年在小企业创新研究计划中投资约10亿美元的合同。

②④ Link A N and Scott J T, *Toward an Assessment of the U.S. Small Business Innovation Research (SBIR) Program at the National Institutes of Health*, UNCG Economics, Working Papers, 2017.

③ 据统计，2002年小企业创新研究计划资助的企业中，除卫生部以外，有54%的受资助者最后获得了充足的政府订单。

移计划上的资助属于公共投资，这些投资主要集中在高风险的小企业种子期和初创期，而这是私人投资最缺乏的阶段，从这个角度来说，美国的小企业创新风险投资系列计划本质上是一种产业政策工具，这种政策工具的作用在于向一些具有商业前景的高风险科技创新小企业提供早期的金融支持①，帮助有潜力的初创型小企业在没有能力吸引到私人风投的时候，建立桥梁跨越“死亡之谷”，直到研发产品具备市场化潜力之后，才助推企业进行融资方式的转型，吸引和刺激更多的私人资本参与股权投资，与此同时，政府资金逐渐退出。因此，政府或者说公共部门除了是创新方向的战略制定者之外，还充当了小企业创新乃至国家原始性创新最早和最主要的发动者和风险承担者，认清政府在推动基础研究商业化过程中的主导作用，对于解决当前我国在科技创新领域普遍存在的基础科研与生产相脱节的难题具有重要的启示意义。

第三，美国的小企业创新风险投资系列计划最大的政策作用在于扶持从事高风险高技术创新活动的小企业，支持它们的早期技术开发活动，在这些小企业还没有能力吸引或追踪到私人风险资本之前，通过政府资助搭建桥梁助其跨越“死亡之谷”。早年由小企业投资公司计划授权的小企业投资公司已经通过风险投资催生了大量的初创企业，比如英特尔公司就是在富国投资公司的支持下逐渐发展，研制出单芯片微处理器，从而奠定其跻身世界500强的科技实力。之后的小企业创新研究计划解决了小企业在种子期和初创期的融资问题，而小企业技术转移计划则加强了小企业与科研机构之间的创新合作关系，这都给小企业的技术创新提供了必要的条件。一方面，基于专利授权量和风险投资额度的提高，促使颠覆式新技术和新发明的不断出现；另一方面，通过与非营利性机构建立合作关系而加速了科研成果的转化。据统计，美国的小企业创新研究计划从1983～1995年提供了超过60亿美元的资金给高新技术产业，而这些计划资助者在以10年为阶段的周期内明显比未受资助的对比组企业成长快速很多。② 就过去的30年间来看，受到小企业创新研究计划和小企业技术转移计划资助的小企业累计超过

① 基于Banscomb对美国小企业早期技术开发资金来源分配的研究发现，仅小企业创新研究计划就利用各种资源为小企业提供超过20%的来源资金，其中，超过85%的联邦财政资助用于对早期开发的直接资助，正是这笔资金帮助多数企业跨过科研成果早期市场化之前的“死亡之谷”，因此，小企业创新研究计划被视为能够帮助小企业解决风险资本家、天使投资者以及其他资源所无法弥补的融资空白问题的一种多样化战略。参见：Banscomb C W，*An Assessment of the SBIR Program*，Washington：The National Academies Press，2008，p. 34.

② Lerner J，*The Government as Venture Capitalist：The Long-Run Impact of the SBIR Program*，NBER Working Paper 5753，1996.

14万个，其中不乏如今知名的跨国公司如微软、戴尔、康柏、英特尔、联邦快递[①]等，这些企业对信息通信产业乃至整个科技创新领域都产生了广泛的影响。这种主张政府直接介入到生产活动中去，充当创新不确定性和风险承担者的产业政策做法也同样有助于我国通过制度创新来扶持大批高新技术初创型企业成功跨越“死亡之谷”。

第四，从就业机会的创造成效来看，随着小企业的发展及其在美国整体经济中的驱动作用提升，小企业在解决就业压力方面的能力受到政府关注，美国政府通过这一系列小企业创新风险投资系列计划的实施，有效提升了整个国家的就业率。就美国小企业的发展史来说，自20世纪80年代开始，小企业在就业机会创造上的作用便逐渐受到美国政界和学术界的重视。1987年，美国小企业管理局局长就在讲话中说道：“在工业领域，小企业所主导的就业增长正在逐步代替大企业所主导的就业增长，在20世纪80年代，小企业的活动在经济领域创造大量岗位，特别是那些员工数小于20人的小企业尤其贡献突出。”[②] 与此同时，以大卫·伯奇（David Birch）为代表的一批学者也开始意识到小企业在创新和就业创造方面所承担的重要角色，发表了相关论文[③]。作为小企业投资公司计划、小企业创新研究计划和小企业技术转移计划这三个计划的管理机构，小企业管理局明确将“促进企业的发展和就业机会的创造”设定为重要的战略目标。据统计，从1995年10月到2014年12月，受小企业投资公司计划资助的11681个小企业雇用了6500万工人，仅创造的新工作岗位数就有2960177个，创造及维持的工作岗位数达到了9457965个[④]，长期充当了美国就业增长的重要引擎。可见，认识到小企业在就业机会创造上的重要作用，并给予一定的政策支持将有助于提高一国的就业率，而这对解决我国国内的就业问题同样具有重要的产业政策启示性。

除了上述的优势和贡献之外，美国的小企业创新风险投资系列计划也有其缺陷和待改进之处。比如无论是小企业投资公司计划，还是小企业创新研究计划和

---

① Wessner C W, *An Assessment of the SBIR Program*, Washington: The National Academies Press, 2008, p. 46.

② 曼塞尔·布莱克福德：《美国小企业史》，刘鹰、何国卿等译，浙江大学出版社2013年版。

③ David Birch在其发表的“Who Creates Jobs?”中对小企业的作用概念进行了重新认识，以及Davis等于1993年发表了“Small Business and Job Creation: Dissecting the Myth and Reassessing the Facts”，Davidsson P于1996年发表了“Methodological Concerns in the Estimation of Job Creation in Different Firm Size Classes”。参见：Wessner C W, *An Assessment of the SBIR Program*, Washington: The Naticnal Acadencies Press, 2008, p. 34.

④ SBA, *Measuring the Role of the SBIC Program in Small Business Job Creation*, Washington: Federal Research Division, Library of Congress, 2017.

小企业技术转移计划，都没有完善的投资—回馈机制，在政府退出直接资助环节之后，主要依靠小企业创新驱动下国家经济增长所带动的税收收入提高来实现对政府机构的投资补偿。但是，这种间接的长期收益回收机制并不能完全满足政府机构对投资回报的要求。进一步地，这种在激励机制上的不健全导致了美国的小企业创新风险投资系列计划在执行过程中存在着一些漏洞风险：第一，政府在项目遴选过程中不严谨，许多政府机构将这类风险投资计划看作加征在它们项目上的“赋税”，因此并不愿意花太多时间在遴选受资助企业以及追踪计划的成效上①；第二，存在被“游说”的空间，计划申请者会尝试通过加强与联邦政府官员的关系来提高获得资助的可能性；第三，私人部门过度转移风险，政府资金的注入可能部分“挤出”企业在研发上的投入，从而将更多商业化研发成本转移给政府。这些不足之处的存在严重影响着由政府主导的风险投资计划的可持续性，因此，本节认为，就小企业创新风险投资系列计划的机制来说，尽管在小企业管理局的跨部门整体治理下，有效实现了各项目之间的风险共担、资金协调和动态监管，但是，在未来还存在着很大的金融制度改进空间。

综上，本书从演化经济学、创新经济学和发展经济学的理论视野出发，在比较视域下，分析总结创新驱动经济发展的国际经验及启示，范围涉及国际贸易、产业政策、技术创新等多个方面。为了紧密结合中国国情，在新发展格局下走出一条中国特色的创新驱动经济发展之路，研究中国共产党科技创新思想与科技政策的演进历程具有深远的历史意义与现实意义。

---

① OECD, *Public Procurement Programs for Small Firms*: *SBIR-Type Programs*, OECD Innovation Policy Platform, 2010.

第九章　中国创新型国家建设的历史回顾与实践探索

第一节　中国科技创新思想与科技政策的演进逻辑

回顾中国共产党百年科技思想发展的历史，可以看到这是一部中国共产党人将马克思主义科学技术观与百年中国科技发展建设具体实践相结合，推动马克思主义中国化的历史。中国共产党历代领导集体对科学技术是生产力理论进行一脉相承又与时俱进的创新拓展，指导中国走过百年科技创新探索之路，从科技救国、科技立国、科技兴国、科教兴国、建设创新型国家，到为建设世界科技强国而奋斗，我国的科技事业发生了翻天覆地的变化。

一、新民主主义革命时期党的科技思想萌芽与科学技术早期探索（1921~1949年）

1919年五四运动爆发，标志着近代中国进入新民主主义革命时期。19世纪末20世纪初，马克思主义科技思想传入中国，开始在中华大地广泛传播。新文化运动的基本口号是拥护“德先生”（Democracy，民主）和“赛先生”（Science，科学），倡导民主和科学的启蒙思潮为中国共产党的诞生奠定了思想基础。1921年7月23日，中国共产党第一次代表大会宣告了中国共产党正式成立。李大钊、陈独秀、毛泽东、瞿秋白等早期共产党人将马克思主义科学思想作为思想利器，坚持马克思主义唯物史观，运用科学的方法认识自然和社会，逐渐形成中国共产党人关于科学技术问题的早期认识①。

① 邱若宏：《中国共产党科技思想与实践研究——从建党时期到新中国成立》，人民出版社2012年版，第13页。

20世纪20年代末至30年代末，《自然辩证法》《反杜林论》《唯物主义和经验批判主义》等多部马克思、恩格斯和列宁科技思想的经典著作被翻译、出版并在中国传播，随着陕甘宁抗日根据地的建立和形势的相对稳定，中国共产党人有机会系统地学习马克思主义理论，并结合中国的革命实践问题进行讨论，抗日战争时期是中国共产党马克思主义科技观正式形成和成熟的时期[①]。遵义会议以后，以毛泽东为代表的中国共产党人在深入学习马克思主义科技观的基础上，将这种学说体系运用到中国新民主主义革命的伟大实践中，阐释并发展制定了一套带领人民发展科技事业的方针政策。

新中国成立以前，中国共产党在早期科技事业上的思考与探索，历经大革命战争时期、土地革命时期、抗日战争时期、解放战争时期等动荡年代。大革命时期，科学成为中国共产党人反帝反封建的思想利器。土地革命战争时期，受艰苦的客观条件限制，党在根据地的科技工作比较零散，这时期的科技政策具有军事性与应急性的特征。抗日战争时期，中共中央及其他抗日根据地制定的科技发展政策，其总原则是“以科学技术促进经济的发展，为抗战建国服务”，辅之以发展科技教育的政策方针，成立各类科研部门，在陕甘宁、晋察冀等根据地形成比较完善的科研体系。[②] 解放战争时期，党的科技事业是抗日战争时期党的科技事业的延续与提升，各解放区继承了抗日根据地建设中的科技工作经验。

中国共产党早期的科技实践活动包括以下几点重要内容：第一，强调科学技术在经济建设、军事建设中的重要性。革命战争年代，在根据地和边区建设中所需解决的关键问题成为当时科技工作者的迫切任务，军工和医疗是我党最早开辟的两个技术部门。第二，设立科研机构，初步形成从科研到成果推广的完整体系。在中国共产党的领导下，设立了一批科研机构，出台鼓励科技成果转化推广的条例，初步形成从科研到成果推广的完整体系。第三，树立自力更生、艰苦奋斗，尊重科学、尊重人才的传统。中国共产党人凭借“自力更生、艰苦奋斗、自己动手、丰衣足食”的革命信念，带领人民克服革命根据地艰苦的地理环境和落后的生产条件，开展科技工作。解放区成立高等院校，培养的科技人才绝大部分在新中国成立以后成为专家或领导骨干，为新中国的科技事业做出重大贡献。

① 邱若宏：《中国共产党科技思想与实践研究——从建党时期到新中国成立》，人民出版社2012年版，第13页。

② 《抗日战争时期解放区概况》，人民出版社1953年版。

二、社会主义革命和建设时期党的科技思想发展与科学技术曲折前进(1949~1976年)

马克思恩格斯曾指出，“生产力里面也包括科学在内”，“劳动生产力是随着科学和技术的进步而不断发展的”[①]，突出强调科学技术发展对社会变革的重要推动作用，即“科学是一种在历史上起推动作用的、革命的力量”。毛泽东在吸收马克思“科学技术是生产力”，以及生产力的提高“来源于智力劳动特别是自然科学的发展”等科技思想的基础上，结合中国的具体实际，强调“要用自然科学来了解自然、克服自然和改造自然”[②]。1963年12月，毛泽东在听取聂荣臻关于十年科学技术规划问题的汇报时，明确提出“不搞科学技术，生产力无法提高”[③]，这表明中国共产党领导人很早就意识到科学技术与生产力之间存在密切联系，并产生了科技与经济相结合的思想，认为科学技术能够转化为生产力，从而服务于经济建设，推动社会发展。新中国成立之初，党中央基于对当时国际国内形势的科学判断，强调科技对经济、文化、国防建设的决定性作用，为实现社会主义和建设现代化强国的愿望，最终确立科技发展创新的目标是实现科技现代化。

新中国成立之初，国家积贫积弱，党中央清楚地认识到科技落后是国家贫困的关键，面对以英美为首资本主义国家的科技、经济封锁及军事威胁，加强国防建设，维护国家的独立和安全成为当时的主要任务，加上受苏联赶超战略的影响，提出“赶英超美”口号。为实施以发展重工业和国防为标志的赶超战略，党中央确立了“跳跃发展，重点突破”的科技现代化道路。

1956年是新中国科技史上的一个分水岭，正是在这一年，党中央向全国发出“向科学进军”的号召，随后开展科技部署，国务院科学规划委员会成立并且制定了新中国第一个科学技术发展规划——《1956—1967年科学技术发展远景规划纲要》（以下简称《十二年科学规划》），这标志着中国的科学技术事业走上大规模发展道路。

20世纪50年代末60年代初，新中国经历“大跃进”的挫折和苏联政府撕毁合同、撤离科技专家等内忧外患。1962年底，党中央批准制定《1963—1972年科学技术发展规划纲要》（以下简称《十年科学规划》），对《十二年科

① 马克思、恩格斯：《马克思恩格斯选集（第23卷）》，人民出版社1980年版，第664页。

② 中共中央文献研究室：《毛泽东文集（第二卷）》，人民出版社1993年版，第269页。

③ 中共中央文献研究室毛泽东组：《〈毛泽东文集〉与毛泽东思想》，人民出版社2002年版，第143页。

学规划》进行调整。《十年科学规划》中确定了“自力更生、迎头赶上”的科学技术发展方针，强调科学技术为社会主义建设服务，应特别重视国家经济建设、国防建设迫切需要解决的科学技术问题。

这一时期科技发展战略的主要特征包括：第一，根据国民经济发展的需要和科学发展的方向，确立“重点发展，迎头赶上”的指导方针，综合提出重要的科学技术任务。新中国成立初期，我国完成社会主义改造，确立计划经济体制，开始了“独立自主、自力更生”建设科技创新体系的艰苦探索。我国的社会主义建设是按计划进行的，服务于社会经济建设的科学技术研究工作须配合整个建设计划的需要而开展。第二，在计划经济体制下，建立统一的科研体制，制定了科研管理的基本制度，初步形成较为完整的科技体系。这个系统由中国科学院、产业部门的研究机构、高等学校和地方研究机构四个方面的创新主体构成，在这个系统中，中国科学院是学术领导核心。第三，初步形成了建设完整国家创新体系的总体思路。在《十年科学规划》中，为完善计划经济体制下的科技创新体系，加强了对中间试验、设计、试制、投入生产等创新环节的完整布局，有力推动了科研成果的推广转化。第四，坚持自力更生原则，有计划地争取苏联及人民民主国家的科技合作。但是，随着中苏两国关系恶化及苏联撕毁合同，中国与苏联在科技领域的合作陷入停滞。

三、改革开放和社会主义现代化建设时期党的科技思想深化与科学技术跨越发展（1977~2012 年）

20 世纪 70 年代，世界进入以和平与发展为时代议题的稳定期，随着国际范围内科学技术革命推动全球化进程的加快，在新的世界格局下，如何持续、快速、健康地发展科学技术，提高经济效益，成为世界各国的重要任务。新中国成立以来的科技实践表明，计划经济体制越来越不适应新形势的发展，有必要在社会经济活动中引入市场经济体制。1978 年 12 月，党的十一届三中全会做出历史性决策，即实行改革开放，将党和国家的工作重心转移到经济建设上来。以党的十一届三中全会为起点，新中国进入改革开放和社会主义现代化建设时期，我国科学技术发展面临着全球化新趋势下，确立和完善社会主义市场经济体制以及加入世贸组织的新挑战。

第一，“科学技术是第一生产力”与“四个现代化，关键是科学技术现代化”的科技思想。1978 年，随着党的十届三中全会、中国共产党第十一次全国人民代表大会、党的十一届三中全会等重要会议召开，党中央开始着手恢复国家社会经济秩序，重申“科学技术是生产力”等马克思主义基本原理[①]。20 世纪 80 年代末，全球科技发展日新月异、风云变幻，邓小平敏锐地把握国内外经济与科技形势，在继承马克思主义“科学技术是生产力”的基本观点基础上，进一步提出“科学技术是第一生产力”的论断[②]。

在中国改革开放和社会主义现代化建设的伟大进程中，党中央始终高度重视科技创新，依靠科技进步，走中国特色的现代化道路。邓小平在 1978 年恢复经济建设过程中，最先倡议恢复“四个现代化”的提法，强调四个现代化中，关键是科学技术现代化。在 1978 年春天召开的全国科学大会上，邓小平指出：“四个现代化，关键是科学技术现代化。没有现代科学技术，就不可能建设现代农业、现代工业、现代国防。没有科学技术的高速发展，也就不可能有国民经济的高速发展。”[③] 这一讲话，突出并确立了科学技术现代化在我国现代化建设中的关键性地位[④]。

第二，科学技术是先进生产力的集中体现与科学技术优先发展的科技思想。20 世纪 90 年代，全球新技术革命与知识经济发展给我国带来新的挑战，江泽民基于对国际国内新形势的系统总结，结合我国社会主义现代化建设的实际，提出“科学技术是先进生产力的集中体现和主要标志”等科技观点。在继承马克思主义生产力理论以及邓小平“科学技术是第一生产力”思想的基础上，党中央确立科学技术优先发展的战略思想，重视科技和教育，做出实施科教兴国战略的重大决策。通过对社会主义市场经济条件下科学技术的功能定位展开思考，江泽民指出“科学技术是先进生产力的集中体现”，之后在 2001 年 7 月 1 日庆祝中国共

---

① 1978 年 3 月 18 日，邓小平在全国科学大会开幕式上发表重要讲话，提到“科学技术作为生产力，越来越显示出巨大的作用”，应正确认识科学技术是生产力，正确认识为社会主义服务的脑力劳动者是劳动人民的一部分。讲话中澄清了两个重要问题：一是承认科学技术是生产力；二是承认知识分子是工人阶级的一部分，在科技领域起到拨乱反正的作用。

② 1988 年 9 月 5 日，邓小平在与外宾的谈话中，首次谈道：“马克思说过，科学技术是生产力，事实证明这话讲得很对。依我看，科学技术是第一生产力。”在 1992 年春，著名的南方谈话中，邓小平再次明确提道：“经济发展得快一点，必须依靠科技和教育。我说科学技术是第一生产力。”这标志着邓小平这一思想已经成熟。“第一生产力”不仅强调生产力中包含科学技术，而且科学技术在生产力内部诸多要素中居于首位，起着第一位的变革作用，这是邓小平科技思想的精髓。参见《邓小平文选（第三卷）》，人民出版社 1994 年版，第 274-275 页、第 377-378 页。

③ 《邓小平文选（第二卷）》，人民出版社 1994 年版，第 40 页。

④ 为改善科技工作者的境遇，邓小平强调知识分子是工人阶级一部分的阶级属性，从理论上阐明知识分子与劳动者的关系。关于新时期知识分子的表述，邓小平在 1977 年 5 月的一次谈话中提出：“一定要在党内造成一种空气：尊重知识，尊重人才。要反对不尊重知识分子的错误思想。不论脑力劳动，体力劳动，都是劳动。从事脑力劳动的人也是劳动者。”肯定了知识分子是工人阶级的一部分，是发展科技事业的主力军，明确要求在全党范围内形成“尊重知识、尊重人才”的氛围。参见《邓小平文选（1975—1982 年）》，人民出版社 1983 年版，第 37-38 页。

产党成立80周年大会上的讲话中，正式提出“科学技术是第一生产力，而且是先进生产力的集中体现和主要标志”[①] 的重要论断。从1995年到21世纪中叶，是实现我国现代化建设“三步走”战略目标的历史关键时期。面对国际竞争新形势，党中央将优先发展科学技术上升到战略高度，提出大力发展第一生产力，切实把经济建设转移到依靠科技进步和提高劳动者素质的轨道上来、没有现代科学技术就没有社会主义现代化等观点。[②]

第三，科学发展观与科学技术是经济社会发展中最活跃的因素的科技思想。进入21世纪，我国进入全面建设小康社会、加快推进社会主义现代化的新的发展阶段，改革开放取得丰硕成果，2001年我国加入世界贸易组织，我国的对外开放进入新阶段，社会主义市场经济体制初步确立。党的十六大以来，党中央立足社会主义初级阶段的基本国情[③]，提出科学发展观，将科学发展观确立为指导经济社会发展的根本思想[④]，指导我国加快推进全面建设小康社会的进程。胡锦涛在把握国内外经济形势的基础上，对科学技术与生产力的关系进行深入思考，提出“科学技术是第一生产力，是先进生产力的集中体现和主要标志”[⑤]。进入21世纪，科学技术作为第一生产力，已经成为“经济社会发展的一个重要基础资源，是引领未来发展的主导力量。实现现代化，关键是科学技术现代化”[⑥]。2010年，在中国科学院第十五次院士大会、中国工程院第十次院士大会上胡锦涛进一步指出“科学技术是经济社会发展中最活跃、最具革命性的因素”[⑦]，这是党中央对科学技术功能定位的重要论述。

---

① 江泽民：《在庆祝中国共产党成立八十周年大会上的讲话》，人民出版社2001年版，第16页。

② 中华人民共和国科学技术部：《中国科技发展70年（1949—2019）》，科学技术文献出版社2019年版，第129页。

③ 2002年，党的十六大报告指出，我国正处于并将长期处于社会主义初级阶段，现在达到的小康还是低水平的、不全面的、发展很不平衡的小康，人民日益增长的物质文化需要同落后的社会生产之间的矛盾仍然是我国社会的主要矛盾。我国生产力和科技、教育还比较落后，实现工业化和现代化还有很长的路要走。

④ 科学发展观，是以胡锦涛同志为核心的党中央，适应新世纪新阶段的新情况提出来的。科学发展观作为一个科学概念，作为我国经济社会发展的重大战略思想和指导方针，第一次见诸党的全会文献，是在党的十六届三中全会通过的《中共中央关于完善社会主义市场经济体制若干问题的决定》上，强调“坚持以人为本，树立全面、协调、可持续的发展观，促进经济社会和人的全面发展”。参见江金权：《论科学发展观的理论体系》，人民出版社2007年版，第18页。

⑤ 胡锦涛：《在中国科学院第十四次院士大会和中国工程院第九次院士大会上的讲话》，人民出版社2008年版，第7页。

⑥ 胡锦涛：《在中国科学院第十二次院士大会、中国工程院第七次院士大会上的讲话》，人民出版社2004年版，第9页。

⑦ 胡锦涛：《在中国科学院第十五次院士大会和中国工程院第十次院士大会上的讲话》，人民出版社2010年版，第5页。

（一）1977~1992 年我国的科技发展

1. “三步走”战略与“依靠、面向”科技发展战略指导方针的提出

1978 年，党的十一届三中全会以后，我国进入改革开放和社会主义现代化建设时期。1987 年 10 月，党的十三大报告强调应把发展科学技术和教育事业放到我国经济发展战略的首要位置，使经济建设转到依靠科技进步和提高劳动者素质的轨道上来，明确“三步走”战略①，将其作为国家长期经济建设的战略部署。

在改革开放新时期，党中央在思想观念、体制机制改革上，开始注重如何将科技与经济结合，相应地在科技政策上也不断做出调整。在社会经济发展进程中，科学技术进步日益成为促进经济发展的决定性要素。在邓小平“科学技术是第一生产力”思想的指引下，党中央提出应以经济建设为中心，坚定不移地贯彻执行“经济建设必须依靠科学技术，科学技术必须面向经济建设”（以下简称“依靠、面向”）的科技发展战略指导方针。② 为适应社会主义经济建设的新要求，我国的科技体制也需要做出调整改革③。在 1988 年 5 月 3 日颁布的《国务院关于深化科技体制改革若干问题的决定》中，针对党的十三大报告提及的社会主义初级阶段我国经济、政治体制改革发展对科技体制提出的新要求，我国的科技体制深化改革应适应有计划商品经济的需要。

2. 以经济建设为中心的科技规划的制定与发展

党的十一届三中全会以后，党中央确定对国民经济实行“调整、改革、整顿、提高”的八字方针，我国的科技工作重心向经济建设方向调整，随着社会主义现代化建设时期科技发展规划和政策的制定、实施，相关的科技工作部署陆续

① 第一步，实现国民生产总值比 1980 年翻一番，解决人民的温饱问题。这个任务已经基本实现。第二步，到 20 世纪末，使国民生产总值再增长一倍，人民生活达到小康水平。第三步，到 21 世纪中叶，人均国民生产总值达到中等发达国家水平，人民生活比较富裕，基本实现现代化。

② 邓力群、马洪、武衡：《当代中国的科学技术事业》，当代中国出版社 1992 年版，第 82 页。

③ 1984 年 10 月 20 日，党的十二届三中全会通过《中共中央关于经济体制改革的决定》之后，邓小平在 1985 年 3 月 7 日全国科技工作会议上发表了题为《改革科技体制是为了解放生产力》的讲话，强调科技体制改革应与经济体制改革的方向相一致。邓小平指出：“经济体制，科技体制，这两方面的改革都是为了解放生产力。新的经济体制，应该是有利于技术进步的体制。新的科技体制，应该是有利于经济发展的体制。双管齐下，长期存在的科技与经济相脱节的问题，有可能得到比较好的解决。”仅仅 5 日之后，在 1985 年 3 月 13 日，党中央发出《关于科学技术体制改革的决定》，强调科学技术体制改革的根本目的，是使科学技术成果迅速地、广泛地应用于生产，使科学技术人员的作用得到充分发挥，大大解放科学技术生产力，促进经济和社会的发展，在坚持以经济建设为中心的“依靠、面向”科技发展战略方针指导下，有步骤地推进科技体制改革，以适应社会主义商品经济的发展。参见《邓小平文选（第三卷）》，人民出版社 1994 年版，第 108 页；《关于科学技术体制改革的文件》，人民出版社，1985 年 3 月，第 1−15 页。

展开[①]。

1978 年 10 月，中共中央正式转发《1978—1985 年全国科学技术发展规划纲要》（以下简称《八年规划纲要》），这是我国第三个科技发展中长期规划。《八年规划纲要》贯彻“科学技术是生产力”“四个现代化的关键在于科学技术现代化”等科技思想，根据“全面安排，突出重点”的方针，确定了 8 个重点发展的科学技术领域和 108 项重点研究项目，覆盖科学技术及国民经济战略发展的核心领域，突出综合性科学技术领域，旨在通过重大关键技术攻关，推动我国重要的高技术领域接近国际先进水平。

在进行大规模经济体制改革[②]的同时，党中央深刻认识到我国科技工作存在的一些问题，如科技发展的方针还不明确，科学技术同经济的结合不够紧密，围绕这些问题展开后续讨论[③]。《1986—2000 年全国科学技术发展规划纲要》包括 27 个行业和新兴领域 15 年发展规划的轮廓设想，以及“七五”科技发展计划和 15 年科技发展规划纲要两大部分。该规划贯彻以经济建设为中心的“依靠、面向”基本方针，强调科技与经济相结合，突出重点，不片面追求“赶超”。该规划以发展高科技、实现产业化为目标，促使“星火计划”（1985 年）、高科技发展计划（即“863”计划）（1986 年）[④] 等科技计划相继出台。

根据经济建设和科技发展的最新进程，以及《国家中长期科学技术发展纲

---

① 1977 年 9 月 18 日，中共中央发出《关于召开全国科学大会的通知》，通知除布置科学大会任务之外，要求“抓紧制定科学技术规划”，对未来 3 年、8 年的具体安排提出大体设想。1978 年 3 月 18 日，全国科学大会召开，国务院副总理、国家科委主任方毅向大会作了工作报告，报告中提到“我们的规划应该是一个为实现四个现代化服务的规划”，会上审议通过了《1978—1985 年全国科学技术发展规划纲要（草案）》，标志着我国的科技政策实现转折，我国科学技术事业迎来春天，进入了以经济建设为中心的高速发展阶段。参见《中华人民共和国科学技术发展规划与计划》编写组：《中华人民共和国科学技术发展规划和计划（1949—2005）》，中华人民共和国科学技术部发展计划司，2008 年，第 67 页。

② 1982 年 9 月，中国共产党召开第十二次全国代表大会，确定从 1981 年到 20 世纪末，我国经济建设总的奋斗目标是：在不断提高经济效益的前提下，力争使全国工农业的年总产值翻两番，即由 1980 年的 7100 亿元增加到 2000 年的 28000 亿元左右。为实现这一时期的经济发展目标，我国贯彻计划经济为主、市场调节为辅的原则，推进经济体制改革。在 1981 年到 1985 年的第六个五年计划期间，坚定不移地贯彻执行“调整、改革、整顿、提高”的方针，把全部经济工作转到以提高经济效益为中心的轨道上来；在 1986 年到 1990 年的第七个五年计划期间，广泛进行企业的技术改造，逐步开展经济管理体制的改革。

③ 《中华人民共和国科学技术发展规划与计划》编写组：《中华人民共和国科学技术发展规划与计划（1949—2005）》，中华人民共和国科学技术部发展计划司，2008 年，第 76-77 页。

④ 在党中央“发展高科技、实现产业化”战略思想的指引下，1986 年 3 月 3 日，王大珩、王淦昌、杨嘉墀、陈芳允四位著名科学家联合致信中共中央，提交《关于跟踪研究外国战略性高技术发展的建议》，建议尽快制订中国高科技的发展计划。3 月 5 日，迅速得到邓小平同志批示：“这个建议十分重要……此事宜速作决断，不可拖延。”1986 年 11 月，中共中央、国务院正式批准《高技术研究发展计划纲要》，瞄准世界前沿的重要高技术领域，选择包括航天、信息、自动化等 7 大领域 15 个主要项目。由于该计划的建议提出和中央批示都发生在 1986 年 3 月，故该计划被命名为“863 计划”。

领》和《国家中长期科学技术发展纲要》[1]的原则要求，国家科委开始着手组织制定《中华人民共和国科学技术发展十年规划和“八五”计划纲要（1991—1995—2000）》，继续坚持“依靠、面向”的战略指导方针。

3. 规划的部署实施：“有计划商品经济”背景下科技体制的改革与转型

这一时期，在国家科技规划指导下，科技工作的推进主要体现在以下三个方面：

第一，在党的指导思想上完成拨乱反正，将经济建设作为全党工作中心，贯彻科技与经济相结合的“依靠、面向”战略方针，双管齐下，推动经济体制和科技体制的改革，解放生产力。党的十一届三中全会以后，党和国家将工作重点转到经济建设上来，党中央提出“科学技术是第一生产力”“四个现代化的关键在于科学技术现代化”的科技思想。在政策范式上，我国从计划经济时期国防和经济建设双重目标导向下的科技政策转向以经济建设为中心的科技政策体系，在市场化改革进程中，从具有高度计划性的科技体制向引入更多市场机制的科技体制转型[2]。

第二，为适应社会主义有计划商品经济的需要，深化科技系统内部的体制改革，逐步提升企业在创新体系中的主体地位，形成较为完整的国家创新体系。改革开放以后，为适应新的经济发展阶段的需要，党中央在科技体制改革上做出相应的政策调整。在市场化改革的背景下，国家的技术引进管理机制和模式，从过去管理权限高度集中于中央的模式逐步转变为向地方和企业放权的分级管理模式，企业作为创新主体的地位开始逐渐凸显。[3]

第三，实行对外开放，在坚持自力更生原则的同时，扩大对外技术交流与合作，研究和消化引进国外先进技术。党的十一届三中全会以后，我国实行改革开放的基本国策，为增强自力更生的能力，在坚持独立自主、平等互利的原则下，开始扩大对外经济技术交流，积极引进一些适合国情的先进技术，特别是有助于

---

① 根据中国共产党第十三次全国代表大会的决定和党的十三大以来历届中央全会的精神制定的《国家中长期科学技术发展纲领》（以下简称《纲领》），是发展我国科技的中长期纲领性、政策性文件，指导我国到2000年以至2020年科学技术与经济、社会的协调发展。为落实《纲领》的要求，在国家科委领导下，制定《国家中长期科学技术发展纲要》（以下简称《纲要》），作为《纲领》的附件，《纲要》是对若干主要行业、部门科技发展重要领域的具体化。《纲领》《纲要》和《中华人民共和国科学技术发展十年规划和“八五”计划纲要（1991—1995—2000）》（以下简称《规划纲要》）在1991年12月6日审议通过，直到1992年3月8日，国务院正式将《纲领》批转各地方、各部门贯彻执行，随后，根据国务院的要求，国家科委将《纲要》和《规划纲要》向全国发布实施。

② 洪蔚：《改革开放以来科技政策大事记》，《中国科学报》2012年3月5日。

③ 贺俊、陶思宇：《创新体系与技术能力协同演进：中国工业技术进步70年》，《经济纵横》2019年第10期。

企业技术改造的先进技术，促进我国技术的引进、消化和吸收。这一时期，我国的技术能力积累仍然比较薄弱，在开放中加快技术引进和吸收，科研机构和企业等创新主体着重于学习、引进、消化国外先进技术，从事技术模仿、改进创新等反向工程。

（二）1993~2003 年我国的科技发展

1. 科教兴国战略与“依靠、面向、攀高峰”战略指导方针的提出

科教兴国战略是随着党中央对科学技术在我国现代化建设中推动作用的日益重视而逐渐形成并提出的①。经过十几年科技体制改革的探索，为全面落实“科学技术是第一生产力”的科技思想②，党中央在继承和发展“依靠、面向”方针基础上，进一步提出“依靠、面向、攀高峰”的战略指导方针③。

“科教兴国”战略的提出并非一蹴而就，是党中央在总结中国历史和实践经验基础上，根据我国的现实情况，做出的重大战略部署。1995 年 5 月 6 日，中共中央、国务院发布《关于加速科学技术进步的决定》（简称《决定》），文件中第一次正式提出“科教兴国”战略，并强调“实施科教兴国战略，是全面落实科学技术是第一生产力思想的战略决策，是保证国民经济持续、快速、健康发展的根本措施，是实现社会主义现代化宏伟目标的必然抉择，也是中华民族振兴的必由之路”。1995 年召开的全国科学技术大会是中国科技发展史上又一重要的里程碑，标志着“科教兴国”作为国家重大科技战略开始部署实施。在全国科学技术大会召开以后，在党中央的带领下，我国走上了一条依靠科技和教育寻求国家强盛和民族兴旺的发展道路。

---

① 中华人民共和国科学技术部：《中国科技发展 70 年（1949—2019）》，科学技术文献出版社 2019 年版，第 127 页。

② 1994 年初，江泽民在给宋健的信中指出，科学技术是第一生产力思想能否真正落实，是经济发达、国家强盛的根本所在。在同年 6 月 3 日召开的中国工程院成立大会和中国科学院第七次院士大会上，江泽民号召“科技要有新的解放和大的发展”，他表示，“在我们这样一个人口多、底子薄、人均资源占有相对比较低的国家，要搞现代化建设，要使经济发展、社会进步、人民富裕，我们必须坚持以邓小平建设有中国特色社会主义理论和党的基本路线为指导，我们必须依靠科学技术进步。我们的改革，是要进一步解放和发展我国的生产力”。同年 8 月，国务院在研究制定《全国科技发展“九五”计划和 2010 年长期规划纲要》思路时，提出“科技兴国”问题。同年 11 月 23 日，在由李鹏主持的第 59 次总理办公会议上，会议决定于 1995 年 5 月下旬召开全国科学技术大会，着手制定《关于加速科技进步的决定》，这项任务也成为第八届全国人大三次会议政府工作报告中部署的当年工作重点。参见《江泽民在会见两院院士时指出：科技要有新的解放和大的发展》，《科技文萃》1994 年第 8 期；崔禄春：《建国以来中国共产党科技政策研究》，华夏出版社 2002 年版，第 172 页。

③ “依靠、面向、攀高峰”战略指导方针指的是，经济建设必须依靠科学技术、科学技术工作必须面向经济建设、努力攀登科学技术高峰的指导方针，积极促进科技经济一体化，形成科技工作面向经济建设主战场、发展高技术产业和加强基础研究三个层次的战略部署。

2. 充分利用计划和市场两种手段开展科技规划的制定

1992 年，党的十四大确立了社会主义市场经济体制的改革目标[①]。1995 年 9 月，党的十四届五中全会审议通过《中共中央关于制定国民经济和社会发展“九五”计划和 2010 年远景目标的建议》[②]，全会指出转变经济增长方式，归根到底要靠科技进步和提高劳动者素质，这些主张在 1996 年 3 月第八届全国人民代表大会四次会议批准的《中华人民共和国国民经济和社会发展“九五”计划和 2010 年远景目标纲要》（以下简称《纲要》）[③] 中得到充分体现。

1996~2000 年即“九五”时期，是我国向社会主义市场经济过渡的关键五年。《纲要》进一步强调，全面落实邓小平“科学技术是第一生产力”的思想，实施科教兴国战略和可持续发展战略，贯彻“经济建设必须依靠科学技术，科学技术工作必须面向经济建设，努力攀登科学技术高峰”（简称“依靠、面向、攀高峰”）的指导方针，切实推动经济体制和经济增长方式的根本转变，围绕国民经济、社会发展和我国建立社会主义市场经济体制的总目标，充分利用计划和市场两种手段，促进经济、社会、科技的持续、快速、健康、协调发展，形成科技经济一体化发展的格局。[④]

“十五”时期是实施我国现代化建设第三步战略部署的关键时期[⑤]。《“十五”

---

① 1992 年，党的十四大报告引述邓小平在年初南方谈话中的精辟论断：“计划经济不等于社会主义，资本主义也有计划；市场经济不等于资本主义，社会主义也有市场。计划和市场都是经济手段。计划多一点还是市场多一点，不是社会主义与资本主义的本质区别。”这表明党中央从根本上解除了把计划经济和市场经济看作属于社会基本制度范畴的思想束缚，在计划和市场关系问题上的认识有了新的重大突破。1993 年 11 月 14 日，党的十四届三中全会审议并通过《中共中央关于建立社会主义市场经济体制若干问题的决定》，指出“建立社会主义市场经济体制，就是要使市场在国家宏观调控下对资源配置起基础性作用”，提出社会主义市场经济体制的基本框架。

② 党的十四届五中全会指出，实现“九五”和 2010 年奋斗目标，促进国民经济持续、快速、健康发展，关键是实现在经济体制和经济发展方式两个方面具有全局意义的根本性转变，“一是经济体制从传统的计划经济体制向社会主义市场经济体制转变，二是经济增长方式从粗放型向集约型转变”。

③ 《纲要》是在发展社会主义市场经济条件下的第一个中长期规划，力求体现市场在资源配置中的基础性作用，提出实施科教兴国战略，促进科技、教育与经济紧密结合。

④ 《中华人民共和国科学技术发展规划与计划》编写组：《中华人民共和国科学技术发展规划与计划（1949—2005）》，中华人民共和国科学技术部发展计划司，2008 年，第 111 页。

⑤ 1997 年党的十五大报告指出，从现在起到 21 世纪的前 10 年，是我国实现第二步战略目标、向第三步战略目标迈进的关键时期。随着我国社会主义现代化建设第二步战略目标的实现，我国经济、社会和科技发展开始步入新阶段。

科技发展规划》[①] 是“十五”纲要的重要组成部分，在“十五”时期，推动经济结构战略性调整和实现社会生产力质的飞跃是科技工作的主要任务。该规划在“依靠、面向、攀高峰”的基础上，提出“创新、产业化”方针[②]，在“促进产业技术升级”和“提高科技持续创新能力”两个层面[③]进行战略部署。

3. 部署与实施：社会主义市场经济体制的确立与深化科技体制改革

世纪之交，全球化进程加快，我国经济、社会和科技发展面临新的挑战和机遇，在党中央科技思想和战略的指导下，深化改革，扩大开放，这一时期的科技工作部署主要按照以下几条主线展开：

第一，在继承、发展和落实“科学技术是第一生产力”科技思想的基础上，提出“依靠、面向、攀高峰”的战略指导方针，发挥科技作为第一生产力在经济建设和社会发展中的关键作用，促进科技与经济有机结合，为实现经济体制和经济增长方式两个根本性转变，实施科教兴国战略和可持续发展战略。“九五”和“十五”时期，在我国的科技事业取得明显进展的同时，党中央在推进科技工作的实践过程中，也逐渐意识到在体制、机制以及思想观念等方面存在许多阻碍科技与经济的不利因素[④]。

第二，深化科技体制改革，建立符合社会主义市场经济要求和科技自身发展规律的新型科技体制，构建充满活力的国家创新体系，贯彻“稳住一头，放开一

---

① 根据1998年10月国家科技教育领导小组第二次会议的决定，科技部自1998年10月开始着手“十五”科技发展规划的前期研究工作。2000年2月，成立由国家计委、科技部牵头，国家经贸委等11个单位负责同志参办的“十五”科技规划起草领导小组，在6月完成起草工作，后多次向江泽民总书记、李岚清副总理和“十五”科技规划建议起草小组进行汇报，广泛征求各方意见。2001年5月，经国务院领导审定后，由国家计委和科技部联合发布《国民经济和社会发展第十个五年计划科技教育发展专项规划（科技发展规划）》（简称《“十五”科技发展规划》）。

② “创新、产业化”方针指的是“有所为、有所不为，总体跟进、重点突破，发展高科技、实现产业化，提高科技持续创新能力、实现技术跨越式发展”的指导方针。

③ 一是以企业为技术创新主体，重点攻克产业发展的关键技术，推动高新技术产业发展，运用高新技术改造传统产业，促进产业技术升级和结构调整；二是充分发挥大学和科研院所的作用，大力开展战略高技术研究和原创性基础研究，提高科技持续创新能力，力争在有相对优势或战略必争的关键领域实现技术的跨越发展。

④ 进展方面，进入“九五”时期，为实现经济体制和经济增长方式的两个根本性转变，我国实施科教兴国战略和可持续发展战略，科技工作为经济建设和社会发展服务，为提高经济增长的质量做出贡献。在实施“科教兴国”战略的过程中，党中央强调深化科技和教育体制改革，促进科技、教育同经济的结合。问题方面，党中央意识到我国的科技与经济脱节问题还没有从根本上得到解决，科技向现实生产力转化能力薄弱，存在科技系统结构不合理，科研与设计、生产相脱节，企业缺乏依靠科技进步的内在动力等制约因素，特别是高新技术产业化程度低，是制约我国经济发展的一大障碍。为从根本上形成有利于科技成果转化的体制机制，我国在1996年颁布《中华人民共和国促进科技成果转化法》，在1999年发布《中共中央、国务院关于加强技术创新、发展高科技、实现产业化的决定》等一系列科技政策和法律法规。

片”的改革方针[①]，引入市场机制，使企业逐步成为技术开发和成果转化的主体，以政府投放为主，稳住少数重点科研院所和高等学校等科研机构，继续从事基础性研究、与国家长远利益相关的重大科技攻关活动。

第三，发展高技术、促进高新技术产业化，增强自主创新能力，坚持自主研究开发与引进国外先进技术相结合。这一时期，我国不再完全依靠技术引进和模仿，而是开始注重自主创新能力的培育，促进高新技术产业化，国内企业在引进、吸收和学习国外成熟技术的基础上，将自主研究开发与国外先进技术相结合，尝试针对国内市场需求进行适应性产品的开发，本土企业开始逐步掌握设计能力。

（三）2003~2012 年我国的科技发展

1. 增强自主创新能力、建设创新型国家战略目标的提出

世纪之交，随着信息技术和互联网技术发生重大突破，新一轮科技革命引起全球经济发生深刻变化。创新作为世界各国发展的主要动力，成为国际竞争博弈的主要焦点，发展中国家的经济发展方式和科技发展模式也随之转变，提高自主创新能力成为经济持续健康发展的必然要求，基础研究成为科技革命的主要驱动力。2001 年，我国处于全面建设小康社会的关键时期，必须依靠自主创新能力提升带动生产力的飞跃，将我国经济社会发展转入以科技带动经济增长的科学发展轨道。正是这一年，中国正式加入 WTO，开始加快融入全球创新网络，利用全球科技资源提高自主创新能力，依靠科技创新建设创新型国家，成为我国追赶发达国家的有效途径。党的十六大综合分析国内外发展大势，把创新作为推动经济社会发展的驱动力量，提出增强自主创新能力、建设创新型国家的重大战略思想。[②] 党的十七大报告中，党中央明确将“提高自主创新能力，建设创新型国家”作为国家发展战略的核心，是提高综合国力的关键，强调要坚持走中国特色自主创新道路，将提高自主创新能力贯彻到现代化建设的各个方面。[③]

2. 以提高自主创新能力为核心的科技规划的制定

为落实增强自主创新能力、建设创新型国家的科技战略，2006 年 1 月中共中央、国务院发布《关于实施科技规划纲要增强自主创新能力的决定》，组织实施

① 为适应社会主义市场经济发展的要求，按照“稳住一头，放开一片”的原则，优化科技系统结构，分流人才，提高效率。“稳住一头”，即稳住一批重点的科研院所和高校继续从事基础研究、有关国家整体利益和长远利益的应用研究、高技术研究、社会公益性研究和重大科技攻关活动；“放开一片”，即放开、放活一大批技术开发型和技术服务型机构，引导这些机构面向市场，按照市场需求进行研发创新活动，使绝大多数技术开发机构和技术服务机构进入企业集团或整体改制转型为科技企业。

②③ 中华人民共和国科学技术部：《中国科技发展 70 年（1949—2019）》，科学技术文献出版社 2019 年版，第 197 页。

《国家中长期科学和技术发展规划纲要（2006—2020年）》（以下简称《规划纲要》），提出把我国建设成为创新型国家的战略目标，坚持走中国特色自主创新道路。其中，制定《规划纲要》，是党的十六大提出的一项重要任务，是建设创新型国家的重要举措①。《规划纲要》② 明确今后15年的科技工作指导方针为“自主创新，重点跨越，支撑发展，引领未来”③，“自主创新”是贯穿整个《规划纲要》的主线和指导方针的核心，这标志着党中央把提高自主创新能力摆在全部科技工作的突出位置，并强调科技人才是提高自主创新能力的关键所在。在科技体制改革方面也确定了重点任务，全面推进中国特色国家创新体系建设。④

为落实《规划纲要》的阶段性目标，科技部分别于2006年和2011年发布《国家“十一五”科学技术发展规划》和《国家“十二五”科学技术发展规划》。“十一五”时期是我国全面落实科学发展观，把增强自主创新能力作为国家战略，加快经济增长方式转变，推进产业结构优化升级，为全面建设小康社会

① 为全面实施以《规划纲要》为主的科技发展战略，中共中央、国务院在做出《关于实施科技规划纲要增强自主创新能力的决定》的基础上，出台《规划纲要》的配套政策及实施细则。

② 2003年3月22日，新一届国务院组成后举行的第一次全体会议就决定着手研究制定《国家中长期科学和技术发展规划纲要》。同年5月30日，温家宝在中南海主持召开国家科教领导小组会议，审议通过科技部《关于制定国家中长期科学和技术发展规划的工作方案》；6月6日，国务院成立由23个部门组成的国家中长期科技发展规划领导小组，国家总理温家宝和国务委员陈至立分别担任组长和副组长，中国科学院院长路甬祥等24位部级领导任小组成员。规划制定工作经历战略研究、起草、审定三个阶段，在第三个阶段，开始着手制订“十一五”科技发展计划。参见《中华人民共和国科学技术发展规划与计划》编写组：《中华人民共和国科学技术发展规划与计划（1949—2005）》，中华人民共和国科学技术部发展计划司，2008年，第138-139页。

③ 自主创新，就是从增强国家创新能力出发，加强原始创新、集成创新和引进消化吸收再创新。重点跨越，就是坚持有所为、有所不为，选择具有一定基础和优势、关系国计民生和国家安全的关键领域，集中力量、重点突破，实现跨越式发展。支撑发展，就是从现实的紧迫需求出发，着力突破重大关键、共性技术，支撑经济社会的持续协调发展。引领未来，就是着眼长远，超前部署前沿技术和基础研究，创造新的市场需求，培育新兴产业，引领未来经济社会的发展。这一方针是我国半个多世纪科技发展实践经验的概括总结，是面向未来、实现中华民族伟大复兴的重要抉择。参见《国家中长期科学和技术发展规划纲要（2006—2020年）》。

④ 在《规划纲要》中，国家部署了核心电子器件、高端通用芯片及基础软件、极大规模集成电路制造装备及成套工艺等16个科技重大专项。在生物技术、信息技术等前沿技术，以及人类健康与疾病的生物学基础等面向国家重大战略需求的基础研究领域进行超前部署，以提高持续创新能力。《规划纲要》在科技体制改革方面也确定了重点任务：支持鼓励企业成为技术创新主体；深化科研机构改革，建立现代科研院所制度；推进科技管理体制改革；全面推进中国特色国家创新体系建设。参见中华人民共和国科学技术部：《中国科技发展70年（1949—2019）》，科学技术文献出版社2019年版，第201页。

奠定基础的关键时期[①]。"十二五"时期是我国全面建设小康社会的关键时期，是提高自主创新能力、建设创新型国家的攻坚阶段[②]。

3. 部署与实施：进一步深化科技体制改革与建设具有中国特色的国家创新体系

第一，以科学发展观为指导思想，经济社会发展转入全面协调可持续发展轨道，为实现国民经济又好又快发展，提高自主创新能力，建设创新型国家，促进科技与经济更加紧密结合。党的十六大以来，在党中央的带领下，我国立足科学发展，以经济建设为中心，为提高发展质量，把增强自主创新作为国家战略，加速科技成果向现实生产力转化。这一时期，为推动我国经济增长方式从资源依赖型向创新驱动型转变，我国的科技体制改革紧紧围绕促进科技与经济更加紧密结合而开展[③]。

第二，深化科技体制改革，全面推进适应社会主义市场经济体制、符合科技发展规律的中国特色国家创新体系建设，强化企业的创新主体地位。为适应社会经济发展阶段的新要求，党中央提出建设创新型国家，全面推进中国特色国家创新体系建设的目标。"十一五"和"十二五"时期，在科技规划和政策设计中，我国进一步确立和强化企业在国家创新体系中的创新主体地位，鼓励和支持产业共性关键技术的研发和推广。

第三，充分利用对外开放的有利条件，坚持"引进来"和"走出去"相结合，积极参与国际经济技术合作和竞争，增强国家自主创新能力。这一时期，随着科技力量的显著提升，我国的国家科技战略不再仅仅局限于引进国外先进技

① 《国家"十一五"科学技术发展规划》着重强调提升解决瓶颈制约的突破能力、重点产业的核心竞争能力、社会公益领域的科技服务能力、国家安全保障能力、科技持续创新能力五个方面的自主创新能力，为实现"进入创新型国家行列"的中长期科技发展目标奠定科技体制、科技条件和科技人才三个方面的基础。

② 《国家"十二五"科学技术发展规划》集中体现"十二五"时期的阶段性特征，以科学发展为主题，以支撑加快经济发展方式转变为主线，以提高自主创新能力为核心，着力攀登科技发展制高点，着力促进产业结构优化升级，着力满足改善民生的重大科技需求，着力提升科技创新基础能力，着力培养造就创新型科技人才队伍，全面推进国家创新体系建设，实现我国科技发展的战略性跨越，为进入创新型国家行列奠定坚实的基础。

③ 在2006年发布的《国家中长期科学和技术发展规划纲要（2006—2020年）》中，针对当时我国科技体制与社会主义市场经济体制之间的不相适应之处，我国深化科技体制改革，将以建立企业为主体、产学研结合的技术创新体系为突破口，全面推进中国特色国家创新体系建设，提高国家自主创新能力。同年，在中共中央、国务院发布的《关于实施科技规划纲要增强自主创新能力的决定》中，强调要进一步消除制约科技进步和创新的体制性、机制性障碍，推动经济与科技的紧密结合，形成充满活力的国家创新体系，充分发挥市场在资源配置中的基础性作用，充分发挥企业在技术创新中的主体作用，充分发挥国家科研机构的骨干和引领作用，充分发挥大学的基础和生力军作用，在实践中走出中国特色自主创新道路。

术，而是开始注重技术的消化吸收和再创新，在关系国民经济命脉和国家安全的关键领域，注重提高自主创新能力，着力在若干重要领域掌握一批核心技术，拥有自主知识产权，造就具有国际竞争力的企业。在科技政策上，我国相继出台促进对外科技合作的系列文件[①]。正是在党中央前瞻性的战略部署和政策引导下，以高铁为例，这一时期，我国的高新技术产业部门通过以自主创新导向的技术引进，逐渐形成正向的设计能力，在引进国外特定型号生产制造技术的基础上，进行适应性产品改进，提高本土企业生产制造能力，通过深化高铁科研体制改革，强化基础研究支撑，发展自主产品开发平台，在较短时间内实现从逆向工程能力向正向设计能力的跃升，中国高铁集成技术达到世界领先水平[②]。

四、中国特色社会主义新时代的科技思想引领与科学技术自立自强（2012~2021年）

2008年全球金融危机以后，世界经济持续低迷，但与此同时，新一轮科技革命和产业变革正孕育兴起。为摆脱危机过后出现的发展动力不足等困境，各国重视发挥科技创新在经济发展新动能中的作用，世界前沿性、颠覆性技术层出不穷，全球创新版图开始重塑。习近平总书记结合新时代中国发展的阶段性特征[③]，2015年3月5日，在参加十二届全国人大三次会议上海代表团审议时提出，“创新是引领发展的第一动力”，并强调“适应和引领我国经济发展新常态，关键是要依靠科技创新转换发展动力”。[④] 以习近平同志为核心的党中央在继承并发展历届党中央科技思想的基础上，明确“科技兴则民族兴，科技强则民族强”，在2016年正式提出“建设世界科技强国”的战略决策，提出我国建设世界科技强国“三步走”的战略目标，最终形成“实施创新驱动发展战略，建设世界科技强国”的重大战略思想。对于科技人才，习近平总书记在2018年提出

① 如2006年12月科技部发布的《“十一五”国际科技合作实施纲要》，2011年8月发布的《国际科技合作“十二五”专项规划》等。

② 贺俊、吕铁、黄阳华、江鸿：《技术赶超的激励结构与能力积累：中国高铁经验及其政策启示》，《管理世界》2018年第10期。

③ 党的十八大以来，在以习近平同志为核心的党中央引领下，我国国内经济社会发展进入向高质量发展阶段转型的关键时期，社会主要矛盾发生历史性转变。2017年，党的十九大报告指出，中国特色社会主义进入新时代，我国社会主要矛盾已经转化为人民日益增长的美好生活需要和不平衡不充分的发展之间的矛盾。我国的经济发展面临来自国际国内的双重挑战，这对我国科技创新提出更高的要求。以习近平同志为核心的党中央对国内外经济形势做出科学判断，将科技创新摆在国家发展全局的核心位置，开启新时代中国特色社会主义建设新征程。

④ 中共中央党校编写组：《以习近平同志为核心的党中央治国理政新理念新思想新战略》，人民出版社2017年版，第51页。

“创新驱动实质是人才驱动”，强调“人才是创新的第一资源”[①]，在党的十九大报告中强调要“聚天下英才而用之，加快建设人才强国”。在党的十九届五中全会审议通过的《中共中央关于制定国民经济和社会发展第十四个五年规划二〇三五年远景目标的建议》中提出，加快构建以国内大循环为主体、国内国际双循环相互促进的新发展格局，把科技自立自强作为国家的战略支撑，这对我国在“十四五”以及更长的发展时期内，提升自主创新能力，实现科技自立自强提出了更为迫切的要求。

（一）创新驱动发展战略的实施与建设世界科技强国的“三步走”战略

党的十八大明确指出，科技创新是提高社会生产力和综合国力的战略支撑，必须摆在国家发展全局的核心位置，要坚持走中国特色自主创新道路，实施创新驱动发展战略。以习近平同志为核心的党中央确立以创新为首的发展理念，为深入贯彻“创新发展”理念，对实施创新驱动发展战略进行全局性和长远性的系统谋划，做出顶层设计和系统部署。[②]

在 2016 年 5 月 20 日，在召开全国科技创新大会前不久，中共中央、国务院正式发布《国家创新驱动发展战略纲要》[③]。同年 5 月 30 日，习近平总书记向全体科技工作者正式发出“为建设世界科技强国而奋斗”的伟大号召[④]，创造性地将建设创新型国家的近期目标与建设世界科技强国的远景目标结合起来，为建设世界科技强国设定了“三步走”的战略[⑤]。“三步走”战略目标将科技创新与我

---

① 习近平：《在中国科学院第十九次院士大会、中国工程院第十四次院士大会上的讲话》，人民出版社 2018 年版，第 3 页。

② 中华人民共和国科学技术部：《中国科技发展 70 年（1949—2019）》，科学技术文献出版社 2019 年版，第 259 页。

③ 2016 年 5 月，中共中央、国务院印发《国家创新驱动发展战略纲要》，作为新时期推进创新工作的纲领性文件，对实施创新驱动发展战略做出系统部署，提出科技创新“三步走”战略。该纲要按照“坚持双轮驱动、构建一个体系、推动六大转变”进行布局，构建新的发展动力系统。双轮驱动就是科技创新和体制机制两个轮子相互协调、持续发力。一个体系就是建设国家创新体系。六大转变就是发展方式从以规模扩张为主导的粗放式增长向以质量效益为主导的可持续发展转变；发展要素从传统要素主导发展向创新要素主导发展转变；产业分工从价值链中低端向价值链中高端转变；创新能力从“跟踪、并行、领跑”并存、“跟踪”为主向“并行”“领跑”为主转变；资源配置从以研发环节为主向产业链、创新链、资金链统筹配置转变；创新群体从以科技人员的小众为主向小众与大众创新创业互动转变。

④ 习近平：《为建设世界科技强国而奋斗——在全国科技创新大会、两院院士大会、中国科协第九次全国代表大会上的讲话》，人民出版社 2016 年版。

⑤ 在《国家创新驱动发展战略纲要》中，党中央提出“三步走”的世界科技强国建设战略目标，与现代化建设的“三步走”相呼应，明确我国科技事业发展的目标是：第一步，到 2020 年进入创新型国家行列，基本建成中国特色国家创新体系，有力支撑全面建成小康社会目标的实现；第二步，到 2030 年跻身创新型国家前列，发展驱动力实现根本转换，经济社会发展水平和国际竞争力大幅提升，为建成经济强国和共同富裕社会奠定坚实基础；第三步，到 2050 年建成世界科技创新强国，成为世界主要科学中心和创新高地，为我国建成富强民主文明和谐的社会主义现代化国家、实现中华民族伟大复兴的中国梦提供强大支撑。

国现代化建设的“两个一百年”奋斗目标紧密联系起来，强调建设科技强国是实现中国梦的路径。习近平总书记进一步提出，要按照“三个面向”战略方向部署科技创新的重大任务，即“面向世界科技前沿、面向经济主战场、面向国家重大需求，加快各领域科技创新，掌握全球科技竞争先机”，部署科技重大专项。

（二）以建设世界科技强国为奋斗目标的科技规划的制定

为适应全球科技革命和产业变革背景下的新国际竞争形势，党中央高度重视基础研究的布局，将强化原始创新、增强源头供给作为一项重要战略任务，发展引领产业变革的颠覆性技术，布局如移动互联网、量子信息技术、基因组、石墨烯等新兴产业前沿技术研发，加大在空间、海洋、网络、核、材料、能源、信息、生命等领域基础前沿和战略高技术的研究。①

“十三五”时期是全面建成小康社会和进入创新型国家行列的决胜阶段，是深入实施创新驱动发展战略、全面深化科技体制改革的关键时期，为加速迈进创新型国家行列，加快建设世界科技强国，落实建设世界科技强国战略目标的部署，2016 年 8 月，国务院印发《“十三五”国家科技创新规划》，明确“十三五”时期科技创新的总体思路、发展目标、主要任务和重大举措。规划坚持“五位一体”总体布局和“四个全面”战略布局，坚持创新、协调、绿色、开放、共享发展理念，坚持自主创新、重点跨越、支撑发展、引领未来的指导方针，坚持创新是引领发展的第一动力，在“十三五”期间，面向 2030 年，新部署启动 15 个体现国家战略意图的重大科技项目②。

（三）部署与实施：全面深化科技体制改革与建立高效协同的国家创新体系

进入中国特色社会主义新时代，在党的领导下，我国的科技工作主要从以下方面展开推进：

第一，贯彻“创新、协调、绿色、开放、共享”为主要内容的新发展理念，加快建设创新型国家，瞄准世界科技前沿，强化基础研究，实现前瞻性基础研究、引领性原创成果重大突破。建设世界科技强国目标的提出③，标志着我国在科技发展战略上彻底摆脱新中国成立以后确立的“跟随”式战略，走向科技自

① 中华人民共和国科学技术部：《中国科技发展 70 年（1949—2019）》，科学技术文献出版社 2019 年版，第 311 页。

② 具体包括量子通信与量子计算机、脑科学与类脑研究、国家网络空间安全等 6 个重大科技项目，以及智能电网、大数据、智能制造和机器人、重点新材料研发及应用等 9 项重大工程。

③ 党的十九大报告在提及建设现代化经济体系时强调，“加快建设创新型国家”，“要瞄准世界科技前沿，强化基础研究，实现前瞻性基础研究、引领性原创成果重大突破”。2016 年 5 月 30 日，习近平总书记在全国科技创新大会、中国科学院第十八次院士大会和中国工程院第十三次院士大会、中国科协第九次全国代表大会上发表《为建设世界科技强国而奋斗》讲话，提出建设世界科技强国的目标。

立自强。

第二，深化科技体制改革，优化国家科技创新治理，释放创新活力，建设高效协同的国家创新体系，坚持科技创新和体制机制创新“双轮驱动”①。

第三，构建以国内大循环为主体、国内国际双循环相互促进的新发展格局，把科技自立自强作为国家的战略支撑②。党的十八大以来，我国致力于与发达国家、新兴经济体和发展中国家开展政府间科技合作，加强多边科技合作，推进“一带一路”倡议，全方位融入全球创新网络。③

第二节　中国科技创新实践与创新型国家建设的探索

回顾百年中国科技思想、战略选择与创新政策演变的历史进程，展望“十四五”时期我国科技创新的未来之路，系统总结中国共产党百年科技奋斗史的宝贵经验，对于新时代擘画发展蓝图、续写伟大奇迹具有重要的理论价值和现实意义。

一、不同阶段科技思想与科技政策的特征与内在联系

中国共产党对百年中国科技之路的领导，主要体现为党的历代领导集体在科技思想上的发展与理论创新，并且通过“科技思想—战略选择—规划政策—科技

① 《“十三五”国家科技创新规划》提出，着力破除制约创新发展的观念和深层次体制机制障碍，提升创新体系整体效能，建设高效协同的国家创新体系，包括培育充满活力的创新主体，构建开放协同的创新网络，特别是进一步明确各类创新主体的功能定位，突出创新人才的核心驱动作用，增强企业的创新主体地位和主导作用，发挥国家科研机构的骨干和引领作用，发挥高等学校的基础和生力军作用，鼓励和引导新型研发机构等发展，充分发挥科技类社会组织的作用，激发各类创新主体活力，系统提升创新主体能力。在党的十九届五中全会审议通过的《中共中央关于制定国民经济和社会发展第十四个五年规划和二〇三五年远景目标的建议》中进一步提出，为强化国家战略科技力量，要制定科技强国行动纲领，健全社会主义市场经济条件下新型举国体制，打好关键核心技术攻坚战，提高创新链整体效能，发挥新型举国体制优势，大力提升科技创新能力，成为重大战略科技方针。

② 党的十九届五中全会对新发展格局作出全面部署，即构建新发展格局是开放的国内国际双循环，不是封闭的国内单循环，要通过发挥内需潜力，使国内市场和国际市场更好连通，以国内大循环吸引全球资源要素，更好利用国内国际两个市场、两种资源，提高在全球配置资源能力，在实行高水平对外开放的同时，突出了“自主创新”的极端重要性。习近平总书记强调，构建新发展格局关键在于经济循环的畅通无阻，最本质的特征是实现高水平的自立自强。参见本书编写组：《中国共产党简史》，人民出版社、中共党史出版社 2021 年版，第 524-525 页。

③ 中华人民共和国科学技术部：《中国科技发展 70 年（1949—2019）》，科学技术文献出版社 2019 年版，第 446 页。

成就”的路径，指导中国的科技事业实践，引领百年中国的科技创新探索之路，并取得伟大的科技成就。本章分不同的历史阶段，结合不同发展阶段的现实情境，遵循“理论—实践—成果”的叙事逻辑，对中国共产党的百年科技奋斗史进行回顾，进而展望“十四五”时期的中国科技蓝图。

（一）新民主主义革命时期中国共产党的“科技救国”探索

自中国共产党成立以来至新中国成立，中国共产党的早期领导人系统学习引入马克思主义科技观并将其作为思想利器，确立“科技救国”的思想。革命战争年代，党在科技认识上就非常重视科学技术在经济建设和军事建设中的重要作用，在根据地和解放区建设中，将科学技术同经济建设和抗战建国结合起来，设立科研机构，初步形成从科研到成果推广的完整体系，克服革命战争年代落后的生产条件，坚持开展科技工作，尊重科学、尊重人才，奠定了最初步的技术、体系和人才基础。

（二）社会主义革命和建设时期中国共产党的“科技立国”实践

新中国成立之初，国家积贫积弱，面对资本主义国家的科技、经济封锁及军事威胁，维护国家的独立和安全成为当时我国的主要任务。为实现从新民主主义向社会主义过渡转变，确立社会主义制度，党中央着手恢复国民经济、进行各项社会改革。党中央在继承马克思主义生产力理论的基础上，发展形成科学技术现代化的思想，提出“科技立国”的战略赶超构想，执行“重点发展，迎头赶上”的方针。这一时期，我国的科技政策着重于在经济建设和国防建设双重目标导向下，借鉴苏联模式，建立起与计划经济体制相适应的科技创新体系，初步形成建设完整国家创新体系的总体思路。

（三）改革开放和社会主义现代化建设时期中国共产党的“科技兴国”演进

以党的十一届三中全会为起点，中国进入改革开放和社会主义现代化建设时期，科学技术革命推动全球化进程加快，传统的计划经济体制越来越不适应新形势的发展，为适应社会主义经济建设的新要求，党中央抓紧恢复科技工作，在科技体制上也做出调整改革，贯彻以经济建设为中心的“依靠、面向”指导方针，为适应社会主义有计划商品经济的需要，深化科技系统内部的体制改革，突出企业在创新体系中的主体地位，形成较为完整的国家创新体系。

党的十四大以后，我国确立社会主义市场经济体制的改革目标。党中央在认识上对社会主义市场经济条件下科学技术的功能定位进行思考，提出“科学技术是先进生产力的集中体现和主要标志”等科技兴国观点，部署并实施科教兴国战略，重视科技人才的培养和开发，坚持“依靠、面向、攀高峰”的指导方针，深化科技体制改革，构建充满活力的国家创新体系，发展高技术、促进高新技术产业化，坚持自主开发与引进国外先进技术相结合。

进入21世纪，党的十六大以后，我国社会主义市场经济体制已初步确立，我国开始加快融入全球创新网络。党中央高度重视科学技术对推动社会主义现代化建设的关键作用，深化科技体制改革，提出实施人才强国战略，充分利用对外开放的有利条件，把“引进来”和“走出去”结合起来。这一时期，我国的国家科技战略不再局限于引进国外先进技术，而是注重消化吸收和再创新，着力于在关系国民经济命脉和国家安全的关键领域提高自主创新能力。

（四）中国特色社会主义新时代中国共产党的“科技强国”目标

党的十八大以来，我国经济社会发展进入向高质量发展阶段转型的关键时期，社会主要矛盾发生历史性转变。为适应新一轮科技革命和产业变革下的国际竞争新形势，习近平总书记对科技创新提出一系列新思想、新论断、新要求，在“创新是引领发展的第一动力”等科技思想的指引下，实施创新驱动发展战略，制定“三步走”战略，为建设世界科技强国而奋斗。进入中国特色社会主义新时代，我国基础研究瞄准世界科学前沿、面向国家重大需求，强化战略部署，在纳米科技、量子调控与量子信息、干细胞及转化研究等领域取得重大原创性突破，前沿技术呈现井喷式发展，一批具有标志性意义的重大科技成果涌现，如自主可控的“神威·太湖之光”超级计算机问鼎世界超算冠军、量子计算机“九章”问世、嫦娥五号登月成功等举世瞩目的科技成就得以实现。

党的十九届五中全会提出，全面建成小康社会、实现第一个百年奋斗目标之后，我国将开启全面建设社会主义现代化国家新征程、向第二个百年奋斗目标进军，这标志着我国进入了一个新发展阶段。党中央强调，“十四五”时期推动高质量发展，必须立足新发展阶段、贯彻新发展理念、构建新发展格局，坚持创新在我国现代化建设全局中的核心地位，把科技自立自强作为国家发展的战略支撑，面向世界科技前沿、面向经济主战场、面向国家重大需求、面向人民生命健康，深入实施科教兴国战略、人才强国战略、创新驱动发展战略，完善国家创新体系，加快建设科技强国。①

二、启示与展望

中国的现代科技创新发展之路，是在中国共产党的领导下，在党的科技思想与科技发展战略指引下，历经新民主主义革命时期、社会主义革命和建设时期、改革开放和社会主义现代化建设时期、中国特色社会主义新时代，基于不同经济发展阶段的现代化建设任务和目标，继往开来，取得辉煌成就的自立自强之路。

① 《中华人民共和国国民经济和社会发展第十四个五年规划和2035年远景目标纲要》，http：//www.gov.cn/xinwen/2021-03/13/content_5592681.htm，2021年3月13日。

回顾中国科技创新之路，党的历代领导集体通过科技思想的创新发展、与时俱进地制定与调整科技战略、部署实施科技规划和科技政策，完成从思想创新走向政策创新和实践创新的过程，带领人民在百年历程中取得举世瞩目的伟大科技成就。辉煌的历程中蕴含了宝贵的经验：

第一，始终坚持党对科技工作的前瞻性领导。全面坚持党的领导是中国科技事业发展取得成功的根本保证。中国共产党高度重视科技工作，特别是新中国成立以来，始终将科技发展放在十分重要的位置上。党的十八大以来，以习近平同志为核心的党中央更是把科技创新摆在国家发展全局的核心位置。党在领导和部署科技工作时，尤为重视科技思想在工作中的引领作用。党的领导集体在科技思想上不断丰富发展，高瞻远瞩，先后提出科技救国、科技立国、科技兴国、科教兴国、建设创新型国家、建设世界科技强国的战略奋斗目标，使得我国的科技战略重点和政策部署具有时代性、引领性，这是我国取得伟大科技成就的根本保证。进入中国特色社会主义新时代，我国进一步加强了党对科技创新工作的全面领导，坚定不移走中国特色自主创新道路。

第二，党在领导科技事业工作的过程中，坚持理论联系实际，从实践中来到实践中去，科技理论创新始终紧密结合中国实践。马克思指出，实践是人类历史发展的基础，强调社会生活在本质上是实践的，物质生产是人类历史发展的基础，从而把实践看作一种革命的、能动的力量①。新中国成立前，毛泽东认为："中国一切政党的政策及其实践在中国人民中所表现的作用的好坏、大小，归根结底，看它对中国人民的生产力的发展是否有帮助及其帮助之大小，看它是束缚生产力的，还是解放生产力的。"② 改革开放以后，邓小平坚持实践是检验真理的唯一标准，并以此指导新时期中国的科技事业发展。进入新时代，习近平总书记指出："改革开放前的社会主义实践探索为改革开放后的社会主义实践积累了条件，改革开放后的社会主义实践探索是对前一个时期的坚持、改革、发展。"③ 中国共产党的几代领导集体在中国革命斗争、社会主义现代化建设实践中，将马克思主义科技观与中国的实践相结合，对以科学技术作为生产力的功能作用进行一脉相承又与时俱进的阐述拓展，在探索中国科技创新建设实践的过程中，不断丰富发展中国特色的科技创新理论，进一步指导中国的科技实践。

---

① 孟捷、赵磊：《生产力一元决定论的超越与辩护——关于〈历史唯物论与马克思主义经济学〉的对话》，《天府新论》2017 年第 4 期。

② 毛泽东：《论联合政府》（1945 年 4 月 24 日），载《毛泽东选集（第 3 卷）》，人民出版社 1991 年版，第 1079 页。

③ 习近平：《关于坚持和发展中国特色社会主义的几个问题》，载中共中央文献研究室编：《十八大以来重要文献选编（上）》，中央文献出版社 2014 年版，第 112 页。

第三，实事求是部署科技战略，在科技政策上做出适应性调整。中国共产党在不同历史阶段坚持解放思想、实事求是的思想路线，党的领导人运用唯物史观不断深化认识科学技术作为生产力在经济社会、国防发展中的功能作用，随着计划经济体制向市场经济体制的转变，坚持科技体制的深化改革，强化企业的创新主体地位，构建和完善国家创新体系。面对国际科技经济形势的变化和国内社会经济矛盾的变迁，党对我国经济发展阶段和科技力量的变化进行科学判断和精准把握，审时度势、顺应科学发展的规律，及时做出相应的科技战略部署和对外科技合作政策的调整。党中央始终坚持自力更生原则，带领人民历经革命战争年代艰苦奋斗，到新中国成立之后冲破军事、科技的重重封锁，随着改革开放逐渐扩大对外科技合作交流，从单纯引进国外先进技术到消化、吸收和再创新，再到强调自主创新，逐渐形成内生、自主的国家创新体系，走出一条独特的后发国家技术追赶道路。

站在历史的交汇点上，全球新一轮科技革命和产业变革加速演进，新时代我国的科技工作将面临新的挑战和机遇，跻身创新型国家前列成为2035年我国基本实现现代化的重要目标。“十四五”规划强调，“坚持创新在我国现代化建设全局中的核心地位，把科技自立自强作为国家发展的战略支撑”，提出了到2035年基本实现社会主义现代化远景目标，是“关键核心技术实现重大突破，进入创新型国家前列”。党的二十大报告首次把教育、科技、人才“三位一体”进行部署，科技是第一生产力，人才是第一资源，创新是第一动力，体现了党中央对夯实高水平科技自立自强根基的战略考量。中国式现代化是一条自主创新之路，实现高水平科技自立自强是构建新发展格局的需要，应以科技自立自强畅通国内国际双循环，保障产业链供应链安全稳定，推动现代化经济体系建设。科技自立自强与自主创新一脉相承。在中国共产党的领导下，在党的科技思想指引下，强化国家战略科技力量，提升国家创新体系整体效能，激发人才创新活力，完善科技创新体制机制，是新时代实现我国高水平科技自立自强，进入创新型国家前列，开启全面建设社会主义现代化国家的必然选择。

参考文献

[1] Aberman J, *Department of Defense Laboratories: Engaging Entrepreneurs in Technology Commercialization*, Washington: Tandem NSI and Amplifier Ventures, October 2012.

[2] Aghion P, Mathias D, Luosha D, et al., *Industrial Policy and Competition*, NBER Working Paper No. 18048, May 2012.

[3] Armstrong M, "Adding Value to Trade Measures: An Introduction to Value-Added Trade", Report on the Conference Board of Carada, December 2011, http://tradecompliance. ghy. com/wp-Content/uploads/2012/05/12282_ Adding Value torade Global Value Chains. pdf.

[4] Arndt S and Kierzkowski H, *Fragmentation: New Production Patterns in the World Economy*, Oxford: Oxford Press, 2001.

[5] Bailey D, Cowling K, and Tomlinson P, *New Perspectives on Industrial Policy for a Modern Britain*, Oxford: Oxford University Press, 2015.

[6] Bamber P, Fernandez-Stark K, Gereffi G, et al., "Connecting Local Producers in Developing Countries to Regional and Global Value Chains", *OECD Trade Policy Papers*, No. 160, 2014.

[7] Barrientos S, Gereffi G, and Rossi A, "Economic and Social Upgrading in Global Production Networks: A New Paradigm for a Changing World", *International Labour Review*, Vol. 150, No. 3-4, 2011.

[8] Barber C, "Canadian Tariff Policy", *Canadian Journal of Economics and Political Science*, Vol. 21, No. 4, 1955.

[9] Becker G, "The Best Industrial Policy is None at All", *Business Week*, August 25, 1985.

[10] Bhatti Y and Ventresca M, *How Can "Frugal Innovation" be Conceptualized?*, Said Business School Working Paper Series, Oxford, 2013.

[11] Block F L, "Swimming Against the Current: The Rise of a Hidden Developmental State in the United States", *Politics and Society*, Vol. 36, No. 2, 2008.

[12] Bonvillian W B, "The Once and Future DARPA", *How to Anticipate Forcing Events and Wild Cards in Global Politics*, Washington D. C.: Brooking Institution Press, 2007.

[13] Bonvillian W B, "All That DARPA Can Be", *Policy Shop*, August 2015.

[14] Bonvillian W B and Weiss C, "Innovation Dynamics, Change Agents, and Innovation Organizaiton", *Technological Innovation in Legacy Sectors*, Oxford Scholarship Online, 2015.

[15] Bonvillian W B, "The New Model Innovation Agencies: An Overview", *Science and Public Policy*, Vol. 41, No. 4, 2014.

[16] Borrowman M and Milberg W, *Trade Policy and Global Value Chains: Beyond the Liberal/Developmental Divide*, New York: The New School-University of Massachusetts Amherst Economics Graduate Student Workshop, 2013.

[17] Borrowman M, *The Implications of Global Value Chains for Development: Unequal Exchange, Middle-Income Traps and Gendered Outcomes*, Boston: AFEE session at the ASSA Meetings, January 2015.

[18] Brandt L and Thun E, "Going Mobile in China: Shifting Value Chains and Upgrading in the Mobile Telecom Sector", *International Journal of Technological Learning, Innovation and Development*, Vol. 4, No. 1, 2011.

[19] Buigues P and Sekkat K, *Industrial Policy in Europe, Japan and the USA: Amounts, Mechanism and Effectiveness*, New York: Palgrave Macmillan, 2009.

[20] Caraballo J and Jiang X, *Value Added Erosion in Global Value Chains: An Empirical Assessment*, Boston: AFEE Session at the ASSA Meetings, January 2015.

[21] Chang H J, Andreoni A, and Kuan M L, "International Industrial Policy Experiences and the Lessons for the UK", in Hughes A, ed., *The Future of UK Manufacturing: Scenario Analysis, Financial Markets and Industrial Policy*, London: UK-IRC, 2013.

[22] Christensen C M, *The Innovator's Dilemma: When New Technologies Cause Great Firms to Fail*, Boston: Harvard Business School Press, 1997.

[23] Cimoli M, Dosi G, and Stiglitz J E, "The Rationale for Industrial and Innovation Policy", *Intereconomics*, Vol. 50, No. 3, 2015.

[24] Cimoli M, Dosi G, and Stiglitz J E, *Industrial Policy and Development: The Political Economy of Capabilities Accumulation*, New York: Oxford University

Press, 2009.

[25] Cohen S and DeLong B, *Concrete Economics: The Hamilton Approach to Economic Growth and Policy*, Boston: Harvard Business Review Press, 2016.

[26] Dallas M P, "Manufacturing Paradoxes: Foreign Ownership, Governance, and Value Chains in China's Light Industries", *World Development*, Vol. 57, 2014.

[27] Daly H E, "Globalization Versus Internationalization: Some Implication", *Ecological Economics*, Vol. 31, No. 1, 1999.

[28] Dercole F, Dieckmann U, Obersteiner M, et al., "Adaptive Dynamics and Technological Change", *Technovation*, Vol. 28, 2008.

[29] Diakantoni A and Escaith H, "Reassessing Effective Protection Rates in a Trade in Tasks Perspective: Evolution of Trade Policy in 'Factory Asia'", *WTO Staff Working Papers*, April 2012.

[30] Di Tommaso M P and Schweitzer S O, *Industrial Policy in America: Breaking the Taboo*, Cheltenham, UK: Edward Elgar Publishing Limited, 2013.

[31] Dunaway W A, *Gendered Commodity Chains: Seeing Women's Work and Households in Global Production*, Stanford: Stanford University Press, 2014.

[32] Escaith H, "Measuring Trade in Value Added in the New Industrial Economy: Statistical Implications", *MPRA Working Paper No. 14454*, April 2009.

[33] Etzkowitz H and Leydesdorff L, "The Dynamics of Innovation: From National Systems and 'Mode 2' to a Triple Helix of University-Industry-Government Relations", *Research Policy*, Vol. 29, 2000.

[34] Freeman C, *Technology Policy and Economic Performance: Lessons from Japan*, London: Pinter Publishers, 1987.

[35] Fuchs E R H, "Cloning DARPA Successfully", *Issues in Science and Technology*, Vol. 14, No. 1, 2009.

[36] Fuchs E R H, "Rethinking the Role of the State in Technology Development: DARPA and the Case for Embedded Network Governance", *Research Policy*, Vol. 39, 2010.

[37] Gaulier G, Lemoine F, and Ünal-Kesenci D, "China's Emergence and the Reorganisation of Trade Flows in Asia", *China Economic Review*, Vol. 18, No. 3, 2007.

[38] Gereff G, "The Global Economy: Organization, Governance and Development", in Smelser N J and Swedberg R, eds., *The Handbook of Economic Sociology*, 2010.

[39] Gereffi G and Lee J, "Why the World Suddenly Cares about Global Supply Chains", *The Journal of Supply Chain Management*, Vol. 48, No. 3, 2012.

[40] Gereffi G and Tam T, *Industrial Upgrading Through Organizational Chains: Dynamics of Rent, Learning, and Mobility in the Global Economy*, The 93rd Annual Meeting of the American Sociological Association, San Francisco, 1998.

[41] Gereffi G, Humphrey J, and Sturgeon T, "The Governance of Global Value Chains", *Review of International Political Economy*, Vol. 12, No. 1, 2005.

[42] Gereffi G, "International Trade and Industrial Upgrading in the Apparel Commodity Chains", *Journal of International Economics*, Vol. 48, No. 1, 1999.

[43] Gereffi G and Korzeniewicz M, *Commodity Chains and Global Capitalism*, Greenwood: Greenwood Press, 1994.

[44] Gibbon P and Thomsen L, "New Challenges for Developing Country Suppliers in Global Clothing Chains: A Comparative European Perspective", *World Development*, Vol. 33, No. 3, 2005.

[45] Gibbon P, "Governance, Entry Barriers, Upgrading: A Re-Interpretation of Some GVC Concepts from the Experience of African Clothing Exports", *Competition and Change*, Vol. 12, No. 1, 2008.

[46] Gompers P, "The Rise and Fall of Venture Capital", *Business and Economic History*, Vol. 23, No. 2, 1994.

[47] Green J, "Just How Healthy is Your Global Partner?", *Harvard Business Review*, Vol. 87, No. 7, 2009.

[48] Henderson J, "Danger and Opportunity in the Asia-Pacific", in Thompson G, ed., *Economic Dynamism in the Asia-Pacific*, London: Routledge, 1998.

[49] Hobday M, *Innovation in East Asia: The Challenge to Japan*, Aldershot: Edward Elgar, 1995.

[50] Ho P S-W, *Viewing the Global Value Chain Literature Through the Lens of Classical and Early Development Economics: Some Critical Thoughts*, Boston: AFEE Session at the ASSA Meetings, January 2015.

[51] Hu M-C and Mathews J A, "National Innovative Capacity in East Asia", *Research Policy*, Vol. 34, 2005.

[52] Hummels D, Ishii J, and Yi K, "The Nature and Growth of Vertical Specialization in World Trade", *Journal of International Economics*, Vol. 54, No. 1, 2001.

[53] Humphrey J and Schmitz H, "Governance and Upgrading: Linking Indus-

trial Cluster and Global Value Chains Research", *IDS Working Paper*, *No. 120*, Institute of Development Studies, Brighton, UK, 2000.

[54] Humphrey J and Schmitz H, "How Does Insertion in Global Value Chains Affect Upgrading in Industrial Clusters", *Regional Studies*, Vol. 36, No. 9, 2002.

[55] Kaplinsky R and Farooki M, "What are the Implications for Global Value Chains When the Market Shifts from the North to the South?", *International Journal of Technological Learning*, *Innovation and Development*, Vol. 4, No. 1, 2011.

[56] Kaplinsky R and Morris M, *A Handbook for Value Chain Research*, Prepared for the IDRC, 2001.

[57] Kaplinsky R, "China and the Terms of Trade: the Challenge to Development Strategy in SSA", January 2008, http: //www. qeh. ox, ac. uk/stptmd/kaplinsky. pdf.

[58] Kaplinsky R, "Revisiting the Revisited Terms of Trade: Will China Make a Difference?", *World Development*, Vol. 34, No. 6, 2006.

[59] Kaplinsky R, Terheggen A, and Tijaja J, "China as a Final Market: The Gabon Timber and Thai Cassava Value Chains", *World Development*, Vol. 39, No. 7, 2011.

[60] Ketels H M, "Industrial Policy in the United States", *Journal of Industry Competition and Trade*, Vol. 7, No. 3, 2007.

[61] Kogut B, "Designing Global Strategies: Comparative and Competitive Value-added Chains", *Sloan Management Review*, Vol. 26, No. 4, 1985.

[62] Landes D S, *The Unbound Prometheus*: *Technological Change and Industrial Development in Western Europe from 1750 to the Present*, Cambridge: Cambridge University Press, 1970.

[63] Lemoine F and Ünal-Kesenci D, "Assembly Trade and Technology Transfer: The Case of China", *World Development*, Vol. 32, No. 5, 2004.

[64] Lerner J, *The Government as Venture Capitalist*: *The Long-run Impact of the SBIR Program*, NBER Working Paper 5753, 1996.

[65] Link A N and Scott J T, *Toward an Assessment of the U. S. Small Business Innovation Research* (*SBIR*) *Program at the National Institutes of Health*, UNCG Economics Working Papers, 2017.

[66] Lundvall B A, Intarakumnerd P, and Vang J, *Asian Innovation Systems in Transition*, Cheltenham, UK: Edward Elgar Cheltenham, 2006.

[67] Lundvall B A, *National Systems of Innovation*: *Toward a Theory of Innova-*

tion and Interactive Learning, London: Printer Publishers, 1992.

[68] Mann M, "Has Globalization Ended the Rise and Fall of the Nation State?", *Review of International Political Economy*, Vol. 4, No. 3, 1997.

[69] Markusen A, "Interaction between Regional and Industrial Policies: Evidence from Four Countries", *International Regional Science Review*, Vol. 19, No. 1-2, 1996.

[70] Mattoo A, Wang Z, and Wei S J, "Trade in Value Added: Developing New Measures of Cross-Border Trade", Washington, D. C.: The World Bank, 2013.

[71] Mazzucato M, "From Market Fixing to Market-Creating: A New Framework for Innovation Policy", *Industry and Innovation*, Vol. 23, No. 2, 2016.

[72] Mazzucato M, *The Entrepreneurial State: Debunking Public vs. Private Sector Myths*, London: Anthem Press, 2014.

[73] Mitsuhashi K, The Furniture Value Chain from Thailand to Japan: Upgrading and the Roles of Buyer, PhD Dissertation, Brighton: University of Sussex, 2005.

[74] Mudambi R, "Offshoring: Economic Geography and the Multinational Firm", *Journal of International Business Studies*, Vol. 38, No. 1, 2007, pp. 206-210.

[75] Murphy L M and Edwards P L, *Bridging the Valley of Death: Transitioning from Public to Private Sector Financing*, Colorado: National Renewable Energy Laboratory, May 2003.

[76] Nasierowski W and Arcelus F J, "On the Efficiency of National Innovation Systems", *Socio-Economic Planning Sciences*, Vol. 37, 2003.

[77] Nelson R, *National Innovation Systems: A Comparative Analysis*, Oxford: Oxford University Press, 1993.

[78] Noman A and Stiglitz J E, *Efficiency, Finance, and Varieties of Industrial Policy*, New York: Columbia University Press, 2017.

[79] OECD, *National Innovation Systems*, Paris: OECD, 1997.

[80] OECD, *Public Procurement Programs for Small Firms: SBIR-Type Programs*, OECD Innovation Policy Platform, 2010.

[81] Patel P and Pavitt K, "The Nature and Economic Importance of National Innovation Systems", *STI Review*, No. 14, 1994.

[82] Phillips K, "U. S. Industrial Policy: Inevitable and Ineffective", *Harvard Business Review*, Vol. 70, No. 4, 1992.

[83] Powell W, "Cultivating an Institutional Ecology of Organizations: Comment

on Hannan, Carroll, Dundon and Torres", *American Sociolocical Review*, Vol. 60, No. 4, 1995.

[84] Rouzet D and Miroudot S, "The Cumulative Impact of Trade Barriers Along the Value Chain: An Empirical Assessment Using the OECD Inter-Country Input-Out-Put Model", June 2013, http: //www. gtap. agecon. purdue. edu/resources/download/6602. pdf.

[85] Santos-Paulino A U, "Terms of Trade Shocks and the Current Account in Small Island States, 2010", *The Journal of Development Studies*, Vol. 46, No. 5, 2010.

[86] SBA, *Measuring the Role of the SBIC Program in Small Business Job Creation*, Washington: Federal Research Division, Library of Congress, January 2017.

[87] SBA, *Small Business Innovation Research (SBIR) Program Policy Directive*, Office of Investment and Innovation, February 2014.

[88] Schmitz H, "Reducing Complexity in the Industrial Policy Debate", *Development Policy Review*, Vol. 25, No. 4, 2007.

[89] Schumpeter J, "Preface to the Japanese Edition of Theorie der Wirtschaftlichen Entwicklung", in Clemence R V, ed., *Essays of J. A. Schumpeter*, Cambridge, Mass: Addition-Wesley Press, 1951.

[90] Sharpe M, "Our Hidden Industrial Policy", *Challenge*, Vol. 57, No. 3, 2014.

[91] Shionoya Y, *The Soul of German Historical School: Methodological Essays on Schmoller, Weber, and Schumpeter*, New York: Springer, 2005.

[92] Singer P L, *Federally Supported Innovation: 22 Examples of Major Technology Advances That Stem from Federal Research*, Information Technology and Innovation Foundation Report, February 2014.

[93] Soete L, "From Industrial to Innovation Policy", *Journal of Industry Competition & Trade*, Vol. 7, No. 3-4, 2007.

[94] Soete L, "From Science and Technology to Innovation for Development", *African Technology Development Forum Journal*, Vol. 7, No. 3-4, 2010.

[95] Wade R H, "The American Paradox: Ideology of Free Markets and the Hidden Practice of Directional Thrust", *Cambridge Journal of Economics*, Vol. 41, No. 2, 2017.

[96] Weiss L, *America Inc.?: Innovation and Enterprise in the National Security State*, New York: Cornell University Press, 2014.

[97] Wessner C W, *An Assessment of the SBIR Program*, Washington: The Na-

tional Academies Press, 2008.

[98] Williamson J, "Is the 'Beijing Consensus' Now Dominant?", *Asia Policy*, Vol. 13, No. 1, 2012.

[99] Wood A, "Openness and Wage Inequality in Developing Countries: The Latin American Challenge to East Asian Conventional Wisdom", *The World Bank Economic Review*, Vol. 11, No. 1, 1997.

[100] Wright B D, "Grand Missions of Agricultural Innovation", *Research Policy*, Vol. 41, No. 10, 2012.

[101]《1986—2000年科学技术发展规划》,《科技日报》2009年9月8日。

[102] 埃里克·S. 赖纳特:《富国为什么富,穷国为什么穷》,杨虎涛等译,中国人民大学出版社2010年版。

[103] 埃里克·S. 赖纳特:《穷国的国富论:演化发展经济学论文选(上、下卷)》,贾根良等译,高等教育出版社2007年版。

[104] 埃里克·席德豪斯:《埃隆·马斯克与SPACEX的商业传奇》,北京海鹰科技情报研究所译,机械工业出版社2015年版。

[105] 本刊评论员:《深刻认识和科学把握新发展阶段》,求是网,http://www.qstheory.cn/dukan/qs/2020-11/15/c_1126739318.htm,2020年11月15日。

[106] 本书编写组:《中国共产党简史》,人民出版社、中共党史出版社2021年版。

[107] 蔡军霞、王静远、马子健等:《从美国DARPA看我国军民融合科技创新体系建设》,《中国经贸导刊》2017年第8期。

[108] 陈爱贞、刘志彪:《FDI制约本土设备企业自主创新的分析——基于产业链与价值链双重视角》,《财贸经济》2008年第1期。

[109] 陈建青:《我国参与国际分工的地位变化及战略调整》,《理论探讨》2009年第3期。

[110] 陈希、褚保金:《美国"小企业投资公司计划"运作机制研究》,《商业研究》2006年第11期。

[111] 陈锡进、吕永刚:《"全球经济再平衡"与中国经济战略调整——基于国际分工体系重塑视角的分析》,《世界经济与政治论坛》2009年第6期。

[112] 陈羽、邝国良:《产业转移如何带动产业升级——台湾经验》,《技术经济与管理研究》2010年第5期。

[113] 崔禄春:《建国以来中国共产党科技政策研究》,华夏出版社2002年版。

[114] 邓力群、马洪、武衡:《当代中国的科学技术事业》,当代中国出版

社 1992 年版。

［115］邓小平：《邓小平文选（1975—1982 年）》，人民出版社 1983 年版。

［116］邓小平：《邓小平文选（第二卷）》，人民出版社 1994 年版。

［117］邓小平：《邓小平文选（第三卷）》，人民出版社 1994 年版。

［118］董金华：《美国国家创新体系三大主体角色新动向的启示》，《科学学研究》2005 年第 5 期。

［119］杜宇玮：《国际代工的锁定效应及其超越》，南京大学博士学位论文，2011 年。

［120］樊春良：《美国是怎样成为世界科技强国的》，《人民论坛·学术前沿》2016 年第 16 期。

［121］范婕、田维明：《南南贸易发展前景与我国的战略思路》，《贸易观察》2007 年第 12 期。

［122］范铁权：《近代中国科学社团研究》，人民出版社 2011 年版。

［123］范云芳：《论价值链国际分工》，《中国流通经济》2008 年第 3 期。

［124］弗雷德·布洛克：《被隐形的美国政府在科技创新中的重大作用》，张蔚译，《国外理论动态》2010 年第 6 期。

［125］弗里德里希·李斯特：《政治经济学的国民体系》，陈万煦译，商务印书馆 2012 年版。

［126］顾昕：《产业政策的是是非非——林毅夫“新结构经济学”评论之三》，《读书》2013 年第 12 期。

［127］顾昕：《政府主导型发展模式的兴衰：比较研究视野》，《河北学刊》2013 年第 6 期。

［128］《关于科学技术体制改革的文件》，人民出版社 1985 年版。

［129］郭元晞、常晓鸣、周萍等：《全球金融危机：我国产业转移和产业升级的思考》，《经济体制改革》2009 年第 4 期。

［130］《国家创新驱动发展战略纲要》，人民出版社 2016 年版。

［131］贺俊、吕铁、黄阳华等：《技术赶超的激励结构与能力积累：中国高铁经验及其政策启示》，《管理世界》2018 年第 10 期。

［132］贺俊、陶思宇：《创新体系与技术能力协同演进：中国工业技术进步 70 年》，《经济纵横》2019 年第 10 期。

［133］洪蔚：《改革开放以来科技政策大事记》，《中国科学报》2012 年 3 月 5 日。

［134］胡锦涛：《坚持走中国特色自主创新道路　为建设创新型国家而努力奋斗——在全国科学技术大会上的讲话》，人民出版社 2006 年版。

[135] 胡锦涛:《在中国科学院第十二次院士大会、中国工程院第七次院士大会上的讲话》，人民出版社 2004 年版。

[136] 胡锦涛:《在中国科学院第十四次院士大会和中国工程院第九次院士大会上的讲话》，人民出版社 2008 年版。

[137] 胡锦涛:《在中国科学院第十五次院士大会和中国工程院第十次院士大会上的讲话》，人民出版社 2010 年版。

[138] 黄阳华:《东亚区域分工与中国商品出口竞争力的演化经济学分析》，中国三星经济研究院第三届经济暨工商管理学术论文，2008 年。

[139] 黄阳华:《演化发展经济学的理论和政策研究》，中国人民大学博士学位论文，2010 年。

[140] 《In-Q-Tel——给中情局做风投》，http://www.ifanr.com/214916?repeat=w3tc，2012 年 12 月 12 日。

[141] 贾根良:《比较创新体制与比较历史创新体制——开创比较经济学研究的新框架》,《经济理论与经济管理》2011 年第 5 期。

[142] 贾根良:《不要陷入迷信“自由贸易”的误区》,《经济导刊》2014 年第 10 期。

[143] 贾根良等:《新李斯特经济学在中国》，中国人民大学出版社 2015 年版。

[144] 贾根良:《第三次工业革命与新型工业化道路的新思维——来自演化经济学和经济史的视角》,《中国人民大学学报》2013 年第 2 期。

[145] 贾根良:《国际金融危机后演化经济学发展的新趋势》，《教学与研究》2012 年第 5 期。

[146] 贾根良:《国内经济一体化：扩大内需的政治经济学研究》,《清华政治经济学报》2013 年第 1 期。

[147] 贾根良:《国内经济一体化：扩大内需战略的必由之路》,《社会科学战线》2012 年第 2 期。

[148] 贾根良、黄阳华:《施穆勒纲领与演化经济学的起源》，《南开学报（哲学社会科学版）》2007 年第 4 期。

[149] 贾根良:《技术革命浪潮和我国产业升级的艰难选择》，《经济导刊》2014 年第 5 期。

[150] 贾根良:《加快转变经济发展方式必须正视外资的十大危害》，《管理学刊》2011 年第 6 期。

[151] 贾根良:《警惕自主创新战略重蹈洋务运动的覆辙》,《天津商业大学学报》2014 年第 1 期。

［152］贾根良：《开创大变革时代国家经济作用大讨论的新纲领——评马祖卡托的〈企业家型国家：破除公共与私人部门神话〉》，载孟捷、龚刚主编：《政治经济学报：第8卷》，经济科学出版社2017年版。

［153］贾根良、刘书瀚：《生产性服务业：构建中国制造业国家价值链的关键》，《学术月刊》2012年第12期。

［154］贾根良：《面向内需与新丝绸之路：环渤海经济发展新战略》，《经济理论与经济管理》2014年第7期。

［155］贾根良：《“农村包围城市”与中国不对称全球化战略》，乌有之乡，http：//www.wyxwk.com/article/shidai/2015/06/346550.html，2015年6月25日。

［156］贾根良、秦升：《中国“高技术不高”悖论的成因与政策建议》，《当代经济研究》2009年第5期。

［157］贾根良、沈梓鑫：《普雷维什—辛格新假说与新李斯特主义的政策建议》，《中国人民大学学报》2016年第4期。

［158］贾根良：《新李斯特经济学作为一个学派何以成立?》，《教学与研究》2015年第3期。

［159］贾根良：《新李斯特主义：替代新自由主义全球化的新学说》，《学习与探索》2012年第3期。

［160］贾根良：《演化经济学的本体论假设及其实践指导价值》，《当代财经》2010年第7期。

［161］贾根良：《演化经济学的综合：第三种经济学理论体系的发展》，科学出版社2012年版。

［162］贾根良：《迎接第三次工业革命的关键在于发展模式的革命》，《经济理论与经济管理》2013年第5期。

［163］贾根良、于占东：《自主创新与国家体系：对拉美教训的理论分析》，《天津社会科学》2006年第6期。

［164］贾根良：《政治经济学的美国学派与大国崛起的经济学逻辑》，《政治经济学评论》2010年第3期。

［165］贾根良：《中国为什么要远离“请君入瓮”的TPP》，《探索与争鸣》2013年第9期。

［166］江飞涛、李晓萍：《产业政策中的市场与政府——从林毅夫与张维迎产业政策之争说起》，《财经问题研究》2018年第1期。

［167］江金权：《论科学发展观的理论体系》，人民出版社2007年版。

［168］江泽民：《江泽民同志在全国科学技术大会上的讲话》，《科技进步与对策》1995年第4期。

［169］《江泽民文选（第2卷）》，人民出版社2006年版。

［170］《江泽民在会见两院院士时指出：科技要有新的解放和大的发展》，《科技文萃》1994年第8期。

［171］江泽民：《在庆祝中国共产党成立八十周年大会上的讲话》，人民出版社2001年版。

［172］杰弗里·M. 霍奇逊：《制度与演化经济学现代文选：关键性概念》，贾根良等译，高等教育出版社2005年版。

［173］杰拉尔德·迈耶、达德利·西尔斯：《发展经济学的先驱》，谭崇台等译，经济科学出版社1988年版。

［174］金冲及、中共中央文献研究室：《周恩来传（1898—1976）（下）》，中央文献出版社2008年版。

［175］金芳：《中国国际分工地位的变化、内在矛盾及其走向》，《世界经济研究》2008年第5期。

［176］卡普林斯基：《夹缝中的全球化：贫困和不平等中的生存与发展》，顾秀林译，知识产权出版社2008年版。

［177］《抗日战争时期解放区概况》，人民出版社1953年版。

［178］《科技部部长徐冠华在863计划实施20周年纪念大会上的报告》，《泰州科技》2007年第1期。

［179］孔庆峰、王冬：《中国外贸发展战略的演变及其动因分析》，《山东大学学报（哲学社会科学版）》2009年第6期。

［180］库尔特·多普菲：《演化经济学：纲领与范围》，贾根良等译，高等教育出版社2004年版。

［181］冷溶：《建设有中国特色社会主义理论是怎样在实践中产生的：学习〈邓小平文选〉第三卷》，学习出版社1993年版。

［182］李黎力、贾根良：《系统整合理论及对发展中国家企业赶超的启示》，《河北经贸大学学报》2011年第1期。

［183］李万忍：《邓小平科技思想研究》，人民出版社1997年版。

［184］李献宾、江心英：《全球价值链理论研究综述》，《商业时代》2010年第11期。

［185］李昕、徐滇庆：《中国外贸依存度和失衡度的重新估算——全球生产链中的增加值贸易》，《中国社会科学》2013年第1期。

［186］理查德·斯威德伯格：《熊彼特》，安佳译，江苏人民出版社2005年版。

［187］梁洪力、王海燕：《日本创新体系的演进特征及启示》，《环球视野》

2014 年第 7 期。

[188] 刘宝：《节俭式创新的兴起及其中国意蕴》，《科技进步与对策》2015 年第 1 期。

[189] 刘丽萍：《全球价值链与贸易增加值的核算》，《国际经济评论》2013 年第 4 期。

[190] 刘仕国、吴海英：《全球价值链和增加值贸易：经济影响、政策启示和统计挑战》，《国际经济评论》2013 年第 4 期。

[191] 刘书瀚、贾根良、刘小军：《出口导向型经济：我国生产性服务业落后的根源与对策》，《经济社会体制比较》2011 年第 4 期。

[192] 刘卫东：《“一带一路”战略的科学内涵与科学问题》，《地理科学进展》2015 年第 5 期。

[193] 刘志彪、张杰：《全球代工体系下发展中国家俘获型网络的形成、突破与对策——基于 GVC 与 NVC 的比较视角》，《中国工业经济》2007 年第 5 期。

[194] 刘志春：《国家创新体系概念、构成及我国建设现状和重点研究》，《科技管理研究》2010 年第 15 期。

[195] 马建堂、赵昌文：《更加自觉地用新发展格局理论指导新发展阶段经济工作》，《管理世界》2020 年第 11 期。

[196] 马建堂：《中国发展战略的回顾与展望》，《管理世界》2018 年第 10 期。

[197] 马克·布劳格：《经济理论的回顾》，姚开建译校，中国人民大学出版社 2009 年版。

[198] 马克思、恩格斯：《马克思恩格斯选集（第 23 卷）》，人民出版社 1980 年版。

[199] 马涛、刘仕国：《全球价值链下的增加值贸易核算及其影响》，《国际经济评论》2013 年第 4 期。

[200] 马晓燕：《有效保护理论与我国关税结构设计》，《西南交通大学学报（社会科学版）》2003 年第 2 期。

[201] 玛丽安娜·马祖卡托：《创新型政府：构建公共与私人部门共生共赢关系》，李磊、束东新、程单剑译，中信出版社 2019 年版。

[202] 迈克尔·波特：《竞争优势》，孙小悦译，华夏出版社 1997 年版。

[203] 迈克尔·雅各布斯、玛丽安娜·马祖卡托：《重思资本主义：实现持续性、包容性增长的经济与政策》，李磊等译，中信出版集团 2017 年版。

[204] 曼塞尔·布莱克福德：《美国小企业史》，刘鹰、何国卿等译，浙江大学出版社 2013 年版。

[205] 毛蕴诗、吴瑶：《企业升级路径与分析模式研究》，《中山大学学报（社会科学版）》2009 年第 1 期。

[206] 毛泽东：《论联合政府》（1945 年 4 月 24 日），载《毛泽东选集（第 3 卷）》，人民出版社 1991 年版。

[207]《毛泽东文集（第 7 卷）》，人民出版社 1999 年版。

[208]《毛泽东文集（第 8 卷）》，人民出版社 1999 年版。

[209] 毛泽东：《在边区自然科学研究会成立会上的讲话》，《新中华报》1940 年 3 月 15 日。

[210] 孟捷、赵磊：《生产力一元决定论的超越与辩护——关于〈历史唯物论与马克思主义经济学〉的对话》，《天府新论》2017 年第 4 期。

[211] 潘悦：《在全球化产业链条中加速升级换代——我国加工贸易的产业升级状况分析》，《中国工业经济》2002 年第 6 期。

[212] 齐芳：《中国已成为纳米科技领域重要贡献者——来自 2017 中国国际纳米科学技术会议的报道》，《光明日报》2017 年 8 月 30 日。

[213] 邱若宏：《中国共产党科技思想与实践研究——从建党时期到新中国成立》，人民出版社 2012 年版。

[214] 沈尤佳：《美国科技革命的隐蔽基础：一个理论经济学的分析框架》，《天府新论》2017 年第 1 期。

[215] 沈梓鑫、贾根良：《美国小企业创新风险投资系列计划及其产业政策——兼论军民融合对我国的启示》，《学术与探索》2018 年第 1 期。

[216] 沈梓鑫、贾根良：《美国在颠覆式创新中如何跨越“死亡之谷”?》，《财经问题研究》2018 年第 5 期。

[217] 沈梓鑫、贾根良：《增加值贸易与中国面临的国际分工陷阱》，《政治经济学评论》2014 年第 4 期。

[218] 沈梓鑫、李黎力：《融资创新与增长：改革一个功能失调性体制》，《演化与创新经济学评论》2012 年第 1 期。

[219] 宋泓、柴瑜：《外国直接投资对发展中东道国的经济影响：理论回顾与展望》，《世界经济与政治》1999 年第 2 期。

[220] 宋磊：《追赶型工业战略的比较政治经济学》，北京大学出版社 2016 年版。

[221] 宋士昌：《科学社会主义通论（第三卷）》，人民出版社 2004 年版。

[222] 孙治宇：《全球价值链分工与价值链升级研究》，经济科学出版社 2013 年版。

[223] 谭文杜：《全球价值链理论研究述评》，《商业研究》2009 年第 10 期。

［224］万内瓦尔·布什：《科学——没有止境的前沿》，范岱年、解道华等译，商务印书馆 2005 年版。

［225］汪琦、钟昌标：《美国中小制造业创新政策体系构建、运作机制及其启示》，《经济社会体制比较》2018 年第 1 期。

［226］王海燕、梁洪力：《德国创新体系的特征与启示》，《环球视野》2014 年第 4 期。

［227］王全有：《“七一”建党纪念日与逢十大庆》，《党史纵横》2012 年第 7 期。

［228］王晓蓉：《国家创新体系的比较与创新型国家建设》，经济管理出版社 2014 年版。

［229］文东伟、冼国明、马静：《FDI、产业结构变迁与中国的出口竞争力》，《管理世界》2009 年第 4 期。

［230］文贯中：《重新审视产业政策》，FT 中文网，http：//www.ftchinese.com/story/1001081081？archive，2019 年 1 月。

［231］邬性宏：《南南贸易的发展及其前景》，《复旦学报（社会科学版）》1983 年第 5 期。

［232］武衡主编：《抗日战争时期解放区科学技术发展史资料（第 1 辑）》，中国学术出版社 1983 年版。

［233］武衡主编：《抗日战争时期解放区科学技术发展史资料（第 5 辑）》，中国学术出版社 1986 年版。

［234］武力、李扬：《擘画发展蓝图，完善国家治理——我国“五年规划”历程回顾与展望》，中国社会科学网，http：//baijiahao.biadu.com/s？id=1682300243751318473&wfr=spider&for pc，2020 年 11 月 3 日。

［235］武力主编：《中华人民共和国经济史（上册）》，中国经济出版社 1999 年版。

［236］习近平：《关于坚持和发展中国特色社会主义的几个问题》，载中共中央文献研究室编：《十八大以来重要文献选编（上）》，中央文献出版社 2014 年版。

［237］习近平：《为建设世界科技强国而奋斗——在全国科技创新大会、两院院士大会、中国科协第九次全国代表大会上的讲话》，人民出版社 2016 年版。

［238］习近平：《在中国科学院第十九次院士大会、中国工程院第十四次院士大会上的讲话》，人民出版社 2018 年版。

［239］杨东德、滕兴华：《美国国家创新体系及创新战略研究》，《北京行政学院学报》2012 年第 6 期。

［240］杨敬年：《西方发展经济学概论》，天津人民出版社 1988 年版。

［241］杨威、贾根良：《拉丁美洲贸易保护主义的是与非——对拉美 19 世纪高关税低效益现象的分析》，《拉丁美洲研究》2011 年第 2 期。

［242］游光荣、赵林榜：《军民科技融合发展：理论与实践》，国防工业出版社 2017 年版。

［243］于蕾：《WTO 后过渡期与中国国际分工地位》，《世界经济研究》2006 年第 12 期。

［244］于明超、刘志彪、江静：《外来资本主导代工生产模式下当地企业升级困境与突破——以中国台湾笔记本电脑内地封闭式生产网络为例》，《中国工业经济》2006 年第 11 期。

［245］袁军：《我国国防科技工业引入风险投资研究》，国防科学技术大学硕士学位论文，2012 年。

［246］曾贵、钟坚：《全球生产网络中加工贸易转型升级的路径探讨》，《软科学》2011 年第 2 期。

［247］张辉：《全球价值链动力机制与产业发展策略》，《中国工业经济》2006 年第 1 期。

［248］张俊芳、雷家骕：《国家创新体系研究：理论与政策并行》，《科研管理》2009 年第 4 期。

［249］张秋菊、朱钟棣：《跨国外包的承接与我国技术进步关系的实证分析——基于 VECM 的长、短期因果关系检验》，《世界经济研究》2008 年第 6 期。

［250］张少军、刘志彪：《全球价值链模式的产业转移——动力、影响与对中国产业升级和区域协调发展的启示》，《中国工业经济》2009 年第 11 期。

［251］张苏：《重新解读国际贸易数据》，《读书》2005 年第 12 期。

［252］赵丽君：《开放经济条件下中国纺织服装产业的升级问题》，《商业研究》2007 年第 12 期。

［253］郑小平：《国家创新体系研究综述》，《科学管理研究》2006 年第 4 期。

［254］中共中央党校编写组：《以习近平同志为核心的党中央治国理政新理念新思想新战略》，人民出版社 2017 年版。

［255］中共中央文献研究室：《建国以来重要文献选编（第 14 册）》，中央文献出版社 1997 年版。

［256］中共中央文献研究室：《毛泽东文集（第二卷）》，人民出版社 1993 年版。

［257］中共中央文献研究室毛泽东组：《〈毛泽东文集〉与毛泽东思想》，人

民出版社 2002 年版。

［258］中国电子信息产业发展研究院：《美国制造创新研究院解读》，电子工业出版社 2018 年版。

［259］《中国共产党第十四届中央委员会第五次全体会议文件》，人民出版社 1995 年版。

［260］《中华人民共和国第一届全国人民代表大会第一次会议文件》，人民出版社 1955 年版。

［261］中华人民共和国科学技术部：《中国科技发展 70 年（1949—2019）》，科学技术文献出版社 2019 年版。

［262］《中华人民共和国科学技术发展规划与计划》编写组：《中华人民共和国科学技术发展规划与计划（1949—2005）》，中华人民共和国科学技术部发展计划司，2008 年。

［263］《中央关于党员参加经济和技术工作的决定》，《新中华报》1941 年 5 月 8 日。

［264］周爱农、韩金红、王恕立：《吸引外商直接投资对我国产业成长的实效分析》，《现代经济探讨》2003 年第 7 期。

［265］周琪、徐修德：《试析美国国家创新体系的现状及特点》，《山东教育学院学报》2005 年第 3 期。

［266］周勤、周绍东：《产品内分工与产品建构陷阱：中国本土企业的困境与对策》，《中国工业经济》2009 年第 8 期。

［267］朱春奎、李燕：《美国小企业创新研究计划的资助策略、申请资格和治理模式》，《科学发展》2016 年第 9 期。

［268］卓越、张珉：《全球价值链中的收益分配与“悲惨增长”——基于中国纺织服装业的分析》，《中国工业经济》2008 年第 7 期。